동사의 의미 구조와
문장 구성 연구

조경순 (曺炅舜)

전남 화순 출생
전남대학교 사범대학 국어교육과 졸업(1996)
전남대학교 국어국문학과 문학석사(2001)
전남대학교 국어국문학과 문학박사(2005)
전남대학교, 조선대학교, 순천대학교 등 강사 및 초빙교수 역임
전남대학교 국어국문학과 BK21+ 사업단 학술연구교수

논문

현대 국어 상호동사 구문 연구(2006)
수여동사의 합성 현상과 소유 변화 양상 연구(2010)
국어 감정동사 구문의 개념구조 연구(2012)
발화동사 구문에 대한 연구(2013)
국어 이중 주어 구문에 대한 통사·의미론적 재고(2014)

동사의 의미 구조와 문장 구성 연구

초판 1쇄 인쇄 | 2014년 11월 10일
초판 1쇄 발행 | 2014년 11월 19일

지은이 | 조경순
펴낸이 | 지현구
펴낸곳 | 태학사
등 록 | 제406-2006-00008호
주 소 | 경기도 파주시 광인사길 223
전 화 | 마케팅부 (031)955-7580~82 편집부 (031)955-7585~89
전 송 | (031)955-0910
전자우편 | thaehak4@chol.com
홈페이지 | www.thaehaksa.com

값은 뒤표지에 있습니다.
ISBN 978-89-5966-666-9 93710

이 도서의 국립중앙도서관 출판시도서목록(CIP)은 서지정보유통지원시스템 홈페이지
(http://seoji.nl.gp.kr)와 국가자료공동목록시스템(http://www.nl.go.kr/kolisnet)
에서 이용하실 수 있습니다.(CIP제어번호: CIP2014031904)

동사의 의미 구조와
문장 구성 연구

조경순 지음

태학사

　지금까지 현대 국어 동사에 대한 연구는 여러 접근 방식을 통해 논의
가 진행되어 왔다. 전통 문법적 연구에서는 통사적 특징을 중심으로, 변
형 생성 문법적 연구에서는 심층 구조를 중심으로, 의미론적 연구에서는
의미 자질이나 어휘장을 중심으로 한 연구가 계속되고 있으며, 이러한 연
구를 통해 국어 동사의 여러 특징이 드러나는 성과를 이루었다. 그렇지만
특징적인 일부 동사를 통한 성급한 일반화가 이루어지거나 개념적인 결
과를 얻는 데 그치는 면도 있었다.

　필자는 동사가 서술어로 쓰일 때 문장의 핵으로서 기능하여 다른 성분
을 이끌고 문장을 구성하므로, 동사에 대한 연구는 국어의 통사 구조와
의미 구조를 탐색하고 기술하는 접근 통로가 될 수 있다고 보았다. 특히,
동사는 서술어로 쓰일 때 필수 성분을 요구하여 문장을 구성하는데, 주어
또는 주어와 목적어만을 필요로 하는 한·두 자리 서술어보다 주어, 목적
어, 보어를 요구하는 세 자리 서술어에 대한 연구를 통해 국어 동사의 문
장 구성 과정을 밝힐 수 있을 것이다. 서술어와 문장 성분 간의 긴밀한
관계를 통해 볼 때 한·두 자리 서술어는 주어와 목적어 또는 주어와 보어
와의 관계만을 보여주지만, 세 자리 서술어는 주어, 목적어, 보어의 체계
적인 관계와 함께 국어 문장 형성의 원리를 파악할 수 있기 때문이다.

　이 연구에서 국어 세 자리 서술어에 대한 접근을 위해서 가장 중요한
점은 서술어가 요구하는 문장 성분의 필수성을 판단하는 분석 방법이다.
동사가 가지는 어휘의 의미 구조는 문장의 통사 구조와 대응 관계를 가지

고 연결된다. 그렇다면, 동사가 요구하는 논항은 동사의 어휘 의미 구조에 반영되어 있다는 점을 통해 논항의 필수성을 검토하고 그 특징을 찾을 수 있을 것이다. Jackendoff의 의미 구조론은 어휘 구조에 의미 구조를 도입하여 논항들이 동사의 의미 자질과 어떠한 관련을 맺고 있는지 살피고 있는데, 이 연구에서는 이 이론을 받아들여 국어 문장 성분의 자릿값과 위계를 판단할 수 있을 것이다. 또한, 이 연구에서는 동사의 어휘 의미 구조에 나타난 논항과 통사 구조의 문장 성분과의 대응 관계를 통해 세 자리 서술어가 요구하는 각 문장 성분의 의미역을 밝히고 더 나아가 세 자리 서술어 구문의 통사·의미적 특징을 살피고자 하였다. 그리고 구문 분석의 실제로서 국어 세 자리 서술어 중 이동 동사 구문, 처소 교차 동사 구문, 상호 동사 구문에서는 어휘 의미 구조와 통사적 특징을 살폈으며 수여 동사 구문과 발화 동사 구문에서 어휘 의미 구조와 구문의 의미적 특징을 살폈다.

국어 동사의 어휘 의미 구조와 문장 형성의 원리를 연구하는 방법과 논의는 대학원 과정에서 여러 선생님들의 가르침으로 이루어진 것이라 할 수 있다. 필자에게 주신 소중한 가르침을 묵묵히 따라 연구한 것은 당연한 일임에도 넘치는 보답을 받았다. 이 책의 근간이 된 필자의 박사 논문은 2010년 동숭학술재단 제14회 동숭학술상 시상식에서 동숭학술논문상을 수상하였다. 수상과 더불어 필자의 모든 연구 성과에는 지도 교수이신 윤평현 교수님께서 계시지 않았다면 불가능했을 것이라 생각하며, 부족한 제자에게 항상 따뜻한 가르침과 격려를 아끼지 않으신 선생님께 다시 한 번 감사의 말씀을 올리며 항상 발전하는 모습으로 보답하고자 한다. 또한 이 자리를 빌어 과분한 보답을 주신 동숭학술재단에도 깊은 감사를 드린다. 그리고 미흡했던 논문을 읽어주시며 지도해주신 최재희 교수님, 서상준 교수님, 손희하 교수님, 이태영 교수님 및 필자에게 가르침을 주신 이돈주 교수님을 비롯한 여러 교수님들께 이 자리를 통해 깊은 감사의 말씀을 올린다.

또한 필자의 가족들에게도 감사의 말씀을 올린다. 책과 국어에 대한 관심을 가지게 만들어주신, 이제는 고인이 되신 아버지와 대학에서 연구하고 강의하는 아들을 누구보다 자랑스럽게 생각하는 어머니께 누구보다 고마움의 말씀을 올리며, 항상 따뜻하게 바라보시는 장인어른과 축복의 기도를 해주시는 장모님께 감사드린다. 그리고 언제나 남편을 존중하고 지지해주며 곁에 있는 아내에게 항상 고마우며 사랑한다는 말을 전한다. 그리고 새 생명으로 자라고 있는 아이가 아내와 나의 곁에서 건강하게 커가기를 바란다.

마지막으로 이 책이 나오기까지 격려해주고 여러 모로 도와준 대학원 연구자 선생님들과 후배들에게도 감사의 말씀을 전하며, 부족한 글이 책으로 출판되는 데 기꺼이 응해주신 태학사 지현구 사장님과 복잡한 수식과 도표 등을 깔끔하게 다듬고 펴내주신 태학사 편집부에 감사의 말씀을 전한다.

차 례

1장 국어 동사와 문장 구성

1. 연구 목적

지금까지 현대 국어 동사에 대한 연구는 여러 접근 방식을 통해 논의가 진행되어 왔다. 전통 문법적 연구에서는 통사적 특징을 중심으로, 변형 생성 문법적 연구에서는 심층 구조를 중심으로, 의미론적 연구에서는 의미 자질이나 어휘장을 중심으로 한 연구가 계속되고 있으며, 이러한 연구를 통해 국어 동사의 여러 특징이 드러나는 성과를 이루었다. 그렇지만 특징적인 일부 동사를 통한 성급한 일반화가 이루어지거나 개념적인 결과를 얻는 데 그치는 면도 있다.

따라서 현대 국어 동사에 대한 체계적이면서도 한정된 범위의 접근이 필요하다. 동사는 문장에서 서술어로 쓰일 때 문장의 핵으로 기능하여 다른 성분을 이끌고 문장을 구성한다.[1] 따라서 동사와 문장 성분과의 관계에 대한 연구는 국어의 통사 구조와 의미 구조를 탐색하고 기술하는 접근 통로가 될 수 있다. 특히, 주어 또는 주어와 목적어만을 필요로 하는 한·두 자리 서술어보다 주어, 목적어, 보어를 요구하는 세 자리 서술어에 대

---

1 본 연구에서 동사는 어휘적/어휘 의미 구조적 측면에서, 서술어는 문장 구성 측면에서 논의할 때로 구분하여 사용한다. 동사는 문장에서 다양한 성분으로 쓰일 수 있으며, 서술어 또한 형용사나 '이다'가 쓰일 수 있기 때문에 한 용어로 통일하지 않고 구분하여 사용한다.

한 연구를 통해 국어 서술어의 특징을 체계적으로 밝힐 수 있을 것이다. 동사와 문장 성분 간의 긴밀한 관계를 통해 볼 때, 한·두 자리 서술어는 주어와 목적어 또는 주어와 보어와의 관계만을 보여주지만, 세 자리 서술어는 주어, 목적어, 보어의 체계적인 관계와 함께 국어 문장 형성의 원리를 파악할 수 있기 때문이다. 이에 따라 이 연구는 세 자리 서술어에 대한 통합적이고 체계적인 접근을 통하여 국어 동사의 어휘 구조와 의미를 밝히고, 이를 통해 국어 문장 구성의 원리를 찾고자 한다. 특히, 이 연구는 의미 구조와 통사 구조의 대응 관계를 통해 세 자리 서술어 구문의 통사·의미적 특징을 살피며, 세 자리 서술어를 규정하는 가장 중요한 요소라 할 수 있는 세 개의 논항이 동사의 어휘 의미 구조로부터 기인한다는 점을 살필 것이다.

이러한 연구를 통해 세 자리 서술어로 쓰일 수 있는 동사의 어휘장을 체계화할 수 있을 것이다. 기존의 연구에서도 이와 같은 국어 동사에 대한 분류가 있었지만 격조사 중심의 분류가 대부분이었다. 동사의 어휘장은 동사 그 자체의 구조와 의미에 의해 이루어져야 한다. 또한, 국어 세 자리 서술어가 요구하는 논항과 필수 성분의 관계를 체계적으로 비교함으로써 국어 문장 형성의 원리를 파악할 수 있다. 국어의 문장 성분은 필수 성분과 수의 성분으로 나눌 수 있다. 문장의 뼈대는 필수 성분에 의해 이루어지며 이러한 필수 성분은 동사가 요구하는 논항과 대응된다. 기존의 연구는 동사의 다양한 특징 등을 간과하여 단순히 격조사와 결합한 명사구만을 필수 성분으로 상정하고 논의한 것이 대부분이었다. 이 연구에서는 국어의 필수 성분을 단순히 격조사와의 결합 여부로만 따질 것이 아니라각 동사에 따라 요구되는 논항과의 대응 관계를 통해 살필 것이다.

2. 선행 연구

국어의 동사나 서술어에 대한 연구는 크게 동사의 의미나 구조를 분석한 것과 동사의 하위 분류에 관한 것으로 나눌 수 있다. 이러한 연구들은 전통 문법적 방법에서 최근의 이론까지 다양한 방법론을 통해 진행되어 왔다.

이 연구에서 다루고자 하는 서술어의 자릿수와 관련하여 Tenière, L.(1959)의 문법 모델이 독일어에 적용되면서 성립된 결합가 문법의 접근 방법에 따른 논의들이 있다. 동사의 결합가란 문법적으로 더 큰 언어 단위를 구성하기 위해 특정한 문법적인 기능과 의미를 지닌 일정한 수의 빈칸(즉, 논항)을 열어 놓는 동사의 어휘적 능력을 말한다(우형식, 1998:15). 이러한 결합가 이론에 따라 김일웅(1984)에서는 '기본 구조'를 설정하였으며 박만수(1989)에서는 동사와 동사의 자리말(문장의 필수 성분)의 통합 양상을 보이면서 동사를 격틀별로 구별하고 있다. 남기심·고영근(1993)에서는 서술어의 분류 등에 '자릿수' 개념을 적용하였다. 그렇지만 자릿수의 개념을 적용만 했을 뿐 이에 대한 깊은 논의는 없는 형편이다. 원진숙(1993)에서는 서술어의 결합가를 중심으로 한국어 문형을 분류하였는데, 한국어 교육에 있어서 문형 교육이 효과를 거둘 수 있다는 전제에서 문형을 분류하였다. 이에 따라 서술어의 결합가에 대한 논의보다는 결합하는 조사 양상에 따라 문형을 분류하고 있다. 또한 강은국(1993)과 고동혁(1994)는 동사를 중심으로 문형을 설정하고 있는데 이들에서는 문장의 구조를 표면적 현상에 집중함으로써 구성 성분의 문법적인 기능이나 의미적인 역할에 대해서는 깊이 다루지 못했다. 하귀녀(1994)에서는 중세 국어를 대상으로 세 자리 서술어 구문을 분석하였으며, 우형식(1998)에서는 통사항의 기능을 격조사로 표시하는 방법으로 국어의 구문 형식을 모형화한 서술 구조를 상정하였다. 김은주(2008)에서는 세 자리 서술어에 대한 기존의 논의들이 현대 국어에 치중하고 있음에 반해, 이 논문에서는 중세 국어 세 자리 서술어의 구문을 통시적으로 살피고 있다.

동사의 의미나 구문 구조에 대한 분석과 관련된 논의를 보면, '이동 동사'가 많은 주목을 받았다. 홍재성(1986)에서는 이동 동사와, '이' 명사구와 '와' 명사구가 서로 대칭적인 구문을 이루는 대칭 동사와, 장소 보어 교차 구문을 이루는 자동사들을 다루었다. 특히 국어 이동 동사를 구문론적인 관점에서 구분하여, '-러' 연결 어미문과 공기하는 형식적 요건을 만족하면 이들을 모두 이동 동사로 보고 있다. 그런데 일정 유형의 동사들이 일정 유형의 구문을 실현됨을 보이고는 있으나 특정한 부류의 동사에 제한되어 있으며, 이들 구문에 나타나는 명사항 혹은 부사구들의 필수성이나 수의성, 논항 가능성의 여부 등은 논의되지 않았다. 우형식(1994ㄱ)은 Jachendoff(1990)의 연결 이론에 따라 '나가다, 나오다' 동사 구문을 분석하였으며, 우형식(1994ㄴ)은 '내리다' 동사 구문을 구조상의 특성에 따라 이동 동사 구문, 능격 동사 구문, 기능 동사 구문으로 구분할 것을 제안하고 있다. 이외의 이동 동사에 대한 주요 논의로는 전수태(1987)에서는 이동 동사의 내포된 의미 구조를 살폈으며, 김웅모(1989)에서는 낱말밭 이론을 통해 의미 자질에 따라 이동 자동사를 분류하였다. 고석주(2007)에서는 기준점 해석을 중심으로 이동 동사 '가다'와 '오다'의 의미를 살피고 있다. 정연주 외(2013)에서는 구조 의미 분석의 방법론에 따라 대상 이동 동사의 의미를 분석하고, 그것을 토대로 대상 이동 동사의 낱말밭을 탐구하였다. 전은진(2013)에서는 이동 동사를 평행 이동 동사와 수직 이동 동사로 구분하여 그 출현 시기와 분포, 의미 분화 양상을 살펴보았다.

용언을 구문적 특징이나 의미적 특징에 따라 분류한 논의로, 서정수 (1968)은 용언을 구문론적 특성에 따라 하위 구분하고 있다. 여기에서는 용언의 구문론적 자질을 분석하고 그 자질에 의해 용언이 하위 분류되는 양상을 밝혔다. 천기석(1984)에서는 용언을 동작 동사와 상태 동사로 나누고 각각의 동사 유형을 분석하였으며, 천기석(1993)에서는 동사를 운동 동사와 상태 동사로 나누었다. 이들 논의들은 주로 용언을 하위 분류함에 있어 구문론적인 특성에 따라 분류하였다고는 하지만 실제로는 어떠한 통사적 기준에 의해 용언을 분류한 것이 아니고 동사의 의미에 초점을 맞추어 용언을 하위 분류하고 있다. 자동사와 타동사의 정의나 구문 분석과 관련된 논의로, 최현배(1937/1971)에서는 동사(움직씨)를 그 성질(바탈)의 다름에 따라 자동사(제움직씨)와 타동사(남움직씨)로 나누고 자동사 중에서 타동사로도 쓰이는 모든 동사들을 주관적 타동사라 보고 진정한 자동사는 '되다, 나다, 줄다' 등 그 수가 매우 적다고 하였다. 타동성의 의미 조건과 관련하여 임홍빈(1980)은 '대격성의 개념'을 'patient성, 목적 대상성, 타자 시점, 작용성, 주어의 잠재적 작용성, 전체적 대상성' 등을 중심으로 제시히였다. 허웅(1983)에서는 목적어가 필요한 것을 다동사, 그렇지 않은 것을 자동사로 규정하고 목적격 조사 '를'을 취하는 것 중 '가다, 걷다' 등은 자동사로 보았다. 고영근·남기심(1993)에서는 움직임이 주어에만 미치느냐 주어 이외에 목적어에도 미치느냐에 따라 자동사와 타동사로 나누고 있다. 홍재성(1987)에서는 이동 동사와 대칭 동사들이 이루는 구문에서 다른 격표지가 '-를'과 교체되는 현상이 있음을 보이고, 이를 바탕으로 타동 구문의 통사 구조적인 특징을 분석하였다. 연재훈 (1989)에서는 능격성의 서술 동사를 중립 동사라 하여 이들이 이루는 자/타동 구문의 관계를 살피고 있으며, 홍기선(1994)에서는 대격을 부여하는 서술어의 의미적 특징이 〈-상태성〉, 〈+행위성〉 등으로 분석되어 온 것을 비판하고, '결정자-피결정자'로 세울 것을 제안하고 있다.

홍재성 외(1996)의 『현대 한국어 동사 구문 사전』에서는 각 동사의 통사적인 실현 구문을 동사별로 싣고 있으며, 각 동사에 대한 자세한 구문적 쓰임새를 세밀하게 보여주고 있다. 그러나 한 동사의 각 구문 사이의 관련성이나 혹은 동일한 구문으로 볼 수 있는 것들을 단지 그 형태 상의 다름으로만 구분하는 등 분류의 통일성이 없어 비슷한 구문을 유형화하지 못한다는 결함이 있다. 또, 동사의 구문 구조에는 논항의 의미역이 배제됨으로써 이들 구문을 토대로 하여 공통의 통사적 특성을 중심으로 동사를 하위 분류할 수 없다.

양정석(1992)에서는 동사의 의미 구조를 Jachendoff(1990)의 연결 이론에 따라 분석하였으며, 양정석(1995)에서는 동사의 어휘 의미 구조를 분석하고 이에 따라 처소 교차 동사, 사동사, 피동사, 위치 동사, 심리 동사, 통제 동사, 대칭 동사의 어휘 의미 구조와 어휘 통사 구조 그리고 그들의 연결 규칙을 살피고 있다. 양정석(1997ㄱ)에서는 어휘적 구조의 하나로 어휘 통사 구조의 표상을 설정하고, 어휘들이 갖는 의미적 특질이 의미 구조로 투사해 갈 때 이 단계를 거치는 것으로 보았다. 여기에서는 동사 어휘들을 존재/소유 표현의 동사, 통제 동사, 대칭 동사, 상호 구문 등으로 나누고 이들의 어휘 의미 구조와 어휘 통사 구조를 개별적으로 분석하였으며 이러한 분석을 통해 연결 규칙을 세우고 있다. 양정석(2002)에서는 이러한 연구에서 한 걸음 더 나아가 Tenny(1987, 1994)의 시상성 가설을 바탕으로 '시상성'이 어떻게 논항 연결에 관여하는지에 대해 살피고 있으며 양정석(2013)에서는 개념의미론을 모형이론적으로 형식화한 Zwarts & Verkuy(1994)의 체계로 이동동사, 움직임동사 구문에서 발견되는 부가어 대응규칙들을 기술하였다.

김광희(1998ㄴ)는 문법의 어휘부를 기술할 때에 동사를 몇 가지 유형으로 나누고 이 유형들이 상호간에 자질 제약을 통해 상하의 위계를 구축하여 조직될 수 있다는 점과 상위유형의 자질 속성을 하위 유형이 전수받고 있다는 점을 명시적으로 나타내고자 하였다. 다항 준수 위계에 의하여 어휘부를 기술하면 하위에 있는 유형마다 모든 제약을 표기하지 않고 상하 유형 간에 전수되는 상위 유형에 형식화하여 표기하면 되고, 결과적으로 어휘부의 팽창을 줄일 수 있는 효과가 있다고 하였다. 또한 김광희(1998ㄷ)은 동사의 문법적 정보와 제약 기반적 분석이 통사론적 문제와 어떻게 연관되는지 그리고 주동형 동사나 능동형 동사가 사동이나 피동의 변형을 경함하게 될 경우 동사의 유형과 논항 정보에 어떤 변화가 일어나며 이 변화가 구체적인 문장 표현에 어떻게 반영되는지에 관해 중점적으로 살펴보고, 이 과정을 효과적으로 형식화하여 기술할 수 있는 방법이 무엇인지를 논의하고 있다.

그리고 의미와 통사 사이의 관계를 중심으로 살핀 것으로, 이찬규(1993)에서는 서술어의 의미 자질과 의미격을 중심으로 '무의도성 동사문'의 기본 의미 구조를 분석하였고, 최호철(1993)에서는 동사의 의소(義素)를 설정하여 그 의미를 분석하였다. 김동식(1993)에서는 서술어와 직접 통합될 수 있는 명사구의 기능을 분석하여, 서술어를 21가지 부류로 나누고 그 통사적 성격을 분석하고 있다. 이홍식(2000)에서는 서술어의 의미역 틀을 제시하였는데, 이러한 의미역 틀은 주어, 목적어, 보어에 부여될 의미역 정보를 가지고 있다고 하였다. 김신회(2007)에서는 Jackendoff(2002, 2005)에서 제시된 다중 제약 구문 구조(the parallel architecture)의 이론을 바탕으로, 국어 단문의 통사부-의미부 대응에 관한 원리화된 설명을 제시하고 있다. 이 논문에서 문장의 의미 구조는 상황의 표상으로서의 문장 의미를 구성하는 명제 의미와, 의사소통의 매체로서의 문장의 의미를 형성하는 화제-평언 구조, 초점, 시제, 서법 등의 의미 자질들로 구성된다고 보았다.

국어 세 자리 서술어에 대한 논의는 보어나 필수 부사어의 설정과 관련이 깊다. 종래의 보어에 대한 견해는 크게 보어를 인정하는 견해와 보어를 인정하지 않는 견해로 구분할 수 있다. 보어를 인정하지 않을 경우에는 대부분 주어나 부사어로 간주하였고, 보어를 인정할 경우에도 광의의 보어와 협의의 보어로 나뉘는 등 각 연구자들의 관점에 따라 다양한 견해가 제시되었다. 그중 대표적인 연구를 들면 다음과 같다. 최현배 (1971)에서는 보어에 해당하는 용어로 기움말을 사용하였는데, 기움말이란 바탕 생각(실질 관념)이 없는 꼴풀이씨인 잡음씨가 월의 풀이말이 될 적에, 바탕있는 맞은편 생각(賓位觀念)을 기워서(보충하여서) 그 풀이를 다 이루게 하는 말을 이름이라 하였다. 김민수(1971)에서는 보어는 구문상 술부의 구성에 필요한 근간 요소이며, 술어의 행동·상태를 보충하는 주어나 객어의 대상이라고 하였다. 고영근·남기심(1993)에서는 서술어가 되는 용언 가운데에서 '되다'나 '아니다'는 두 자리 서술어로서, 특정한 문장 성분을 필수적으로 요구하는데, 이와 같은 말이 없으면 불완전한 문장이 된다하고 이를 보어라 하였다. 임홍빈·장소원(1995)에서는 주어나 목적어 이외에, 서술어가 통사적 구성을 이룰 때 반드시 있어야 하는 필수적인 성분을 보어라 하고, 일부 용언에서는 문맥과 의미적 특질에 따라 문제의 성분이 보어가 된다고 하였다. 최호철(1995)에서는 국어에서 문장 성분의 기본이 되는 어절은 형태적으로 어휘적 어사와 통사적 어사가 결합한 것으로 보고, 어떤 문장 성분이 비록 필수적이 아니라고 판단될지라도 형태적인 면에 의해서 보어로 분류될 수 있다고 하고 이에 따라 보어 구문이라 논의되던 여러 구문을 검토하여 '-로'형과 '-에'형 만을 보어로 보았다. 서정수(1996)에서는 지정사 '이다'와 어울려 서술 내용을 나타내는 명사구가 보어이며 이때 지정사는 서술 기능을 드러낸다고 하였으며 부사어 중 문장 성분으로서 필수적인 성질을 가지는 것에 대해 필수 부사어라 하였다.

필수 부사어를 보어 혹은 보충어로 처리한 연구는 김민수(1982), 임홍빈(1995), 유형선(1999) 등이 있다. 임홍빈(1995)은 주어나 목적어 이외에 서술어가 통사적 구성을 이룰 때 반드시 있어야 하는 필수적인 성분은 보어로 보고 '-이/가'형, '-과'형, '-로'형을 모두 보어로 규정하고 있다. 김민수(1982)는 '불완전성 술어가 나타내는 행동이나 상태에 의미상 보충될 대상으로 귀결되는 요소'를 보어로 정의하면서 보어를 기능적인 면에서 주보어와 객보어로 양분하였다. 유형선(1999)는 문장의 필수 성분으로 기능을 하며 주어도 아니고 목적어도 아닌 것을 보어로 규정하였다. 선지성(2005)에서는 필수 부사어를 하위 범주적 특성을 뚜렷하게 보여주는 부류라고 제시하였다. 박성민(2009)에서는 필수 부사어란 문장에서 부사어의 형태와 기능을 가지는 것들로서 문맥이나 일상적인 전제가 주어지지 않은 상태에서 문장의 최소 의미 구성에 필수적으로 참여하는 문장성분이라 규정하였다. 김혜진(2011)에서는 국어 필수 부사어의 논항성에 대해 살폈으며, 손지은(2012)에서는 보어가 서술어의 의미를 보충하여 문장의 뜻을 완성하는 필수적인 논항의 일종이라고 보고, 보어의 범주를 서술어가 의미론적 필수성에 의해 요구하는 논항 중 주어, 목적어 이외의 성분으로 설정하였다.

지금까지 살펴본 바와 같이 동사나 서술어에 관한 연구는 동사의 분류, 타동성 개념 정립, 동사의 의미 자질 분석이나 어휘장 수립, 동사의 의미 구조 분석 등을 위주로 진행되어 왔다. 이 연구는 이러한 선행 연구를 기반으로 국어의 방대한 동사 체계 전반을 다루기보다 한정된 범위이면서도 국어 문장 성분의 위계와 문장 형성의 원리를 밝힐 수 있는 연구가 필요하다고 본다.

이러한 연구의 일환으로 세 자리 서술어에 대한 검토가 필요할 것이나 하귀녀(1994:2)에서 말한 바와 같이 지금까지의 세 자리 서술어에 대한 연구는 세 자리 서술어가 세 자리 성분을 필요로 하는 것이라는 점 외에 우리에게 말해주는 것은 거의 없었다. 세 자리 서술어들의 통사·의미적 특징을 주목한 논의도 거의 없었으며 세 자리 서술어 중 특징적인 일부 동사만을 대상으로 하여 집중적으로 논의했을 뿐 현대 국어 세 자리 서술어 전반에 대한 탐구도 없다. 이에 따라 이 연구는 세 자리 서술어에 대한 통합적이고 체계적인 접근을 통하여 국어 동사의 어휘 의미 구조와 문장 구성의 대응 관계를 밝히고, 이를 통해 국어 문장 형성의 원리를 찾고자 한다.

3. 연구 방법 및 대상

국어 세 자리 서술어에 대한 접근을 위해서는 다양한 연구 방법의 모색과 이의 적용이 필요하다. 그런데 이 연구는 동사의 자릿값을 판별하기 위해서는 외현적 통사 구조보다 내부 구조에 의지해야 한다고 본다. 이 연구는 각 동사가 고유한 의미 구조를 지니고 있으며 이러한 구조는 개념적 원소인 의미항으로 구성되어 있다고 본다. 이에 따라 동사의 어휘 의미 구조 분석이 요구되는데, 이 연구에서는 Jackendoff(1990)을 통해 동사의 의미 구조를 분석하는 방법을 모색하고자 한다. Jackendoff(1990:13~14)는 문장으로 표현되는 I-개념[2]의 목록체는 마음에 목록으로 기호화된 것일 수 없고, 심적 본원소들의 유한 집합이라는 형식과, 문장에 의해 표

---

2 I-언어이란 내적으로 기호화된 정보의 조직체로서 간주되는 언어인 내적 언어이며, E-언어란 외적인 가공물로서 간주되는 언어인 외적 언어로 촘스키의 용어법에서는 이를 I-개념과 E-개념이라 칭한다.

현되는 가능한 I-개념들의 집합을 총괄적으로 기술하는 심적 결합 원리들의 유한 집합이라는 형식으로 특성화되어야만 한다고 하였다. 본원소는 고립되어 나타날 수 없는데, 결합 속에서만 관찰될 수 있고, 개념적 구성 성분들로 구성될 수 있으며, 그것들의 존재는 전반적으로 언어와 인지에 대한 그것들의 영향으로부터 추론됨이 분명하다고 하였다. 또한 어휘적 개념 자체에, 또는 어휘적 개념을 새로운 대상물들의 심적 표상들과 비교하는 절차에, 혹은 이 둘 모두에, 있을 수 있는 정도의 불확실성이 있다고 결론을 내리고 있다.

또한 이 연구에서 가장 중요한 점은 동사가 요구하는 문장 성분의 필수성을 어떻게 판단할 것인가에 대한 분석 방법이다. 이에 대해 양정석(1997:14)에서는 문장의 통사 구조적인 틀은 동사가 가진 어휘 구조 속에 내포되어 있으며, 이러한 통사적인 틀은 그 동사 어휘가 갖는 여러 가지 의미적 특질로부터 도출된다고 하였다. 즉, 동사가 갖는 어휘 구조는 문장의 의미 구조나 통사 구조와 대응 관계를 갖고 연결된다는 것이다. 그렇다면, 동사가 요구하는 논항은 동사의 어휘 구조에 반영되어 있다는 점을 통해 논항의 필수성을 검토하고 그 특징을 찾을 수 있을 것이다.

Jackendoff(1990)는 개념 의미론을 통해 통사 구조와 의미 구조의 대응 또는 연결을 체계화하는 연결 이론을 수립하고 있다. 이 연구에서는 통사적 성분과 개념 구조 성분이 체계적으로 대응된다는 Jackendoff(1990)의 연결 이론으로 서술어의 의미 구조와 자릿값을 밝힐 수 있다고 보았다. 다시 말해, Jackendoff(1990)의 의미 구조론은 어휘 구조에 의미 구조를 도입하여 논항들이 동사의 의미 자질과 어떠한 관련을 맺고 있는지 살피고 있는데, 이를 통해 국어 문장 성분의 자릿값과 위계를 판단할 수 있을 것이다. 또한, 동사의 의미 구조에 나타난 논항과 통사 구조의 문장 성분과의 대응 관계를 통해 세 자리 서술어가 요구하는 각 문장 성분의 의미역을 밝히고 더 나아가 세 자리 서술어 구문의 통사·의미적 특징을 살필 수 있다.

이에 따라 이 연구는 동사의 어휘적인 의미는 원초적인 개념들이 규칙적으로 조합된 것으로 보고, 동사의 어휘적인 의미를 구조화하고 이들의 통사·의미적 특징을 밝히는 과정으로 진행된다. 또한, 세 자리 서술어에 대해 기존의 연구에서는 단순히 세 개의 필수 성분을 요구하는 서술어라고 한 것이 대부분이었다. 이에 이 연구에서는 필수 성분과 수의 성분에 대한 명확한 개념 정립과 함께 논항과 자릿수의 대응 관계를 밝혀 국어 세 자리 서술어의 개념을 정립하고자 한다.

이러한 연구를 위해 이 연구는 다음과 같은 내용으로 구성된다. 첫째, 국어 세 자리 서술어란 무엇인지에 대한 개념을 정립한다. 기존의 연구에서는 단순히 세 개의 필수 성분을 요구하는 서술어라고 한 것이 대부분이었다. 그렇지만, 이 연구에서는 필수 성분과 수의 성분에 대한 개념 고찰과 함께 논항과의 대응 관계를 밝혀 국어 세 자리 서술어의 개념을 정립하고자 한다. 다음으로 국어 세 자리 서술어의 목록을 정한다. 세 자리 서술어의 개념 정립을 통해 한정된 수의 세 자리 서술어를 목록화할 수 있다. 이렇게 목록화된 세 자리 서술어의 구조와 의미를 분석하여 각 유형별로 분류하며, 이를 통해 세 자리 서술어로 쓰인 동사의 어휘장을 체계화한다.

둘째, 국어 세 자리 서술어 구문의 구조를 분석한다. 여기에서는 세 자리 서술어 구문의 의미 구조와 통사 구조를 분석하고 이를 통해 세 자리 서술어의 문장 구성을 논의할 것이다. 동사의 의미 구조에 나타난 논항과 문장 성분을 대응하여 보면, 문장의 통사·의미적 완결성을 위해 필요한 문장 성분과 그렇지 않은 문장 성분으로 가를 수 있을 것이다. 이를 통해 의미 구조 속에 포함된 논항들이 문장에서는 어떠한 순서로 나타나는지를 살펴 국어 문장 형성의 원리를 밝힐 수 있을 것으로 기대한다.

셋째, 국어 세 자리 서술어 구문을 분석하는 과정으로 이동 동사, 처소 교차 동사, 상호 동사의 통사·의미적 특징을 살핀다. 그리고 이러한 세 자리 서술어 구문에 대한 분석 방법을 적용·확장하여 수여 동사, 발화 동사의 구문적 특징을 살피도록 하겠다. 국어 세 자리 서술어는 통사·의미적 유형에 따라 다양하게 분류할 수 있다.[3] 이 연구에서는 이동 동사, 처소 교차 동사, 상호 동사를 대상으로 살핀다. 그 이유는 이 세 유형의 동사류들에 나타나는 논항과 의미역들이 세 자리 서술어의 일반적인 모습을 보여주고 있기 때문이다. 또한 세 자리 서술어 구문에 나타나는 주요 격조사인 '-에, -로, -에서, -와'가 모두 사용되는 특성을 보인다. 그리고 이동 동사 구문의 자릿수, 처소 교차 동사 구문의 교차 현상, 교호 동사 구문의 '-와/과' 명사구 처리는 세 자리 서술어 구문 차원에서 논의가 진행될 수 있기 때문이다. 따라서 이 연구에서는 이 세 동사류의 개념과 기본 구조를 정하고 세 자리 서술어 구문로서의 통사적 특징과 의미적 특징을 살피고자 한다. 그리고 이러한 논의를 기반으로 삼아 수여 동사 구문에 나타나는 소유의 변화 현상을 살피고 발화 동사 구문에 대한 연구로 확장하겠다.

이 연구에서 분석하는 동사와 용례는 홍재성(1986)의 「현대 한국어 동사 구문 사전」, 국립국어원(2002)의 「주요 어휘 용례집 - 동사편」, 국립국어원의 「표준국어대사전」 및 온라인 「표준국어대사전」, 연세대학교의 「연세한국어사전」 및 기존 연구의 예문에서 발췌한 것이다. 의미 구조 분석은 Jsckendoff(1990)과 양정석(1997)을 바탕으로 분석하였으며, 통사 구조 분석은 임홍빈·이홍식 외(2002)를 따랐다.

---

3 이 연구에서는 세 자리 서술어를 표면 구조 유형별로 분류하였으며, 의미적 유형에 따른 분류는 국어 서술어 전체를 의미적 유형별로 분류한 것과 동일하므로 별도로 분류하지 않는다.

2장 문장 구성과 보충어

세 자리 서술어를 확정하는 데 가장 중요한 것은 어떠한 문장 성분이 필수적이냐 하는 것이다. 일반적으로 세 자리 서술어란 필수적으로 세 개의 문장 성분을 요구하는 서술어라고 한다. 그렇지만 이를 세 자리 서술어에 대한 명확한 개념이라고 보기 어렵다. 이 개념으로는 어떤 성분이 필수적인지 판단할 수 있는 기준이 전혀 없기 때문이다. 심지어 문장을 구성하는 필수 성분에는 서술어도 포함되기 때문에 위 개념 자체로는 결함을 지니고 있다.

국어의 필수 성분은 단순히 격조사와의 결합 여부로만 따지거나 직관에 의존해 규정되어서는 안 되기 때문에, 이 연구에서는 기존의 필수 성분 확인 방법에서 더 나아가 동사의 의미 구조에 나타난 논항과의 대응 관계를 포함하여 살피고자 한다. 동사의 의미 구조에 나타난 논항과 문장 성분을 대응하여 보면, 격조사 결합 여부를 떠나 문장의 통사·의미적 완결성을 위해 필요한 문장 성분과 그렇지 않은 문장 성분으로 가를 수 있기 때문이다.

1. 서술어의 자릿수와 보충어

일반적으로 세 자리 서술어란 필수적으로 세 개의 문장 성분을 요구하는 서술어를 일컫는다. 남기심·고영근(2014:257)에서는 '주다, 넣다, 삼다……' 등의 동사처럼 주어를 포함하여 세 자리 성분을 필요로 하는 것을 세 자리 서술어라 하며, 세 자리 서술어가 세 자리의 격을 모두 갖추지 못하면 그러한 문장은 불완전한 것이 된다고 하였다.

(1) 가. 인호가 포도로 포도주를 만들었다.
　　나. *인호가 포도로 만들었다.
　　다. 인호가 포도주를 만들었다.
(2) 가. 인호가 포도를 포도주로 만들었다.
　　나. *인호가 포도주로 만들었다.
　　다. *인호가 포도를 만들었다.

예문 (1나), (2나)는 타동사인 '만들다'의 목적어가 없기 때문에 비문이라 할 수 있다. 그렇지만 예문 (1다)는 적법한 데 비해 예문 (2다)는 비문이다. 이러한 차이는 예문 (1)의 '만들다'가 '창조' 또는 '생성'의 의미를 가지고 있는 데 비하여, 예문 (2)의 '만들다'는 '결과'의 의미를 표현하므로, 'NP으로'가 생략될 수 없기 때문이다. 기존의 연구에서는 이러한 성분을 보어 또는 필수적 부사어로 처리하였다.[1] 그렇다면 세 자리 서술어가 요구하는 세 개의 문장 성분은 주어, 목적어, 보어라고 할 수 있다.

---

1 이 연구에서는 동사의 어휘 의미 구조에서의 동작자인 주어나 피동작자인 목적어를 제외하고 동사의 의미를 완전하게 하기 위해 필요한 성분을 요구하는데, 이를 보어로 본다. 자세한 내용은 조경순(2001)을 참고하기 바란다.

다음으로 주어를 제외한 나머지 두 성분으로 목적어가 아닌 보어를 요구하는 세 자리 서술어가 있다.

(3) 가. 새가 갔다.

나. 새가 땅에서 나무로 갔다.

일반적으로 '가다'는 자동사로 예문 (3가)를 기본으로 하여 부사어인 '땅에서', '나무로' 등이 문장에 덧붙여짐으로써 의미를 보충해 준다고 한다. 그렇지만 예문 (3가)의 '가다'와 예문 (3나)의 '가다'의 의미를 자세히 살펴보면, 예문 (3가)는 주어의 행위인 [GO]의 의미 외에는 아무 것도 찾을 수 없는 반면에, 예문 (3나)는 주어의 공간적 장소와 움직임이 변화됨을 알 수 있다. 즉, 예문 (3가)와 (3나)의 '가다'는 형태적으로 같은 동사이지만 위 예문과 같이 다른 의미를 지닌 서술어로, 예문 (3나)의 '가다'는 주체의 공간적 장소의 변화와 움직임을 보여주기 위해 주어 이외의 두 개의 논항을 더 요구한다고 할 수 있다.[2] 따라서 세 자리 서술어는 주어와 두 개의 보어를 요구할 수 있다.

다음으로 이중 목적어 구문을 살펴보도록 한다.

(4) 청소부들이 건물벽을 페인트를 칠했다.

예문 (4)에 대해 양정석(1997:115)에서는 '건물벽'은 장소 의미역을 가지나, 이른바 '전체성'의 의미 특질을 표현하기 위한 의미 성분절에서 '대

---

2 그런데 이러한 '땅에서'와 '나무로'와 같은 성분에 대해 부사어로 볼 것인지 아니면 보어로 볼 것인지에 대한 논의가 진행되어 왔다.

상'으로 나타나기 때문에 목적어로 실현될 수 있다고 보았다. 또한, '페인트'는 주어인 '청소부들'의 작용을 받는 대상 즉 피작용자이기 때문에 목적어로 실현 가능하다고 하였다. 그렇다면 이와 같은 이중 목적어 구문에 나타나는 '칠하다' 등의 서술어도 주어 이외에 두 개의 목적어를 요구하는 세 자리 서술어라 할 수 있을 것이다. 따라서 세 자리 서술어는 주어와 두 개의 목적어를 요구할 수도 있다.

다음으로 이중 주어 타동사 구문을 살펴보도록 한다.

(5) 가. 농부가 셋이 미꾸라지를 잡았다.

나. 농부 셋이 미꾸라지를 잡았다.

다. 농부가 미꾸라지를 잡았다.

라. [?]셋이 미꾸라지를 잡았다.

예문 (5가)는 표면 구조 상 세 자리 서술어 구문으로 볼 수 있다. 그렇지만 이중 주어인 '농부'와 '셋'은 동격으로 예문 (5나)와 같은 문장으로 바꾸어도 문장의 적법성에는 이상이 없다. 또한 서술어의 선택적 특질에 의해 이중 주어가 나온 것이 아니다. 다시 말해, 서술어 '잡다'는 행위주인 '농부'만을 요구하는 것이지, 몇 명인지까지의 정보를 요구하는 것은 아니다. 따라서 이러한 이중 주어 구문은 세 자리 서술어로 간주하지 않는다.

다음으로 형용사 구문을 살펴보도록 한다. 유현경(1998:45~47)에서는 형용사는 자신의 논항을 대격에 할당하지 못하며, 주어 이외의 논항을 취하는 16개의 격틀을 가지고 있음을 보여 주었는데, 이 중 세 자리 논항을 요구하는 것은 없다.

(6) 최북단 성벽이 오늘날의 북쪽 성벽과 (재질이) 같다.

비록, 예문 (6)과 같이 '같다' 등의 비교 대칭 형용사에서 비교되는 성질에 해당하는 NP3가 있으나 수의적이므로 세 자리 서술어에서 제외한다. 따라서 세 자리 서술어는 동사로 한정된다.

지금까지 세 자리 서술어 구문은 '주어, 목적어, 보어', '주어, 보어, 보어', '주어, 목적어, 목적어'로 나타남을 살펴보았다. 그런데 주어, 목적어, 보어는 문장에 반드시 나타나야 하는 필수 성분이므로, 세 자리 서술어란 주어 이외에 두 개의 필수 성분을 요구하는 것이라고 일반화할 수 있다.

(7) 세 자리 서술어의 개념(잠정): 주어 이외에 두 개의 필수 성분을
    요구하는 서술어

그렇지만 필수 성분의 용어가 명확하지 않으며, 서술어 자체도 필수 성분이라는 점에서 위의 개념은 불명확하다. 따라서 필수 성분이라는 모호한 개념이 아닌 보다 정확한 용어에 의한 정의가 필요하다. 그런데 김경욱(1986:36)에 따르면, 동사를 문장의 지배소로 설정하는 동사 중심의 관점에서 보면 문장은 최소한의 구조적 중심을 이루는 한 개의 동사와 그 동사에 의해 결정된 일정한 수의 보충어로 이루어진 언어적 단위로 정의된다.

동사 중심의 문장 분석에서 문장의 최소 구조는 동사와 동사의 결합가에 따라 요구되는 논항들로 분석된다(우형식, 1996:33). 논항은 동사와 함께 명제를 이루는데, 어떤 논항이 선택되는가 하는 것은 동사의 논리·의미적 성격에 의해 결정된다. 논항은 문장 구성에서 통사적으로 동사가 요구하는 필수적인 성분이 된다. 그 밖에 문장 구성에 나타나는 성분은 수

의적인 성분이 된다. 동사가 요구하는 필수적인 성분을 보충어라 하고, 기타 수의적인 성분을 부가어라 하는데, 세 자리 서술어가 요구하는 주어, 목적어, 보어 등은 문장에 필수적으로 나타나야 하는 성분이므로 보충어[3]라 할 수 있다. 이러한 보충어에 대한 논의는 결합가 문법에서 많이 진행되어 왔다.

Tenière(1959)의 문법 모델이 독일어에 적용되면서 성립된 결합가[4] 문법에서는, Karl Bühler에 의해 주장된 "한 특정 품사의 단어들은 하나 혹은 여러 개의 빈자리를 자기 주위에 열어놓고 있으며, 이 빈자리는 특정한 다른 품사의 단어들에 의해 채워져야 한다."는 전제 아래, 언어적 결합인 문장을 형성하기 위해서는 '결합가에 결속된' 보충어를 요구한다고 한다.[5] 동사의 결합가란 문법적으로 더 큰 언어 단위를 구성하기 위해 특정한 문법적인 기능과 의미를 지닌 일정한 수의 빈칸(즉, 논항)을 열어 놓는 동사의 어휘적 능력을 말한다. 따라서 결합가(Valenz)는 특정한 형태를 취하는 다른 품사들의 단어들로 채워질 수 있거나 혹은 채워져야 하는

---

3 변형 생성 문법에서는 주어를 지정어로, 목적어와 보어를 보충어로 보지만, 이 연구에서는 서술어가 필수적으로 요구하는 문장 성분을 모두 보충어로 보기 때문에, 주어도 보충어에 포함한다.

4 Somers(1985)에 따르면 결합가 개념은 화학으로부터 빌린 것으로, 여기서는 각 요소와 관련되는 어떤 값은 그것이 다른 요소(또는 분자)와 결합하는 방식을 결정한다. 언어학적 결합가(Linguistic Valency; LV)는 화학적 결합가(Chemical Valency; CV)를 복제한 것으로, CV와 LV의 주요 차이는 전자에서는 모든 요소가 1에서 4까지의 범위에서 값을 가지면서 상당수의 요소는 변항인 데 비해서, 후자에서는 그 범위는 동일하지만(0가는 제외) 어떤 부류의 요소(서술어)만이 결합가를 가지면서 가끔 변항적일 뿐이라는 점이라고 하였다. 그래서 LV에서 서술어가 가능한 결합가의 범위를 갖지만 그것의 논항은 항상 그 범위 중의 하나를 차지한다고 말할 수 있다고 하였다.

5 이러한 결합가 문법의 접근 방법에 따라 김일웅(1984)에서는 '기본구조'를 설정하였으며 남기심·고영근(1993:250~252)에서는 자릿수에 따른 서술어의 분류 등에서 적용하였다. 또한 우형식(1998)에서는 통사항의 기능을 격조사로 표시하는 방법으로 국어의 구문 형식을 모형화한 서술 구조를 상정하였다.

데 이러한 단어들을 보충어(Complement)라고 한다. 그리고 부가어
(Adjuncts)란 동사와의 결합이 아주 약하기 때문에, 의미 제약의 한계 내
에서 모든 문장에 거의 임의적으로 첨가될 수 있거나 혹은 생략될 수 있
으며, 그 수에 있어서도 동사에 의해 한정되어 있지 않은 성분을 말한다.
그런데 이러한 보충어와 부가어를 어떻게 구분할 수 있는가 하는 것이
중요한 문제로 떠오른다. 보충어와 부가어의 차이에 대해 Dowty(2000)는
다음과 같이 정리하고 있다.

(8) 보충어와 부가어의 차이(Dowty, 2000)

(가) 통사론적 정의: 첨가어는 '수의적 요소'이고 보충어는 '필수적 요
소'이다.

구 [XY](또는 [YX])에서 구성 성분 Y는 다음 조건이 만족될 때
그리고 그럴 때만 부가어이다.

① 구 X가 (Y 없이) 그 자체만으로도 적형의 구성 성분이다.
그리고

② (Y 없는) 구 X도 구 [XY]와 동일한 통사 범주를 가진다(이
경우, X는 [XY]의 '머리어(head)'이다.).

그러면, [XY] 속의 구성 성분 Y는 다음 조건이 만족될 때 그리
고 그럴 때만 보충어이다.

① 구 X가 (Y 없이) 그 자체만으로는 적형이 되지 못한다. 또는

② 만일 문법적이면 고립된 상태의 X는 실제로는 [XY]와 같은
범주를 가지지 않는다 (그리고 [XY]에서와 같은 의미를 가
지지 않는다.).

여기서, 조건 (ⅱ)는 생략된 보충어를 보충어로 인정하기 위해
필요한 것이다.

(나) 의미론적 정의: 부가어는 머리어의 의미를 '수식'하고 보충어는
　　　머리어의 의미를 '보완'한다.

　　　Y가 부가어이면, [XY]의 의미는 X와 같은 종류의 의미(같은
　　논리적 유형)를 가진다. 그리고 Y는 단지 [XY]를 X 자체의 의
　　미/외연의 진부분 집합으로 제한해 줄 뿐이다.

　　　Y가 [XY]의 보어일 때, ① X의 의미가 (Y 없이) 그 자체로는
　　불완전하거나 일관성이 없다. 그렇지 않으면, ② X는 무엇인가
　　가 생략된 것으로 이해되어야 한다. 즉, 청자는, X가 의미론적
　　으로 요구하는 의미론적 빈자리를 채워 넣기 위해 Y의 일반적
　　인 종류의 문맥 의존적 또는 대용적 의미를 상상하거나 추론해
　　야 한다(예를 들어, eat lunch와 목적어 없이 eat만 출현한 경우
　　는 둘 다 문법적인 VP이지만 후자는 'eat something or other'
　　로 이해되어야 한다. 그러므로 lunch는 보충어이고 부가어가
　　아니다.).

　　　또한, 같은 부가어는 다른 머리어들과 결합되더라도 의미론적
　　으로 '같은' 방식으로 그것들의 의미에 영향을 준다(예로, walk
　　slowly와 write slowly). 그러나 같은 보충어는 다른 머리어들
　　과 결합될 때 더욱 근본적으로 다른 효과를 가질 수 있다(예를
　　들어, manage to leave와 refuse to leave).[6]

　Dowty(2000)은 통사적으로 구 X의 적형성과 구 [XY]와의 동일 범주 여
부를 기준으로, 의미적으로 구 X의 의미적 완전성 여부와 Y의 의미적 영
향 정도를 기준으로 보충어와 부가어를 구분하였다. 이러한 구분은 보충

---

6 박철우(2000) 재인용.

어를 통사적으로 또는 의미적으로만 구분할 수 없음을 나타내는 것이다. 박철우(2002:78)에서도 부가어와 보충어 차이의 근원은, 특정 어휘가 다른 어휘를 어휘부에서 선택하여 함의하고 있느냐 그렇지 않느냐에 있다고 하였다. 즉, 보충어는 그것의 머리어에 의해서 어휘부에서 선택되고 그것과 결합하여 새로운 유형의 의미를 창출하는 반면, 부가어는 단순히 그 머리어의 외연 범위를 제한해 줄 뿐이다는 것이다. 결국, 보충어와 부가어를 구분하는 기준은 어떤 언어의 경우이든, 그 구별의 근거가 의미론적인 것이 된다고 보았다. Dowty(2000)의 통사론적 정의에서 보충어 조건 ②는 그러한 의미론적 기준을 반영하고 있는 것이며 의미론적 정의는 그야말로 이러한 어휘부의 요구를 반영하고 있는 것이라 하였다.

그렇다면 이러한 논의를 바탕으로 국어에서의 보충어를 알아보도록 한다. 동사는 그와 관련되는 명사항에 격을 부여한다. 이에 따라 명사항은 문장 안에서 특정의 의미와 통사적 기능을 갖는 구성 성분이 된다. 이러한 문장의 구성 성분은 동사와의 관계에서 반드시 요구되는 것과 그렇지 않은 것으로 구분된다.

(9) 가. 철수가 장학생이 되었다.
　　나. *철수가 되었다.
　　다. 되다; x, y
(10) 가. 철수가 장학생으로 되었다.
　　나. *철수가 되었다.
　　다. 되다; x, y

예문 (9)의 '장학생이'와 예문 (10)의 '장학생으로' 모두 동사가 필수적으로 요구하는 문장 성분이며 동일한 기능을 수행하는 데도 불구하고 일부 연구 등에서는 이를 구별하여 설명하고 있다.[7] 예문 (9)와 (10)을 살펴보면 첫째 논항은 주어와, 둘째 논항은 보어로 간주되는 명사구와 대응되고 있다. 비록 격조사에 따라 분석 양상은 다르지만 동일하게 '장학생'을 논항으로 요구하고 있다. 즉, 예문 (10)의 '장학생으로' 역시 예문 (9)의 '장학생이'와 같은 필수 성분이며 문장 성분으로서 동일한 자격을 지닌다. 만일, '장학생이'는 필수 성분인 보어로, '장학생으로'는 수의 성분인 부사어로 볼 경우, 동사가 요구하는 동일한 논항에 대해 각각 다른 격을 부여하게 된다. 이렇듯 격조사 실현 양상에 절대적으로 의존하여 '-이/가'가 아닌 다른 조사와 결합하는 명사구를 부사어로 취급하는 것은 잘못된 것으로 보인다. 예문 (10)과 같이 문장 내에서 논항을 부여받는 필수적인 성분을 수의적인 성분인 부사어로 취급하는 것은 문장 구성에 대한 설명 방식에 모순을 야기하는 것으로, 이러한 문제점을 해결하기 위해서 격조사에 얽매이지 않고 동일하게 보충어[8]로 간주하면 일관성 있는 설명이 가능해진다.

이러한 논의를 바탕으로 보충어와 부가어가 쓰인 문장을 살피면 다음과 같다.

---

7 고영근·남기심(2014)에서는 '장학생이'는 보어로, '장학생으로'는 부사어(필수 부사어)로 처리하고, 서정수(1996)에서는 모두 필수 부사어로 처리하고 있다. 특히, 서정수(1996:704~706)에서는 '되다'의 선행어를 필수 부사어로 처리한 근거로, 첫째, 부사어설은 '되다'의 앞 성분이 공통으로 지닌 기능적 특성을 무리없이 설명할 수 있으며, 둘째, 필수 부사어설은 보어라는 기능 범주를 따로 도입함이 없이 기존의 부사어라는 개념만으로 '되다'의 문제를 기술할 수 있어서 문법 기술이 더 간결해지며, 셋째, 필수 부사어설을 통해 보어의 남발 현상을 제거하고, 넷째, 동일 의미기능의 선행어를 동일 범주로 처리하도록 만드는 합리성을 가지고 있다는 점을 제시하였다.

8 변형 생성 문법에서는 일반적으로 지정어인 주어를 제외한 필수 성분을 보충어라고 하나, 이 연구에서는 주어를 포함한, 서술어가 필요로 하는 모든 필수 성분을 일컫는다.

(11) 가. 현식이는 농부의 목소리에 그 쪽을 보았다.

　　나. 학생들이 잔디밭에서 술을 마셨다.

　　다. 경찰은 이날부터 지역별로 본격적인 경비 업무에 들어갔다.

　　라. 철수는 수미와 학교에서 집으로 갔다.

예문 (11가)는 '-이', '-에', '-을'이 결합한 명사구가 쓰인 문장이며, 예문 (11나)는 '-이', '-에서', '-을'이 결합한 명사구가 쓰인 문장이다. 예문 (11가)에서는 '보다'가 요구하는 보충어는 '현식이, 그 쪽'이며, '농부의 목소리'는 부가어이다. 예문 (11나)에서는 '학생들, 술'이 보충어이며, '잔디밭'은 부가어이다. 예문 (11다)는 '-이', '-로', '-에'가 결합한 명사구가 쓰인 문장이며, 예문 (11라)는 '-이', '와', '-에서', '-로'가 결합한 명사구가 쓰인 문장이다. (11다)에서는 '경찰, 경비 업무'를 보충어라 할 수 있으며, (11라)에서는 '철수, 학교, 집'을 보충어라 할 수 있다. 이에 반해 동일한 '명사구+격조사'의 형태를 지닌 '지역별, 수미'는 동사가 요구하지 않는 부수적인 성분인 부가어로 의미 구조에서 통사 구조로 사상될 때 격조사와 결합한 필수 성분이 아닌 수의 성분임을 의미한다. 즉, 각 동사가 논항으로 요구하지 않는다는 것으로, 이에 근거해서 명사구라도 구문 형성의 핵이 되는 동사의 논항이 아닐 경우에는 수의적인 성분, 다시 말해 부가어로 처리되며 통사 구조에서 생략될 수 있다는 것을 알 수 있다.

이상의 논의를 종합하면, 보충어란 서술어로 쓰인 동사가 필수적으로 요구하는 논항으로, 통사 구조에서 생략되어서 안 된다.[9] 보충어는 동사

---

9 Panevová(1974:7)는 어떤 구성 요소의 의미 단계에서의 의무성과 이것이 반드시 실현되어야 하는 표면 통사 단계에서의 필수성은 구별될 필요가 있음을 강조한다. 그리고 그는 의미적으로 의무적인 요소가 환경에 따라 통사 단계에서 의무적이거나 잠재적(수의적)이거나 '영(zero)으로 실현되기조차' 한다고 주장한다.

의 의미와 밀접한 관련을 맺고 있는 논항으로, 동사의 의미를 보충하여 문장의 통사적·의미적 완결성을 보완하는 기능을 한다. 이에 반해 부가어는 동사가 요구하는 성분이 아니며, 문장의 의미를 한정하기 위해 쓰이는 문장 성분이다.

이상의 논의를 통해 '세 자리 서술어의 개념(잠정)'에서 보았던 주어, 목적어, 보어는 모두 보충어임을 알 수 있다. 따라서 세 자리 서술어의 개념을 다음과 같이 설정할 수 있다.

(12) 세 자리 서술어의 개념: 세 개의 보충어를 요구하는 서술어

위의 개념은 필수적으로 세 개의 문장 성분을 요구하는 서술어라는 기존의 세 자리 서술어 개념을 보다 간결하게 하고 불분명한 '필수적인 문장 성분'을 필수적인 논항을 뜻하는 '보충어'로 바꿈으로써 그 대상을 정확히 한정지었다는 점에 의의가 있다.

이상에서 보충어와 부가어의 차이에 대해 알아보고, 이를 통해 세 자리 서술어의 개념을 정립하였다. 보충어란 서술어가 필수적으로 요구하는 문장 성분을, 부가어는 수의적인 문장 성분을 말하며, 따라서 세 자리 서술어란 세 개의 보충어를 요구하는 서술어라 할 수 있었다.

그런데 세 자리 서술어의 개념을 정립하기 위해서는 보충어와 부가어의 구별이 무엇보다 중요하다. 직관에 의존하여 보충어와 부가어를 구별하는 것은 객관성을 보장받기 어렵기 때문에, 표층 구조 상에서 객관성을 확보할 수 있는 방법을 찾아야 한다. 따라서 이 보충어와 부가어를 구분하는 방법을 다음 절에서 모색하기로 한다.

2. 서술어의 보충어 확인

2.1. 보충어와 부가어의 구분

결합가 문법에서는 보충어 판별에 관한 이분법적 기준으로 생략가능성, 필수성, 의무성, 구성성, 특수성과 같은 여러 가지를 제시했다(이점출, 1984). 남기심 외(1992:2)에서는 'NP-로'가 논항으로서 필수적인지를 판단하기 어렵다고 하며, 주어진 'NP-로'가 그 문장에서 생략이 가능한가의 여부를 살펴보고, 생략이 되면 비문을 낳게 되는 경우에, 그것을 필수 논항으로 보는 방법만이 있을 뿐이라고 하였다. 이때의 생략 가능 여부 판단은 국어 직관에 의존하면서 그 논항을 취하는 동사의 의미 특성을 고려하는 수밖에 없다고 하였다.

기존 연구에서도 직관에 의존하는 입장에서 논항의 필수성이나 필수성분 여부를 판단하였는데, 되도록 객관적인 방법을 확보하는 방향으로 연구가 진행되었다. 이 연구에서는 보충어와 부가어를 구분한 기존 논의를 살피며, 보충어와 부가어를 구분하기에 적절한 방법인지를 검토하기로 한다.

2.1.1. 삭제 검사를 통한 보충어 확인

보충어와 부가어를 구분하는 데 있어 가장 많이 사용되는 검사 방법이 삭제 검사이다. Helbig & Schenkel(1973)는 의무적인 문장 성분은 삭제 검사를 통해 조사될 수 있다고 하였다. 문장에서 어떤 요소를 소거하고 나머지 문장이 그대로 문법적인지 아니면 비문법적인지를 관찰하여 만약 그것이 문법적이면 소거된 요소는 의무적인 것이 아니고, 반대로 비문법적이면 소거된 요소는 문장을 통사적으로 유지하는 데 의무적인 것이다.

(13) 가. I visit him in Berlin.

나. I visit him.

다. *I visit in Berlin.

라. *I visit.

(14) 가. 민수가 식당에서 밥을 먹었다.

나. 민수가 밥을 먹었다.

다. *민수가 식당에서 먹었다.

라. *식당에서 밥을 먹었다.

위 예문 (14나)에서 '식당에서'가 빠진 문장은 문법적이지만 (14다)와 같이 '밥을'이 빠진 문장은 비문법적이다. 삭제 검사는 어떤 문장 성분이 삭제됐을 때 문장의 성립 여부를 검증하는 시험이다. 즉, 어떤 문장에서 한 문장 성분을 제거하고, 나머지 문장이 문법적인지 비문법적인지를 관찰하는 방법이다. 제거 후의 문장이 문법적이면 제거한 성분은 부가어이고, 이와 반대로 제거 후의 문장이 비문법적이면 제거한 성분은 보충어이다.

그런데 한 문장의 문법적 용인 가능성과 전달적 충족성의 구별은 어렵다. 문맥에 따라서는 다른 곳에서는 필수적인 요소가 생략될 수 있고, 반대로 수의적인 요소가 필수적이게 되기도 하는 것이다(우형식, 1996:14). Lyons(1968:174~175)는 삭제 검사는 문장의 완전성의 판단에서 문법적인 것과 문맥적인 것이 서로 구별되어야 한다는 점에서 볼 때 문제가 있다고 하였다.

따라서 삭제 검사가 문장 성분의 필수성을 점검할 수는 있지만, 의미적·화용적 측면에서의 고려가 필요하다는 것을 알 수 있다. 다시 말해,

문맥상의 고려가 이루어진다면, 삭제 검사는 보편적인 직관에 따라 문장의 보충어와 부가어를 판별할 수 있다는 점에서 가장 기초적이면서 근본적인 보충어 확인법이라 할 수 있다.

2.1.2. 대치 검사를 통한 보충어 확인

Anderson(1973:54)은 한 문장에서 어떤 요소의 형태 통사적인 실현은 동사의 선택에 강하게 '지배된다(governed)'고 하는 사실에 바탕을 둔 대치 검사의 형식을 제안했다. 이것은 다른 요소는 영향을 받지 않고 남아 있는 상태에서, 해당 동사를 다른 의사동의어로 대치해 보는 것으로 증명될 수 있다고 하였다.

(15) 가. I have been wating for my friend for two hours.

　　 나. *I have been expecting for my friend for two hours.

　　 다. I have been expecting my friend for two hours.

(16) 가. 나는 ㄱ를 친구로 알고 있었다.

　　 나. *나는 그를 친구로 모르고 있었다.

　　 다. 나는 그를 모르고 있었다.

예문 (16)의 동사 '알다'를 그와 유사할 것으로 의심이 가는 동사 '모르다'로 바꾸면 불가능한 문장이 되는데, 그것은 동사 '모르다'는 예문 (16다)와 같은 문장 구성을 이루기 때문이다. 대치 검사는 유사한 것으로 의심이 가는 동사를 서로 바꾸어 보면서 해당 문장에 필수적인 요소를 판별하는 방법으로, 한 문장에서 어떤 요소의 실현이 동사에 의해 지배된다고 하는 사실에 바탕을 둔 것이다.

그러나 Somers(1985)에서는 몇 가지 점에서 대치 검사를 비판하고 있다. 첫째, 대치 검사로 선택된 대체되는 동사가 때로는 동일한 결합가형을 갖기도 한다는 이유에서 이 검사는 결정적이지 못할 수도 있다고 보았다. 둘째, 몇몇 동사들은 다의적 성격이나 보충어의 표면적 실현에서의 자유 변이를 통해 여러 개의 결합가형을 갖는데, 이러한 경우 동사가 어떤 '표면격'을 지배한다는 생각은 적용되지 못할 것 같다고 하였다. 예를 들어, 장소 보충어를 취하는 동사에서는 상당히 넓은 범위의 전치사들이 보충어로 도입될 수 있다는 것이다. 셋째, 주어진 동사와 어떤 요소의 연결이 불가능한 것은 강한 격지배를 위반했기 때문이 아니라, 단순히 부가어가 주어진 동사와의 의미적 연결이 용인되지 못한다는 사실에 기인하기도 하는 점 등을 들었다.

우형식(1996)에서는 Somers(1985)의 비판을 국어에 적용하였는데, 먼저 이 검사는 예문 (17)과 같이 동사를 대치했을 때 모두 문장이 성립되는 경우에 있어서는 동사 사이의 필수적 요소의 차이가 변별되지 않는다는 데 문제가 있다고 하였다.

(17) 가. 나는 그를 친구로 알고 있었다.
　　　나. 나는 그를 친구로 여기고 있었다.

또한 이 시험은 어떤 동사의 다의적 성격이나 보충어의 표면적 실현에서의 자유 변이를 통해 다중적인 통사 구조로 문장을 이루기도 한다는 점에 문제가 있다고 하였다. 예를 들어, 이동 동사 '나가다'는 다음과 같이 다양한 형식의 문장을 구성할 수 있다는 것이다.

(18) 가. 그가 회사에서 나갔다.

나. 그가 회사에 나갔다.

다. 그가 회사로 나갔다.

라. 그가 회사를 나갔다.

따라서 대치 검사는 적정한 어휘의 대치가 이루어질 경우에는 보충어를 확인할 수 있는 좋은 방법이지만, 적정한 대치 어휘가 없거나 다양한 결합가를 가질 경우 설명이 어렵다는 점에서 적절한 보충어 확인법이라 보기 힘들다.

2.1.3. 'do so' 검사를 통한 보충어 확인

Somers(1985:35~37)에서는 보충어와 부가어의 구분에 대한 시험으로 'do so' 검사를 제시했다. "'……do so' 뒤에 나타날 수 있는 요소들은 동사구 밖에 존재하며 즉, VP의 구성 성분이 아니며, 'do so' 뒤에 나타날 수 없는 요소들은 동사구 안에 존재한다."는 Lakoff & Ross(1976:105)를 따라, 'do so' 구성은 보충어와 부가어를 구분하는 믿을 만한 방법을 제공한다고 하였다. 'do so' 구는 주어는 제외하고 서술체(predication) 모두에 이르기까지 어느 것의 대용형도 될 수 있는데, 대치될 수 있는 최소의 요소가 서술어와 보충어에 해당된다고 기술될 수 있다고 하였다. 따라서 다음 문장의 용인 불가능성에 따라 이탤릭체로 된 요소가 보충어임을 확인할 수 있다고 하였다.

(19) 가. *I live *in Manchester* and Jock does so *in Salford*.

　　나. *Harold drives *a Volkswagen* and Rod does so *a Lancia*.

　　다. *The News lates *for fifteen minutes* and the Weather Report does so *for five*.

    라. *Pete bought a car *for £200* and Kieran did so *for £300*.

(20) Mike started a new job yesterday and so did Fred.

그는 'do so' 시험에서 어떤 요소를 보충어가 되도록 하는 것은 그것이 대용형의 부분으로 이해될 수 있기 때문이 아니라, 대용형과 함께 나타날 수 없다는 사실에 기인한다고 하였다. 예문 (20)의 용인 가능성은 yesterday의 지위에 대해 아무 것도 말해 주지 못하지만, 예문 (19)의 용인 불가능성은 이탤릭체로 된 요소가 보충어라는 것을 분명히 말해 주고 있다고 보았다.

Somers(1984:518)에서 유사한 구성을 갖고 있는 언어에 대해 이에 대응되는 시험이 제안될 수 있다고 하였는데, 국어에서는 '그리하다(그러하다)' 검사를 통해 이를 검증할 수 있다.

(21) 가. 철수는 고등학교에 다니고, 영희도 고등학교에 다닌다.

    나. *철수는 고등학교에 다니고, 영희도 고등학교에 그리한다.

    다. 철수는 고등학교에 다니고, 영희도 그리한다.

(22) 가. 철수는 어제 학교에서 시험을 봤고, 영희도 내일 학원에서 시험을 볼 것이다.

    나. 철수는 어제 학교에서 시험을 봤고, 영희도 내일 학원에서 그리할 것이다.

    다. 철수는 어제 학교에서 시험을 봤고, 영희도 내일 그리할 것이다.

    라. *철수는 어제 학교에서 시험을 봤고, 영희도 학원에서 그리할 것이다.

    마. *철수는 어제 학교에서 시험을 봤고, 영희도 그리할 것이다.

예문에서 '그리하다'로 대치되지 못하는 성분들은 부가어이며, 대치가 가능한 성분들은 보충어이다. 예문 (21나)는 비문법적인 데 반해 (21다)가 적법한 것은 '고등학교에'가 동사구에 포함되는 보충어이기 때문이다. 예문 (22다)는 문법적이지만 영희가 학교에서 시험을 볼 것이라는 의미로 바뀌며, 예문 (22라)와 (22마)는 '어제'와 '-ㄹ 것이다'와 공기하게 되는 비문법적인 문장이 되며, 의미 또한 바뀌게 된다. 우형식(1996)은 예문 (22가)에 대하여 예문 (22나)는 동사구 대용형의 하나인 '그리하다'로 구성된 것인데, 여기서 '그리하다'에 의한 대용이 허용되는 부분을 동사와 필수적 선택 관계에 있는 것으로 해석하였다. 이것은 '그리하다'가 (22나)에서는 '시험을 볼 것이다'를 대신하고 (22다)에서는 '학원에서 시험을 볼 것이다'를 대신하는데, 필수적 요소는 최소한의 대용 범위인 '시험을'에 해당되는 것이다. 그러나 우형식(1996)에서 이 시험은 아래의 경우처럼 필수적 선택 관계에 있는 요소를 제외한 대용형이 가능하다는 점에서 한계를 지닌다고 하였다.

(23) 철수가 책을 모조리 찢었고, 영희도 공책을 그리했다.

그러나 의미·화용적인 관점에서 보면, 예문 (23)은 '그리하다'가 대상인 '공책을'을 포함하지만 앞 절과 동일한 대상이 아니기 때문에 '그리하다'가 대치하지 못한 것으로 분석된다. 또한 부사어 '모조리'는 논항으로서 자격을 갖지 못하며 삭제해도 문장 의미에 크게 영향을 미치지 않는다. 따라서 '공책을'은 보충어이며 '모조리'는 부가어이다.

이상에서 보듯이 'do so(그리하다)' 검사는 직관에만 의존한 삭제 검사를 통사적으로 보완하는 검사라고 할 수 있다.

2.1.4. 관계화 검사를 통한 보충어 확인

박철우(2002:82)에서는 보충어 확인을 위한 통사론적 기준을 세웠는데, 보충어는 관계절의 머리어가 될 수 있고 부사어는 관계절의 머리어가 될 수 없다고 하였다.

> (24) 가. 철수가 아침에 깼다.
> 　　　나. 아침에 깬 철수
> 　　　다. ?철수가 깬 아침[10]

예문 (24가)에서 '철수'는 예문 (24나)와 같이 관계절의 머리어가 될 수 있지만, 예문 (24다)에서 '아침'은 머리어가 될 수 없으므로, '철수'는 보충어이지만 '아침'은 부가어라 할 수 있다.

> (25) 가. 철수가 삼겹살에 소주를 마셨다.
> 　　　나. 삼겹살에 소주를 마신 철수
> 　　　다. 철수가 삼겹살에 마신 소주
> 　　　라. *철수가 소주를 마신 삼겹살
> (26) 가. 철수가 영희와 밥을 먹었다.
> 　　　나. 영희와 밥을 먹은 철수
> 　　　다. 철수가 영희와 먹은 밥
> 　　　라. *철수가 밥을 먹은 영희

---

10 '철수가 깬 아침'은 '철수가 깨어난 아침'일 경우 적격하지만 '철수가 깨게 만든 아침'의 의미를 갖게 될 경우는 부적격한 것으로 보인다.

예문 (25가)에서 '철수', '수주'는 관계절의 머리어가 될 수 있지만 '삼겹살'은 관계절의 머리어가 될 수 없다. 따라서 '철수', '소주'는 보충어이고, '삼겹살'은 부가어이다. 예문 (26)에서 보충어인 '철수'와 '밥'은 관계절의 머리어가 될 수 있지만, 부가어인 '영희'는 머리어가 될 수 없다. 따라서 관계화 검사는 보충어와 부가어를 구별하는 적절한 검사라 할 수 있다.

그런데 박철우(2002)에서는 아래 예문의 '장관'과 '사위'를 부가어로 분석하였다.

(27) 가. 김 여사가 영수를 사위로 삼았다.
　　　나. 김 여사가 사위로 삼은 영수
　　　다. 영수를 사위로 삼은 김 여사
　　　라. *김 여사가 영수를 삼은 사위

박철우(2002)에서 예문 (27가)가 일반적으로 세 자리 서술어라고 하나 '김 여사가 사위로 영수를 삼았다.'와 같이 어순을 바꿀 경우 초점의 문제 때문에 두 자리 서술어로 보았다. 다시 말해, 예문 (27나)와 (27다)에서 '영수'와 '김 여사'는 관계절의 머리어가 될 수 있으므로 보충어이지만 '사위'는 부가어라는 것이다.[11] 그렇지만 박철우(2002)에서도 말하듯 '영수'가 강한 배타적 초점으로 해석됨을 전제하고 '김 여사가 사위로 영수를 삼았다.'가 인정이 된다면 '삼다'는 세 자리 서술어라 할 수 있을 것이다. 따라

---

[11] 박철우(2002:97~98)에서는 '김 여사가 사위로 영수를 삼았다.'와 같이 어순이 교체되면 '영수'가 강한 배타적 초점으로 해석되는 경우만 적법하며, 그렇지 않은 경우는 대단히 어색하기 때문에 '사위'와 '영수'가 동일 층위의 대등한 보충어로 보기 어렵다고 하였다. 그러나 동일한 층위 즉 동일한 보충어 정도성을 갖지는 않지만, '사위'도 보충어의 자격을 갖는 것으로 보인다.

서 예문 (27)의 '김 여사, 영수, 사위'는 모두 보충어라 할 수 있다.

이상에서 관계화 검사는 서술어가 필수적으로 요구하는 보충어와 수의적인 부가어를 검사하는 통사적인 장치로 사용할 수 있다.

2.1.5. 반문 검사를 통한 보충어 확인

이정민·남승호·강범모(1998)에서는 반문 검사를 제안하였다. 이 검사는 어떤 사람의 단언에 대해 '아, 그랬어?!'처럼 알아들었다는 반응을 보인 청자가 필수 논항에 대해서 반문한다면 그 발화는 어색할 수밖에 없다는 사실에 착안하고 있다. 단언을 수긍했다는 것은 그 단언이 함의하고 있는 정보에 대해서 전달받았음을 인정하고 있는 것이기 때문이다.

(28) 가. 철수가 떠났어.

　　나. *아, 그랬어?! 그런데, 어디에서?

　　다. 아, 그랬어?! 그런데, 어디로?

예문 (28)의 동사 '떠나다'는 출발점 논항인 '-에서'로 표시된 명사구를 필수 논항으로 취하지만, 방향 또는 도달점인 '-로'로 표시된 명사구를 필수 논항으로 가지지 않는다. 따라서 (28나)처럼 필수 논항에 대해 반문하는 것은 어색하고 (28다)와 같이 부가어에 대해 반문하는 것은 '떠나다'라는 동사가 표상하는 사태에 대해서는 완결되었지만 추가적인 정보를 새로 요구하는 것이 되어 자연스러운 반응으로 된다는 것이다.

정유진(1995)에서도 해당 요소가 문장에 실현되지 않을 때 반문의 대상이 되는가의 여부로 필수 성분과 수의 성분을 판별했다.

(29) 가. 1945년에 우리는 식민지 역사에 종지부를 찍었다.

　　 나. *1945년에 우리는 식민지 역사에 찍었다.

　　 다. 1945년에 우리는 종지부를 찍었다. (→ 무엇에?, 무엇을?)

　　 라. 우리는 식민지 역사에 종지부를 찍었다. (→ *언제?)

(30) 가. 어젯밤에 그는 천둥소리에 잠을 설쳤다.

　　 나. *어젯밤에 그는 천둥소리에 설쳤다.

　　 다. 어젯밤에 그는 잠을 설쳤다. (→ ?무엇 때문에?)

　　 라. 그는 천둥소리에 잠을 설쳤다. (→ *언제?)

(31) 가. 홍수에 집이 물에 잠겼다.

　　 나. 홍수에 집이 잠겼다. (→ 무엇에?)

　　 다. 집이 물에 잠겼다. (→ ?무엇 때문에?)

　　예문 (29가)의 완전한 문장에서 예문 (29나)와 같이 '종지부를'은 반드시 실현되어야 한다. 그런데 예문 (29다)와 같이 '식민지 역사에'는 실현되지 않으면 의문의 대상이 되지만, 예문 (29라)와 같이 '1945년에'는 그렇지 못하다. 예문 (30)의 '잠을'은 반드시 실현되어야 하는 것이고, '천둥소리에'는 '어젯밤에'에 비해 반문의 대상이 될 가능성이 높다. 예문 (31)의 '물에'는 '홍수에'에 비해 반문의 대상이 될 가능성이 높다. 이 때 반문의 대상이 되는 것은 보충어로, 반문의 대상이 되지 못하는 것은 부가어로 볼 수 있다.

　　이정민·남승호·강범모(1998)와 정유진(1995)는 화용적인 관점에서 보충어와 부가어를 판별한 것[12]으로, 통사적인 방법으로만 보충어를 판별했

---

12 이외에 국어의 필수 성분에 대해 화용적인 입장에서 살핀 견해로, 이용주(1990)는 발화가 어떤 성분에 의해서 어떻게 구성되는가는, 발화 환경에 의해서 좌우되고, 발화 성분의 필수 여부는 발신자가 표현·전달하고자 하는 정보의 핵과 발호 환경에 의해 좌우되므

을 때의 한계를 보완할 수 있다.

2.1.6. 의미·통사·화용적 통합 긴밀도를 통한 보충어 확인

우형식(1996)에서는 보충어 설정과 관련되는 몇 가지 시험 중에서 그 어느 것 하나도 절대적인 기준이 되지 못한다고 하였다. 그것은 보충어가 동사에 따라 수(數)와 문법적인 형태·기능을 달리 하기 때문이라는 것이다. 보충어라 하더라도 어휘적인 성격에 따라 문장 구성에 참여하는 필수성의 정도가 달리 인식된다는 점에서 더욱 어려움이 가중되고, 명사 성분을 필수적인 것과 수의적인 것으로 구분하는 것은 쉽지 않으며, 논의에 따라서는 주관이 개입될 여지가 있어서 객관화하기가 어려운 면이 있다고 하였다.

이에 따라 우형식(1996)에서는 보충어가 이분법적으로 구분되는 것이 아니라 문장 구성에의 참여 정도에 따라 계층화될 수 있다고 하였다. 이러한 참여 정도를 여러 자질로 나누고 그 자질들에 따라 문장 성분의 계층을 파악하였다. 특정 문장 성분이 동사에 어느 정도 의존적인가 하는 것은 구체적으로 의미·통사·화용적인 면에서 분석될 수 있는데, 이것은 문장 성분의 동사 의존성은 의미적인 면과 통사적인 면과 화용적인 면에서 동사와의 통합의 긴밀도(intimacy)로 분석될 수 있음을 뜻한다고 보았

로, 필수 성분과 부속성분을 기계적으로 구분하는 것은 적절하지 못하다고 하였다. 즉, 현실적인 발화는 현실적인 상황이나 언어적 맥락 여하에 따라서 서술어는 그 논리적인 관여항 모두가 갖추어진 형식으로 실현될 수도 있고 그들 여러 성분 중 일부, 극단적인 경우에는 하나만으로 실현될 수 있다고 보았다. 이용주(1992)는 언어형식은 사람이 자신의 개인적인 심리내용을 표현하는 형식이지만 그 개인적인 심리내용은 반드시 특정 대상에 대한 판단이나 정의(情意)이며 언어가 사용되는 현실적인 상황을 발신자와 수신자가 공유하는 정도에 따라 발화가 필요로 하는 성분의 수가 달라질 수 있다고 하였다.

다. 그리고 보충어 판별 기준을 다음과 같이 제시하였다.

(32) 보충어 판별 기준(우형식, 1996)

가. 보충어 판별의 기본 원리: 보충어는 동사와 의미·통사·화용적으로 통합의 긴밀도가 높아야 한다.

나. 의미적 긴밀도

① 해당 요소의 의미 역할은 어떠한가?

② 해당 요소가 문장의 의미적 완결에 어느 정도 기여하는가?

다. 화용적 긴밀도

③ 해당 요소가 어느 정도로 전달적 완전성에 기여하는가?

④ 해당 요소가 화용적 생략이 가능한가?

라. 통사적 긴밀도

⑤ 해당 요소가 문장에서 동사와 어느 정도의 거리를 두고 실현되는가?

⑥ 해당 요소와 동사가 제3의 요소에 의해 분리될 수 있는가?

⑦ 해당 요소가 대명사화될 수 있는가?

⑧ 해당 요소와 동사가 '그리하다(그러하다)'로 대치될 수 있는가?

⑨ 해당 요소가 분열문의 초점이나 관계절의 핵심 명사가 될 수 있는가?

이상과 같은 기준에 따라 문장 구성에의 참여 정도에 따른 문장 성분의 유형을 다음과 같이 나누었다.[13]

---

[13] 절대적 보충어는 어떤 조건에서도 생략되지 않는 서술어의 절대적인 부분과 같은 것이다. 의무적 보충어는 화용적 조건에서 생략이 될 수는 있으나 의미적으로 동사에 상당히 의존되며 통사적으로도 동사와 긴밀한 통합 관계를 보이는 것이다. 수의적 보충어는 생략의 가능성이 의무적 보충어에 비해 높으며 의미·통사적으로도 동사와 비교적 느슨한

(33) 문장 성분 유형(우형식, 1996)

가. 절대적 보충어: 그는 지난 봄부터 *강단에* 섰다.

나. 의무적 보충어: 경찰이 *수사에* 착수했다.

다. 수의적 보충어: 그녀의 방은 *2층에* 있다.

라. 중간적 요소: *방안에* 연기가 자욱하다.

마. 수의적 부가어: 그는 *아침에* 일찍 산책을 나갔다.

바. 주변적 부가어: *내가 듣기에,* 그는 어제 이곳을 떠났다고 한다.

(33가, 나, 다)는 보충어에 속하고, (33마, 바)는 부가어에 속하며, (33
라)는 동사와의 관계에 따라 유연적인 성격을 보이는 것이다. 이러한 문
장 성분의 단계별 유형화는 중심 성분, 보조 성분, 수의 성분의 3단계로
구분하는 것보다 문장 성분의 다양성을 깊이 반영할 수 있는 것으로 평가
된다.

그렇지만 결과적으로 위에서 (33가, 나, 다)는 보충어에 속하고, (33마,
바)는 부가어에 속하게 된다는 점에서는 이분법적 구분 방식과 크게 다
르지 않을 수도 있다. 그러나 (33라)의 중간적인 문장 성분을 따로 세운
다든지, 보충어를 세 단계로 더 구분하고 부가어를 두 단계로 더 구분한
다는 점에서 실제 언어 현상에 더욱 접근할 수 있는 체계라 할 수 있다.[14]

통합 관계를 갖는 것이다. 중간적 요소는 성격이 가장 분명치 못한 것으로 동사에 따라
보충어가 되기도 하여 일률적으로 정하기 어려운 것이 특징이 있다. 수의적 부가어는 동사
에 대한 의존성이 약하여 비교적 넓은 통합 관계를 보이는 것이다. 주변적 부가어는 명제
전반을 수식하는 요소로서 전형적으로 논리적이거나 수식 범위가 넓은 수식어에 해당된다.

14 Somers(1987)에서는 문장 성분을 참여 정도에 따라 '절대적 보충어, 의무적 보충어,
수의적 보충어, 중간 요소, 부가어, 극-주변어'와 같이 여섯 단계로 구분하였으며, 국어의
경우 이병규(1996)은 '명세 논항, 필수 논항, 잠재 논항, 선택적 부가어, 비선택적 부가어'로
설정하고 있다.

기존의 보충어·부가어 구별 검사들이 단일한 방법으로만 실시되어 다양한 현상들을 설명하지 못하고, 이분법적인 구분을 하여 융통성이 결여되어 있는 반면에, 우형식(1996)은 보충어 기준을 세우고, 의미·화용·통사적 긴밀도 아래에 보충어 판별을 했다는 점에서 의미가 있다. 그렇지만 우형식(1996)에서 제시하고 있는 기준들 중 일부는 객관적인 기제를 확보하기 힘들며, 의미적·화용적 긴밀도와 통사적 긴밀도를 분리 측정하여 이중적인 분석 작업이 될 수 있다. 또한 우형식(1996)에서는 통사·의미·화용적인 면을 고려하고 있지만 모두 표층 구조 상의 문제만 다루고 있을 뿐 심층 구조 상의 논의까지는 도달하고 있지 않다. 이 연구는 동사의 심층 구조 상에 반영된 논항과 표층 구조 상의 성분들을 비교하여 해당 성분이 보충어인지 아니면 부가어인지를 구별할 수 있다고 본다.[15] 그렇지만 이 연구에서도 우형식(1996)과 같이 보충어와 부가어는 일종의 정도적 단계성을 갖지만 구별할 수 있다고 본다.

2.1.7. 의미역과 의미 구조 분석을 통한 보충어 확인

문장의 통사 구조적인 틀은 동사가 가진 어휘 구조 속에 내포되어 있으며, 이러한 통사적인 틀은 그 동사 어휘가 갖는 여러 가지 의미적 특질로부터 도출된다(양정석, 1997:14). 동사가 갖는 어휘 구조는 문장의 의미 구조나 통사 구조와 대응 관계를 갖고 연결된다는 것이다. 그렇다면, 동사가 요구하는 논항은 동사의 의미 구조에 반영되어 있다는 점을 통해

---

15 동사의 어휘의미 구조는 언어 현상을 바탕으로 한 일종의 가설이므로 이를 통해 다시 언어 현상을 검증할 수 있는지에 관해서 논박할 수 있다. 이 연구는 언어가 과학이라면 가설을 세우고 이를 현상에 적용하여 논리적으로 검증이 된다면 해당 가설은 검증된 것으로 보고 있다.

논항의 필수성을 검토하고 의미적 특징을 찾을 수 있을 것이다.[16]

(34) 가. 청소부들이 건물벽을 페인트로 칠했다.

술 어	칠 하 다		
논 항	x	y	z
의미역	행위주	피험체	도구

의미 구조	[[AFF(x, y)],
	  [[CS(x, [INCH[BE(y, [IN STATE])]])],
	    [BY(CS(x, [INCH[BE(z, [AT(y)]]])]]]]]/칠하		

나. 철수는 학교에서 집으로 출발했다.

술 어	출발하다		
논 항	x	y	z
의미역	행위주	근원	목표
의미 구조	[[AFF(x,)], [GO(x, [[FROM(y)], [TO(z)]])]]		

예문 (34)의 어휘 의미 구조와 통사 구조의 대응을 통해 어휘 의미 구조의 각 논항이 통사 구조의 문장 성분들과 연결되고 있음을 볼 수 있다. 예문 (34가)의 어휘 의미 구조는 'x'의 행위에 따라 '재료'인 'z'가 장소 'y'에 어떤 영향을 줌으로써 그 결과로 'y'가 어떤 변화된 상태에 있게 됨을 표시한다. 그런데 목적어인 '건물벽' 즉 논항 y는 피작용자임에도 장소의 의미역을 함께 받고 있다. 이는 작용 의미층에서는 피작용자로, 관계 의미층에서는 'AT'의 뒤를 따르고 있다는 점에서 확인할 수 있다. 또한, 논항 'z' 즉 NP3 역시 [INCH[BE(z, ……]에서 보이듯이 'x'의 작용을 받는 대상으로서의 지위를 가질 수 있다는 점이다. 예문 (34나)도 마찬가지로

---

16 어휘 의미 구조에 대한 자세한 논의와 각 함수에 대한 설명은 3장 1.2.에서 제시한다.

이러한 논항들을 보충어라 할 수 있다.

이 연구에서는 의미역 부여 여부와 의미 구조 분석을 통해 해당 성분이 논항으로 반영되어 있는지를 확인할 수 있다고 본다. 그리고 이러한 검사는 보충어 확인법으로 사용될 수 있다. 동사의 어휘 의미 구조는 의미역을 부여받는 논항 즉 문장의 구성 성분들이 요구된다. 다시 말해, 서술어는 주어, 목적어 등의 필수적인 성분들과 함께 문장을 구성하며 의미의 확장을 위해 관형어와 부사어 등 수의적인 성분들이 문장 내에 첨가된다. 특히, 세 자리 서술어는 동작자인 주어나 피동작자인 목적어 그리고 서술어의 의미를 완전하게 하기 위해 필요한 성분인 보어를 요구하는데 이러한 성분들을 모두 보충어라 할 수 있다.[17]

2.2. 국어 보충어 확인법

지금까지 보충어와 부가어의 구분에 관한 기존의 연구를 살펴보았다.[18]

---

[17] 의미역 부여와 의미 구조 분석이 언어적 현상을 기반으로 하기 때문에 순환 오류에 빠질 수 있다고 할 수 있다. 그렇지만 과학은 자연 현상을 분석하여 가정 또는 가설을 세우고 이를 통해 다시 자연 현상을 이론적으로 설명하는 것이다. 따라서 언어학은 과학이므로 일종의 자연 현상이라 할 수 있는 자연 발화를 통해 의미 구조를 분석하고 분석된 의미 구조를 통해 다양한 언어 현상을 설명할 수 있다. 따라서 이 연구에서는 국어 보충어 확인법으로 의미역 부여 여부와 의미 구조 분석 검사를 추가한다.

[18] 이외에, Helbig & Schenkel(1973:37)은 심층 구조에서 보충어는 서술어에 이끌리는 반면에, 부가어는 문장에 이끌린다는 생각에 바탕을 두고, 문제의 요소를 관계절로 재형성하는 것으로 되어 있는 시험을 제안했다. 즉 만약에 문장이 비문법적이게 되지 않고 기본 의미가 변화되지 않은 채 이러한 과정이 이루어질 수 있으면, 역성된 요소는 부가어라 할 수 있다는 것이다.

> 가. My friend lives in Dresden.
> 나. *My friend lives, when he is in Dresden.
> 가. He put the book under the table.

기존 연구들에서 제시한 여러 검사 방법 중 단일한 검사 방법으로는 다양한 현상들을 포착할 수 없으며, 객관성을 확보할 수 없다. 이에 이 연구에서는 보충어 검증 방법으로 복합적인 보충어 검사를 실시한다. 이 방법은 이 연구에서 제시한 검사들 중 적절한 것으로 판단한 검사를 병렬적으로 처리한 후 그 정도성에 따라 보충어인지 아닌지를 판단하는 것이다. 우형식(1996)에서 이미 단계적인 검사를 하였으나, 위에서 말한 바와 같이 동사의 심층 구조를 반영하지 않았고 검사의 우선 순위에 따른 직렬적인 방법으로 다른 결과를 나을 수도 있다. 따라서 이 연구에서는 국어 세 자리 서술어를 살피는 데 전제가 되는 보충어 확인법에 의미역과 의미 구조를 통한 검사를 추가하며, 각 검사 결과는 병렬적으로 분석·종합한다.

그렇지만 이 방법 역시 주관이 개입할 가능성이 있다. 박철우(1996:90)

나. *He put the book, when he was under the table.

그렇지만, Rosengren(1970:49), Emons(1974:73), Korhohnen(1977:133), Vater(1977:28)은 이 시험에 관련되는 난점들을 기술했다. 역성의 적당한 형식을 선택하는 데 있어서, 특히 내포문의 동사와 주어의 선택에 관해서, 쓰이는 기준이 무엇인지는 항상 명백하지 못하다. 예문 *He put the book, when he was under the table.는 역성된 문장의 주절이 그 자체로 비문법적이기 때문에 어떤 경우에서든 잘못 선택된 것이다. 더욱이 비장소적 부사어를 확실하게 변형시키는 것은 특히나 어려운 것이다. 비록 올바른 역성이 가정된다 하더라도, 그 기본적인 의미가 변했는지를 판별하는 데에 어려움이 남는다. 그래서 역성 시험은 그다지 수용할 만한 것으로 보이지는 않는다.

Conrad(1978:99)는 의문문 검사를 제안했다. Was macht X?와 같은 동사적 보충의문문도 존재하는데, 이 의문문은 동사, 목적어 그리고 이 둘에도 관련될 뿐 아니라 전체 동사 복합체(동사 및 동사에 종속하는 모든 E)에도 관련된다. 그래서 Was macht X?라는 의문문에서 첨가어는 등장해도 되지만 결합가에 결속된 보충어는 등장해서는 안된다.

Was machte er gestern abend?
Er arbeitete gestern abend.　　　　　보충어
*Was mechte er in die Stadt?
Er begleitete sie in die Stadt.　　　　부가어

에서는 용언의 의미론적 완전성이란 그것이 '언중의 머릿속에 관념화된 사태'이며 그 범위는 '용언의 단언에 의해 존재성이 요구되는 것들'이라고 보았다. 그러면, 그 용언을 단언했을 때 함께 단언되는 것으로 여겨지는 것들은 그 용언의 보충어로 판정할 수 있게 된다는 것이다. 그렇다면 언중의 머릿속에 관념화된 사태를 객관적으로 확인할 수 있는 방법이 필요한데 무엇보다 사전이 우선시 될 것이다. 이 연구에서는 '국립국어대사전 주요 어휘 용례집 - 동사편'과 '현대 한국어 동사 구문 사전'에서 세 개의 명사구를 가지고 있는 동사들을 먼저 추출한 다음, 보충어 검사를 통해 해당 동사가 세 자리 서술어인지 아닌지를 검증하고자 한다. 이 연구에서 제안한 보충어 확인법은 통사·의미·화용적인 현상을 모두 포괄할 것으로 기대한다.[19]

(35) 보충어 확인법

가. 삭제 검사: 명사구 A를 삭제하여 비문법적이면, 명사구 A는 보충어

나. '그리하다' 검사: 명사구 A를 그대로 둔 상태에서 서술부를 '그리하다'로 교체하여 비문법적이면 명사구 A는 보충어

다. 관계화 검사: 명사구 A가 관계화가 가능하면, 명사구 A는 보충어

라. 반문 검사: 명사구 A를 삭제한 문장에 대해, 명사구 A에 관한 반문이 불가능하면, 명사구 A는 보충어

마. 의미역 검사: 명사구 A가 의미역을 부여받으면 보충어

바. 의미 구조 검사: 명사구 A가 의미 구조에 논항으로 반영되면 보충어

---

19 Somers(1987), Heringer(1985), Ehrich(1997)에 따르면 결합가 결속이 이분법적인 현상이 아니라 단계적인 현상이기 때문에 보충어와 부가어의 구분은 조작하기가 아주 어렵다고 하였다. 이에 따라 이점출(2002:505)에서는 복합적인 결합가 검가를 제시하였는데, 여러 가지 결합가 검사가 직렬로 접속되어 있는 결합가의 진단방법을 말한다.

위와 같은 복합적이면서 병렬적인 보충어 검사는 주관의 개입을 막아 최대한의 객관성을 확보해 줄 것이며, 보충어와 부가어 사이의 정도성을 반영해 줄 것이다. 이 연구에서는 보충어의 필수성 정도에 따른 보충어 단계를 나누기보다 보충어와 부가어를 구별하고자 하므로 위 보충어 검사를 통해 해당 성분이 보충어인지 부가어인지만 판별하기로 한다.

이 연구에서 제시한 보충어 확인 검사를 아래에서 예를 통해 적용하여 보기로 한다. 각 검사는 우형식(1996)에서 제시한 절대적 보충어에서 수의적 부가어까지 총 5개의 동사를 대상으로 검토한다.[20]

(36) 철수는 책상에 책상보를 덮었다.

  가. 삭제 검사

    a. *철수는 책상에 덮었다.

    b. ?철수는 책상보를 덮었다.[21]

    c. *철수는 덮었다.

    d. *덮었다.

  나. '그리하다' 검사

    a. *철수는 책상에 책상보를 덮었고, 영희도 책상에 책상보를 그리했다.

---

20 이 연구에서 제안한 보충어 확인법 검토를 위해 분석하는 동사는 다음과 같다.
가. 절대적 보충어-덮다: 물건 따위가 드러나거나 보이지 않도록 천 따위를 얹어서 씌우다.
나. 의무적 보충어-두다: 일정한 곳에 놓다
다. 수의적 보충어-넣다: 한정된 공간 속으로 들어가게 하다.
라. 중간적 요소-들다: 아래에 있는 것을 위로 올리다.
마. 수의적 부가어-먹다: 음식 따위를 입을 통하여 배 속에 들여보내다.
21 예문 (33가b)가 문법적으로 적합할 수 있으나, 생략 이전의 문장과 달리 중의성이 생긴다는 점에서 해당 성분을 생략할 수 없다고 보인다.

b. *철수는 책상에 책상보를 덮었고, 영희도 책상에 그리했다.

　　　c. 철수는 책상에 책상보를 덮었고, 영희도 그리했다.

　　　d. *철수는 책상에 책상보를 덮었고, 그리했다.

　다. 관계화 검사

　　　a. 책상에 책상보를 덮은 철수

　　　b. 철수가 책상보를 덮은 책상

　　　c. 철수가 책상에 덮은 책상보

　라. 반문 검사

　　　a. 책상에 책상보를 덮었다. *아?! 그랬어, 그런데, 누가?

　　　b. 철수는 책상보를 덮었다. *아?! 그랬어. 그런데, 어디에?

　　　c. 철수는 책상에 덮었다. *아?! 그랬어. 그런데, 무엇을?

　마. 의미역 및 의미 구조 검사

술　어	깔 다		
논　항	x	y	z
의미역	행위주	도구	장소
의미 구조	[[AFF(x, y)] ,　[CS(x, [INCH[BE(y, [AT(z)])]])]]/깔		

　이러한 검사 결과를 다시 아래 표에 종합하여 각 명사구의 보충어 정도를 파악할 수 있다. 각 검사 결과 보충어에 해당하는 결과가 나왔을 때는 +로, 그렇지 않은 경우는 -로 표시하며, 검사가 불가능할 때는 표시를 하지 않는다.

　바. 보충어 수치

구　분	철수	책상보	책상
삭제 검사	+	+	±

그리하다 검사	+	+	+
관계화 검사	+	+	+
반문 검사	+	+	+
의미역 검사	+	+	+
의미 구조 검사	+	+	+
보충어 수치	6	6	5.5

이상의 검사를 통해 '덮다' 구문의 세 명사구가 보충어인지 아닌지를 검증해 보았다. 주어인 '철수'는 보충어 검사 수치를 종합한 결과 보충어 수치 6으로 보충어이며, 목적어인 '책상보'도 보충어 수치 6으로 보충어이다. 장소를 나타내는 보어인 '책상'은 보충어 수치 5.5개로 보충어라 할 수 있다. 이러한 정도의 차이는 의미 구조에서 확인할 수 있다. 주어와 목적어는 작용 의미층에서 강하게 결속되어 있는 반면에, 보어는 관계 의미층에만 반영되어 있는데, 이를 통해 주어와 목적어는 동사와 강하게 결속되어 있는 보충어이고, 보어는 비교적 느슨하게 결속되어 있는 보충어임을 알 수 있다.

(37) 철수는 연필을 책상에 두었다.

　가. 삭제 검사

　　a. *철수는 책상에 두었다.

　　b. ?철수는 연필을 두었다.

　　c. *철수는 두었다.

　　d. *두었다.

　나. '그리하다' 검사

　　a. *철수는 연필을 책상에 두었고, 영희도 연필을 책상에 그리했다.

　　b. *철수는 연필을 책상에 두었고, 영희도 책상에 그리했다.

c. 철수는 연필을 책상에 두었고, 영희도 그리했다.

d. *철수는 연필을 책상에 두었고, 그리했다.

다. 관계화 검사

　　a. 연필을 책상에 둔 철수

　　b. 철수가 책상에 둔 연필

　　c. 철수가 연필을 둔 책상

라. 반문 검사

　　a. 연필을 책상에 두었다. *아! 그랬어?! 그런데, 누가?

　　b. 철수는 책상에 두었다. *아! 그랬어?! 그런데, 무엇을?

　　c. 철수는 연필을 두었다. *아! 그랬어?! 그런데, 어디에?

마. 의미역 및 의미 구조 검사

술　어	두다		
논　항	x	y	z
의미역	행위주	피험체	장소
의미 구조	[[AFF/+caus,+vol(x, y)] , [CS/+s(x,[STAY(y, [AT(z)])])]]		

바. 보충어 수치

구분	철수	연필	책상
삭제 검사	+	+	±
그리하다 검사	+	+	+
관계화 검사	+	+	+
반문 검사	+	+	+
의미역 검사	+	+	+
의미 구조 검사	+	+	+
보충어 수치	6	6	5.5

'두다' 구문의 주어인 '철수'는 보충어 수치 6으로 보충어이며, 목적어인 '연필'도 보충어 수치 6으로 보충어이다. 장소어인 '책상'은 보충어 수치 5.5로 보충어라 할 수 있다.

(38) 철수는 가방에 책을 넣었다.

　가. 삭제 검사

　　a. *철수는 가방에 넣었다.

　　b. 철수는 책을 넣었다.

　　c. *철수는 넣었다.

　　d. *넣었다.

　나. '그리하다' 검사

　　a. *철수는 가방에 책을 넣었고, 영희도 가방에 책을 그리했다.

　　b. *철수는 가방에 책을 넣었고, 영희도 가방에 그리했다.

　　c. 철수는 가방에 책을 넣었고, 영희도 그리했다.

　　d. *철수는 가방에 책을 넣었고, 그리했다.

　다. 관계화 검사

　　a. 가방에 책을 넣은 철수

　　b. 철수가 가방에 넣은 책

　　c. 철수가 책을 넣은 가방

　라. 반문 검사

　　a. 책을 가방에 넣었다. *아! 그랬어?! 그런데, 누가?

　　b. 철수는 가방에 넣었다. *아! 그랬어?! 그런데, 무엇을?

　　c. 철수는 책을 넣었다. *아! 그랬어?! 그런데, 어디에?

마. 의미역 및 의미 구조 검사

술 어	넣다		
논 항	x	y	z
의미역	행위주	피험체	장소
의미 구조	[[AFF/+caus,+vol(x, y)],[CS/+s(x,[INCH([BE(y, [IN(z}])])])]]		

바. 보충어 수치

구분	철수	책	가방
삭제 검사	+	+	-
그리하다 검사	+	+	+
관계화 검사	+	+	+
반문 검사	+	+	+
의미역 검사	+	+	+
의미 구조 검사	+	+	+
보충어 수치	6	6	5

'넣다' 구문의 주어인 '철수'는 보충어 수치 6으로 보충어이며, 목적어인 '책'도 보충어 수치 6으로 보충어이다. 장소어인 '가방'은 보충어 수치 5로 보충어라 할 수 있다.

(39) 철수는 부끄러운 생각에 고개를 들 수 없었다.

　가. 삭제 검사

　　a. *철수는 부끄러운 생각에 들 수 없었다.

　　b. 철수는 고개를 들 수 없었다.

　　c. *철수는 들 수 없었다.

　　d. *들 수 없었다.

　나. '그리하다' 검사

a. *철수는 부끄러운 생각에 고개를 들 수 없었고, 영희도 부끄러운 생각에 고개를 그리했다.

　　b. 철수는 부끄러운 생각에 고개를 들 수 없었고, 영희도 부끄러운 생각에 그리했다.

　　c. 철수는 부끄러운 생각에 고개를 들 수 없었고, 영희도 그리했다.

　　d. *철수는 부끄러운 생각에 고개를 들 수 없었고, 그리했다.

다. 관계화 검사

　　a. 부끄러운 생각에 고개를 들 수 없는 철수

　　b. ?철수가 부끄러운 생각에 들 수 없는 고개

　　c. 철수가 고개를 들 수 없는, 부끄러운 생각

라. 반문 검사

　　a. 부끄러운 생각에 고개를 들 수 없었다. *아! 그랬어?! 그런데, 누가?

　　b. 철수는 부끄러운 생각에 들 수 없었다. *아! 그랬어?! 그런데, 무엇을?

　　c. 철수는 고개를 들 수 없었다. 아! 그랬어?! 그런데, 무엇에/왜?

마. 의미역 및 의미 구조 검사

술　어	들다	
논　항	x	y
의미역	행위주	피험체
의미 구조	[[AFF(x, y)], [CS(x, [INCH[BE(y, [AT([[　]-OF([x])])])]])]]	

바. 보충어 수치

구분	철수	고개	생각
삭제 검사	+	+	-
그리하다 검사	+	+	-
관계화 검사	+	+	+

반문 검사	+	+	-
의미역 검사	+	+	-
의미 구조 검사	+	+	-
보충어 수치	6	6	1

'들다' 구문의 주어인 '철수'는 보충어 수치 6으로 보충어이며, 목적어인 '고개'도 보충어 수치 6으로 보충어이다. 이유의 의미를 나타내는 명사구 '생각'은 보충어 수치 1로 부가어이다.

(40) 철수는 김치찌개에 밥을 먹었다.

　가. 삭제 검사

　　a. *철수는 김치찌개에 먹었다.

　　b. 철수는 밥을 먹었다.

　　c. *철수는 먹었다.

　　d. *먹었다.

　나. '그리하다' 검사

　　a. *철수는 김치찌개에 밥을 먹었고, 영희도 김치찌개에 밥을 그리했다.

　　b. 철수는 김치찌개에 밥을 먹었고, 영희도 김치찌개에 그리했다.

　　c. 철수는 김치찌개에 밥을 먹었고, 영희도 그리했다.

　　d. *철수는 김치찌개에 밥을 먹었고, 그리했다.

　다. 관계화 검사

　　a. 김치찌개에 밥을 먹은 철수

　　b. 철수가 김치찌개에 먹은 밥

　　c. *철수가 밥을 먹은 김치찌개

라. 반문 검사

    a. 김치찌개에 밥을 먹었다. *아! 그랬어?! 그런데, 무엇에?

    b. 철수는 김치찌개에 먹었다. *아! 그랬어?! 그런데, 무엇을?

    c. 철수는 밥을 먹었다. 아! 그랬어?! 그런데, 어디에서/누구와/언제?

마. 의미역 및 의미 구조 검사

술 어	먹다	
논 항	x	y
의미역	행위주	피험체
의미 구조	[[AFF(x, y)], [CS(x, [GO([FOOD]y, [TO([IN[MOUTH-OF([x])]])])]]]	

바. 보충어 수치

구분	철수	밥	김치찌개
삭제 검사	+	+	-
그리하다 검사	+	+	-
관계화 검사	+	+	-
반문 검사	+	+	-
의미역 검사	+	+	-
의미 구조 검사	+	+	-
보충어 수치	6	6	0

'먹다' 구문의 주어인 '철수'는 보충어 수치 6으로 보충어이며, 목적어인 '밥'도 보충어 수치 6으로 보충어이다. '김치찌개'는 보충어 수치 0으로 부가어라 할 수 있다.

이상에서 이 연구에서 제시한 보충어 확인법을 통해 보충어와 부가어를 구별해 보았다. 그 결과는 우형식(1996)에서 구분한 보충어와 중간적 요소를 포함한 부가어의 경계와 일치하면서도, 통사·의미·화용 영역을 모두 포함하는 검사라고 할 수 있다.

지금까지 세 자리 서술어의 개념과 그 목록을 결정짓기 위해 전제가 되는 필수 성분 즉 보충어 확인법을 모색해 보았다. 이 연구에는 기존의 연구 방법에 의미역 부여 여부와 의미 구조 분석을 통한 검사 방법을 첨가하여 병렬적으로 보충어 검사를 하였으며 이를 통해 해당 성분이 보충어인지를 확인할 수 있었다. 다음 장에서는 세 자리 서술어 구문의 통사 구조와 의미 구조를 분석하고 그 특징을 살피고자 한다.

3장 세 자리 서술어의 의미 구조와 문장 구성

이 장에서는 국어 세 자리 서술어 구문의 구조를 분석한다. 세 자리 서술어 구문의 의미 구조와 통사 구조를 분석하고[1] 이를 통해 세 자리 서술어 구문의 통사·의미적 특징을 살필 것이다. 특히, 동사의 심층 구조 속에 포함된 논항들이 문장에서는 어떠한 성분으로 나타나는지를 살피고자 한다.

논항 구조는 어떤 어휘가 생성하는 통사 구조를 결정짓는 기저의 골격이므로, 어떤 어휘의 통사 구조를 파악하기 위해서는 그 어휘의 의미역 부여 능력을 기초로 한 논항 구조를 이해하는 작업이 선행되어야 한다. 그리고 이와 같은 의미역 부여 능력과 논항 구조는 그 어휘의 의미에 연원을 두므로 그 어휘의 의미를 살펴보는 것이 무엇보다도 중요한 선결 작업이 될 것이다(송복승, 2000:610). 따라서 본 장에서는 세 자리 서술어로 쓰인 동사의 심층 구조 즉 논항 구조와 의미 구조를 살핀 뒤 통사 구조를 살펴보는 순서로 구성된다.

---

1 이 연구에서 분석하는 의미 구조는 동사의 어휘 의미 구조에 기반한 문장의 의미 구조이며, 통사 구조는 문장 성분들의 계층적 구조를 분석한 것이다.

1. 의미 구조와 통사 구조 분석

1.1. 동사의 논항 구조와 의미 구조 분석

변형 문법에서는 문장의 구성 원리인 문법의 기저부가 다음의 세 가지 주요 하위 부문으로 구성된다고 전제한다(Radford, 1988).

(1) 기저부의 하위 부문
    가. 범주부(categorial component)
    나. 어휘부(lexicon)
    다. 어휘화 원리(lexicalisation principle)

범주부는 구문 형성 규칙의 집합이고, 어휘부는 한 언어의 어휘 항목이 각각의 문법 정보와 함께 간직되어 있는 일종의 사전에 해당된다. 그리고 어휘화 원리는 어휘부에 등재된 어휘 항목이 그 문법 정보에 따라 범주부에서 형성된 구조에 부착되는 원리에 해당된다.[2] 어휘부의 어휘 항목이 갖고 있는 문법 정보를 어휘 내항이라 할 때, 어휘 내항에는 해당 어휘 항목의 통사 범주와 하위 범주화, 그리고 선택 제약의 정보가 포함된다. 통사 범주는 어휘가 어느 품사에 해당하는 지를 나타낸다. 하위 범주화는 어떤 주어진 어휘 항목이 허용하는 보충어의 범위를 명세하는 문맥적 정보에 해당된다. 동사의 하위 범주화는 동사구 안에서 문맥적 정보에 해당된다. 일반적으로 동사의 하위 범주화는 동사구 안에서 허용되는

---

2 Radford(1988)에 제시된 어휘화 원리를 다음과 같다.
    어휘화 원리: 어떠한 종단 범주 아래에, 어휘로부터, 해당 범주 자격을 가질 수 있으며, 해당되는 유형의 보어들을 허용하는 것으로 하위 범주화되는 항목을 삽입한다.

보충어의 범위를 한정하고 또한 국어에서 동사에 의해 허용되는 명사구 보충어는 특정한 격조사에 의해 그 기능과 의미가 표시되는 특징이 있으므로, 이것을 포함시켜 표기할 수 있다(우형식, 1998). 선택 제약은 한 문장 안에서 어떤 주어진 위치에 나타날 수 있는 어휘의 선택에 관한 제약으로, 의미·화용적인 속성을 띤다. 따라서 선택 제약은 어휘의 의미 자질로 명세화되는데, 하위 범주화가 통사적인 제약을 뜻한다면 선택 제약은 의미 제약에 해당된다는 점에서 구분된다. 또한, 선택 제약은 제약 관계의 기술에 주어 명사구를 포함시킨다는 점에서도 전통적인 하위 범주화와 다르다. 이상의 어휘 내항에 대한 논의를 예를 들면 다음과 같다.

(2) '존경하다'의 어휘 내항
    가. 범주 자질 : [+V, -N]
    나. 하위 범주화 : [NP1-이　NP2-을 ___]
    다. 선택 제약 : [+Human] [+Human]

'존경하다'는 범주 자질로는 [+V, -N] 즉 동사성을 지니며, 통사 구조는 [NP1-이　NP2-을 ___]와 결합하며, 각 명사구는 [+Human]이어야 한다는 제약이 있다.

통사 구조는 이상과 같이 동사의 어휘 내항에 포함된 어휘적 의미에 의존하는 것으로, 동사의 어휘 의미의 결합 양상을 나타내는 어휘 의미 구조는 개념적 원소인 의미항으로 구성되며 의미항은 어휘 의미 범주와 이들의 함수 관계로 제시될 수 있다. Jackendoff(1990:43)에서는 이러한 범주가 사물(Thing 또는 대상물 Object), 사건(Event), 상태(State), 행동(Action), 장소(Place), 경로(Path), 속성(Property), 분량(Amount)과 같은 실체들을 포함하고 있다고 가정하였다. Jackendoff(1990)에서는 한 문장에서 내용을 가지는 주요 구 성분은 모두 어떤 주요 개념 범주의 개념 구성 성분에 대응된다고 하였다. 양정석(1997:17)에서는 Jackendoff(1972, 1983, 1990)에 나타나는 연구 입장을 따르면서도, 어휘적 구조의 하나로 어휘 통사 구조의 표상을 설정하고, 어휘들이 갖는 의미적 특질이 의미 구조로 투사해 갈 때 이 단계를 거치는 것으로 보았다. 양정석(2002:303)은, 문장이 나타내는 문법적인 차이와 연관되는 모든 의미 요소는 의미 구조에 표시되어야 한다고 보았다. 이러한 의미 요소들은 술어 해체 및 자질 해체의 방법으로 이끌어 낼 수 있으며, 의미 해체의 결과로 얻어지는 요소들은 '의미 자질', '함수', '연산자'로 구분할 수 있다.[3] Jackendoff(1990)의 개념 의미론 체계에서는 이러한 요소들을 다음과 같은 5가지 종류로 나누었다.

(3) 의미 요소
　가. 어휘개별적인 의미 자질들: ±animate, ±similar, ±contact 등
　나. 존재론적 범주 표지: situation, Path, State, Place, Event 등
　다. 의미영역 표지: Spatial, Poss, Ident, Circ 등
　라. 함수와 연산자
　　　a. 함수: BE, GO, INCH, STAY, AT, IN, TOWARD 등
　　　b. 연산자: AND, BY, WITH, FOR, FROM, EXCH 등
　마. 유형과 징표

---

3 Jackendoff(1990)는 본원소를 설정하고 이를 통해 언어의 더욱 많은 면을 설명하고 이해할 수 있다면 충분히 가치있는 작업이라고 하였다. 이러한 입장은 데카르트적 관념에 입각한 Chomsky의 자율적이며 내재적인 언어관에 기인하고 있다. 이 연구에서도 이러한 내재 문법의 입장을 지지하지만 본원소는 더 해체될 수 있으며 더 일반화될 수 있는 불완전한 요소들로 본다.

통사 구조와 의미 구조는 각각의 형성 규칙과 내부 구성 성분들 간의 선택에 관한 제약들을 가지고 있지만, 두 구조를 서로 제약·허가하는 규칙들인 논항 연결의 원리들과 이를 구현하기 위한 대응 규칙들의 체계가 존재한다(양정석, 2002:309). 논항 연결 원리는 의미 구조의 논항과 통사 구조의 논항 사이의 연결 또는 대응 관계를 점검·확인하는 데에 기준이 되는 복수의 원리들이다. 이들은 대응 규칙에 의해 주어지는 논항들이 적격한 것인가를 판단하는 최상위의 기준이 된다. 대응 규칙은 두 가지 종류가 있는데, 먼저, 동사가 고유하게 가지지 않는 논항들을 도입하거나, 통사 구조의 논항과 의미 구조의 논항 사이의 관계를 설정해 주는 부가어 대응 규칙이 있다. 다음으로 어휘적 대응 규칙들이 있는데, 이는 다시 어휘부에 기재되는 어휘 의미 구조, 통사적 표상, 음운론적 표상이 연결된 형식을 의미하는 어휘 항목과 통사 구조의 범주와 의미 구조의 대응되는 의미 성분, 둘 다를 고려하여 둘 사이의 대응 관계를 규칙화한 어휘부 대응 규칙이 있다.

통사론과 개념 구조 사이의 대응에 관한 기본 원리에 대해 Jackendoff(1990: 45~47)에서는, 한 문장에서 내용을 가지는 주요 구 성분은 모두 어떤 주요 개념 범주의 개념 구성 성분에 대응된다고 하였다. 또, 거기에는 일반적인 대응 규칙 내에 어떤 통사 범주가 어떤 개념 범주를 표현할 수 있는가에 관한 더 특수화된 원리들이 있음이 관찰되었다고 하였다. 예를 들어, NP는 대부분의 개념 범주를 표현할 수 있으며, PP는 장소나 경로를, S는 사건이나 상태를 표현할 수 있다는 것이다. 이와 같은 통사적 논항 구조와 개념적 논항 구조의 관계를 다음과 같이 도식화할 수 있다.

(4) 통사적 논항 구조와 개념적 논항 구조

　가. 통사 구조 : [S[NP John][VP ran[PP into[NP the room]]]]

　나. 개념 구조 : [Event GO([Thing John], [Path To([Place IN([Thing ROOM])])])]

또한, Jackendoff(1990)에서는 동사의 어휘 의미 구조를 정밀화하는 작업으로 작용 역학 이론4을 도입하여, 동사의 어휘 의미 구조의 일부로서 작용 의미층(action tier)을 설정하였다. 작용 의미층은 작용자와 피작용자의 관계를 다루는 층위이고 관계 의미층(themantic tier)은 동작과 위치를 다루는 층위이다. 작용 의미층은 작용 의미층 함수인 AFF(작용성) 함수와 REACT(반작용/반응) 함수로 나타나며, 관계 의미층은 작용 의미층 함수를 제외한 나머지 함수와 연산자들로 구성된다.

　(5) 움직이-: [[AFF(x, y)] , [CS(x, [MOVE(y)])]]

'움직이-'는 동작의 이동이 있으므로 작용 의미층이 설정되며 동작의 작용자와 피작용자가 각각 논항 x와 y로 작용 의미층에 반영된다.5 관계 의미층에서는 '움직이-'가 사동과 움직임의 의미를 가지고 있으므로 논항 x는 사건성 함수인 CS함수6와 결합하고 논항 y는 MOVE함수와 결합한다. 이와

---

4 Talmy(1985)의 작용 역학 이론은 양정석(1997:47~48)에서 설명되었는데 이를 인용하면 다음과 같다. Talmy(1976, 1985)는 물리적인 힘의 '작용 역학(Force Dynamics)'이 기초가 되어 사동적 상황을 구성하는데, 이것이 다양한 의미 영역에 대응되어 실현됨을 보였다. 그렇지만 한정한(2001)에서는 Jackendoff(1990), 양정석(1997)에서 도입한 Talmy(1985)의 작용역학이 뛰어난 업적이지만, 격 연결 규칙에 도입할 필요는 없다고 하였다.

5 Jackendoff(1990:128)에서는 작용 의미층은 AFF함수로 표시하고 이 함수의 첫째 논항은 작용자(Actor)이고, 둘째 논항은 피작용자(Patient)라 하였다.

같이 두 의미층인 작용 의미층과 관계 의미층은 동일한 논항으로 묶여 한 어휘의 의미 구조를 보여주고 있으며 이를 통해 동사가 갖는 어휘 구조, 즉 어휘 의미 구조와 어휘 통사 구조는 문장의 의미 구조나 통사 구조와 함수적인 대응 관계를 갖고 연결된다는 것을 알 수 있다(양정석, 1997:14).

다시 세 자리 서술어 구문 논의에서 무엇보다 중요한 것은 어휘 개념 구조로 하여금 논항인 성분들을 논항이 아닌 성분들과 구별하게 하는 것이다. 다시 말해, 어휘 개념 구조의 어떤 성분이 논항인가를 지적하여야 하는데, Jackendoff(1990)에서는 A-표시 이론(아래 첨자 A로 표기되는 논항 표지를 도입)을 통해 이를 나타내고 있다.

(6)

$$
\left[
\begin{array}{l}
\text{pass} \\
\text{V} \\
[\text{GO} ([_\text{Thing}\qquad]_\text{A}, [_\text{Path} \text{VIA}[_\text{Place} \{\text{NEAR}[_\text{Thing}\qquad]_\text{A}]]_{(\text{A})})]
\end{array}
\right]
$$

A-표시 이론은 대상이 논항이라는 점을 규정으로 설정하지만 그 대상이 통사석으로 어디에서 표현되어야 할 것인가는 연결 원리를 따른다. 즉, 어휘 기재항에 그 개념 논항들을 규정해 놓지만, 그 논항들이 연결되는 통사적 위치를 정해 놓지는 않는다. 이상의 원리를 바탕으로 논항 연결의 원리를 세울 수 있다.

(7) 논항 연결

가. 동사의 어휘 개념 구조에 있는 A-표시된 성분들을 의미역 위계[7]에

---

6 CS함수는 성공적인 결과를 갖는 힘의 적용을 말한다.

7 의미역 위계: 작용 의미층에 있는 A-표시된 논항들을 왼쪽으로부터 오른쪽으로의 순

따라 순서지으라.

나. V´ 안의 NP 성분들을 통사적 위계에 따라 순서지으라.

다. 첫 번째 A-표시된 성분을 외부 논항과 연결하라.

라. AP, PP, S´ 와 어휘 개념 구조의 A-표시된 성분들에 대해 자유로이, 수의적으로 동지표를 부여하라.[8]

마. V´ 안의 NP들과 남아 있는 A-표시된 성분들에, 의미역의 순위에 따라, 관계망[9]에 나타난 주어진 가능성들로부터 선택하여 동지표를 붙이라.

이러한 논항 연결은 논항들의 적절한 위치뿐만 아니라 논항들의 적당한 수효까지도 보장해 준다. 그런데 통사 구조는 논항 구조에 따라, 그리고 논항 구조는 의미역 계층에 따라 구조화된다.

강진재·박정혜(2003)에서는 대규모 말뭉치와 전자 언어 사전을 이용하여 의미역 결정 규칙을 구축하였는데, 여기에서는 다음과 같이 의미역을 구분하였다.

서에 따라, 다음으로 관계 의미층의 개념 구조 주절에 있는 A-표시된 논항들을, 개념 구조상 가장 덜 안긴 논항으로부터 가장 깊이 안긴 논항으로의 순서로 배열하라.

8 논항 연결에서는 A-표시된 성분들이 AP나 PP, 또는 보문과 연결되는 것을 허용하고 있다. 즉, 논항 연결은 기본적으로 '자유로이 연결하되 NP논항들은 의미역 위계를 따르는 것과 같이 특수화되어 있다고 본다.

9 관계망이란 의미역과 문장 성분의 대응 관계의 범위를 가리킨다.

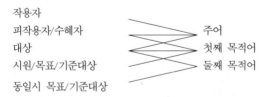

(8) 의미역 구분(강진재·박정혜, 2003)

가. 행위주: 행위를 야기시키거나 행위의 주체가 되는 논항

철수가 도둑을 잡았다.　　**영희에게** 선물을 받았다.

나. 대상: 동작이나 과정의 영향을 입는 요소

철수가 **책을** 옮겼다.　　**창문이** 흔들거린다.　　영희는 **선생님이** 아니다.

다. 경험주: 어떤 사건에 대한 느낌이나 감정을 느끼는 심리적 주체나
사태를 경험하는 자

철수는 축구를 좋아한다.　　**영희에게** 노래를 들려주었다.

라. 동반주: 행위주 이외에 그 행위주와 동등한 지위에 서는 다른 구
성요소의 의미역

철수는 **영수와** 싸웠다.

마. 장소: 사건이나 사태가 일어나는 공간적 배경을 가리킴

영수는 **밭에** 씨를 뿌렸다.

바. 출발점: 동작의 시작이 이루어지는 시점이나 지점, 어떤 행위의 유래점

서울에서 대구까지 4시간이 걸린다.　　고마운 **마음에서** 드리는
말씀입니다.

사. 도착점: 객체가 미치는 도달 지점을 나타냄

서울에서 대구까지 4시간이 걸린다.　　인삼을 **당의정으로** 가공한다.
아버지는 **딸에게** 외출을 금지하셨다.

아. 도구: 동사가 나타내고 있는 사건, 상태를 변화시키거나, 행위를
작동시키는 데 도구로써 관여

영희는 **칼로** 떡을 썰었다.

자. 이유: 사건의 이유나 원인을 나타냄

철수는 **감기로** 고생했다.　　철수는 영희의 **합격에** 기뻐했다.

차. 수령주: 소유의 이동이 일어나는 경우 소유를 넘겨받는 참여자

철수는 **영희에게** 꽃을 주었다.　**철수는** 영희에게서 선물을 받았다.

카. 자격: 평가동사류, 즉 '~을 ~으로'에서 '-으로' 논항

철수는 영희를 **반장으로** 밀었다.

타. 기준치: 술어가 기술하는 대상의 특성 속성에 대한 도량적 평가의
기준이 되는 정도

사람들은 철수를 **영희와** 비교한다.　**이에서** 더 기쁘지는 않을 것이다.

파. 정도: 구체적인 수량, 가격 따위의 차이를 보여 줌

철수는 **아버지만큼** 크다.

하. 방향: 행동이 진행되는 방향, 이동이 나타나지만 도착 지점이 구
체적으로 나타나지 않음

철수는 **앞으로** 달려갔다.

갸. 시간: 시간이나 횟수 등의 단위를 나타내는 명사에 준하는 구성요소

영희는 **아침에** 일찍 일어났다.　약속을 1시로 정하자.

냐. 경로: 이동하지만 단순히 지나가는 경유지

학생들은 **정문으로** 다닌다.

댜. 재료: 결과물의 요소를 이루는 요소

철수는 **나무로** 책상을 만들었다.

이와 같은 구분 방법은 말뭉치를 기반으로 하여 세분화된 의미역을 보여줌으로써, 의미역의 다양한 양상을 파악할 수 있다. 그렇지만 논항의 의미역을 구별하기 위한 정밀한 방법론이 없기 때문에, 의미역 세분화는 오히려 의미역을 모호하게 만들며 필요에 따라 계속적으로 의미역을 만들어내야 한다는 단점이 있다. 또한, 의미역은 일반적으로 논항에 부여되며 논항은 문장에서 명사구로 실현된다. 그런데 예문 (8자, 8파, 8갸)와 같이 논항으로서 자격을 가지 못하는 명사구 성분에도 의미역을 부여하

게 된다. 따라서 이 연구에서는 일반적인 의미역 구분을 따르기로 하며, 정태구(2001)에 제시된 의미역 구분을 이용한다.

(9) 의미역 구분(정태구, 2001)

가. 행위주(Agent): 술어가 기술하는 행위를 의도적으로 일으키는 것/자

나. 피험체(Theme): 술어가 기술하는 행위로 인해 변화를 겪는 것/자

다. 심리경험주(Experiencer): 술어가 기술하는 정신적/심리적 상태를 겪는 것/자

라. 도구(Instrument): 술어가 기술하는 행위에서 쓰이는 도구

마. 장소(Locative): 술어가 기술하는 상태/상황이 위치하는 장소

바. 목표(Goal): 술어가 기술하는 행위가 향해지는 곳

사. 근원(Source): 술어가 기술하는 행위에서 개체가 움직여 온 곳

아. 수혜자(Benefacitive): 술어가 기술하는 행위로부터 수혜를 받는 것/자[10]

이러한 의미역은 위에서 제시된 의미역 계층에 따라 논항에 연결된다.

(10) 의미역 계층

가. 행위주, 장소/근원점/목표, 피험체 (Jackendoff, 1972)

나. 행위주, 피험체, 목표/수혜자/장소 (M. Baker, 1989)

다. 행위주, 수혜자, 수취자/심리경험주, 도구, 피험체, 피동체, 장소 (Bresnan & Knnerva, 1989)

라. 행위주, 심리경험주, 장소/근원점, 목표, 피험체 (Grimshaw, 1990)

---

10 이외에 사역주(Causer, 어떤 사건/행위를 일으키는 사건/자/것)과 피사역체(Causee, 사역주에 의해서 일어나는 사건/것)이 있지만 이는 상 층위에 해당하는 것으로 제외한다.

의미역 계층은 통사 구조의 문장 성분과 연결되는데, 위의 의미역 계층에서 공통으로 보이듯이 행위주가 최우위 위계를 차지하며 통사 구조에서도 우선적으로 주어와 연결된다.[11] 그렇다면, 한 동사의 의미역과 실현 가능한 통사 구조 사이의 도출 우위는 의미역 위계에 따라 결정된다고 가정할 수 있다. 이 같은 과정을 통해 일단 논항 연결이 확립되고 나면 논항들의 해독은 어휘 개념 구조와 결합하는데, 이 기능은 논항 융합에 맡겨진다.

(11) 논항 융합: 어휘 개념 구조와 연결된 통사적 구의 개념 구조를 형성하기 위해서는, 지표가 붙은 각 통사적 위치의 개념 구조를 어휘 개념 구조의 동지표화된 개념 구조 성분과 융합시켜라.

이러한 과정이 어떻게 작용하는지 다음 예문을 통해 보기로 하자.

(12) 가. Bill left Harry drunk
    나. 통사 구조
        a. [S [NP Bill] [VP left [NP Harry] [AP drunk]]]
        b. [S [NP Bill]1 [VP left [NP Harry] [AP drunk]1]]
        c. [S [NP Bill] [VP left [NP Harry]1 [AP drunk]1]]
    다. [S [NP Bill]i [VP left [NP Harry]j [AP drunk]]]는
        [EVENT GO([ ]i, [Path FROM]j])]에 대응된다.

---

11 Grimshaw(1990)에서는 일반적으로 논항구조에서 최우위 논항이 통사적으로도 최우위 논항인 주어가 되지만, 항상 일치하는 것은 아니라고 했다.

라. 묘사 서술 부가어[12]

a. [S [NP Bill]1i [VP left [NP Harry]j [AP drunk]1k]]는

$$\begin{bmatrix} \text{GO}([\quad]^\alpha_j, [_{\text{Path}} \text{ FROM } [\quad]_j]) \\ _{\text{Event}} [\text{WITH}[\text{BE}_{\text{Ident}}([\alpha], [\text{AT}[\quad]_k])]] \end{bmatrix}$$ 에 대응된다.

b. [S [NP Bill]i [VP left [NP Harry]1j [AP drunk]1k]]는

$$\begin{bmatrix} \text{GO}([\quad]_j, [_{\text{Path}} \text{ FROM } [\quad]^\alpha_j]) \\ _{\text{Event}} [\text{WITH}[\text{BE}_{\text{Ident}}([\alpha], [\text{AT}[\quad]_k])]] \end{bmatrix}$$ 에 대응된다.

마. 논항 융합이 적용되어 Bill, Harry, drunk의 의미 해독을 채움.

지금까지 연결 이론의 전반을 살펴보았다. Jackendoff(1990)는 개념 의미론[13]을 통해 통사 구조와 의미 구조의 대응 또는 연결을 체계화하는 연결 이론을 수립하고 있다. 이 연구에서는 통사적 성분과 개념 구조 성분이 체계적으로 대응된다는 Jackendoff(1990)의 연결 원리로 동사의 의미 구조를 분석할 수 있다고 본다. 또한, 동사의 의미 구조에 나타난 논항과 통사 구조의 문장 성분과의 대응 관계를 통해 세 자리 서술어가 요구하는 각 문장 성분의 의미역을 밝히고 더 나아가 세 자리 서술어 구문의 통사·

---

12 Jackendoff(1990)에서는 모든 통사적 논항이 머리성분에 의해 허가되지 않는 교체에 주목하여 이러한 논항을 허가하기 위한 '부가어 규칙'을 도입하였다. 즉 동사의 어휘의미 구조에 설정된 논항 변수에 논항 융합을 적용하여 직접적으로 그 대응되는 문장의 의미 구조를 이끌어 낼 수 없는 것이 부가어의 경우인데, 이런 경우를 위해서 부가어 의미해석 규칙이 필요하다(양정석, 1997:67).

13 이익환(2000:198)에 따르면, Jackendoff는 개념을 화자의 머리 속에 있는 주관적인 개체로 보고 있으며, 이것은 화자의 언어에 대한 개념 지식(conceptual knowledge)이라고 주장한다고 하였다. Jackendoff의 개념은 마음 속의 사고와 세계 속의 지시를 합한 의미라고 할 수 있는데 이러한 뜻에서 Jackendoff의 개념은 바로 의미라고 주장되며, 이 개념을 바탕으로 하여 구축되는 의미 이론은 개념 의미론이라고 하였다.

의미적 특징을 살필 수 있을 것이다.

1.2. 문장의 통사 구조 분석

국어 통사 구조 분석은 일반적으로 구조주의 언어학적 관점에서의 직접 성분 분석이나 변형 생성 문법적 관점에서의 심층 구조 가정을 통한 통사 구조 분석이 주를 이루었다. 임홍빈·이홍식 외(2002:24)에서 말한 바와 같이 이제까지의 통사 연구는 되도록이면 통사 구조를 단순화하는 방향으로 행해져 왔다. 그렇지만 이 연구는 국어 문장의 다양한 구조를 있는 그대로 분석하는 방법이 우선적으로 고려되어야 한다고 본다. 임홍빈·이홍식 외 (2002:24)에서 제시된 구문 분석 방법의 예를 보면 다음과 같다.

(13) 가. 나는 학생이다

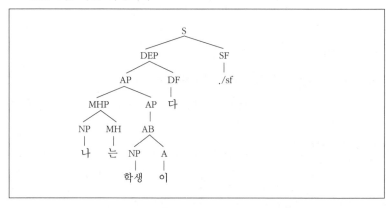

나. 철수가 약혼자를 만났다.

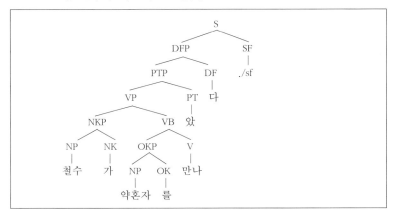

이 구문 분석 방법은 다양한 국어의 구문을 모두 분석할 수 있다는 장점을 가진다. 동사구 주어 가설에 입각한 위의 분석 방법은 동사구에 주어를 포함하는데, 이는 주어도 서술어가 요구하는 보충어로 보는 이 연구의 입장과 일치한다. 이에 세 자리 서술어 구문의 통사 구조 분석은 임홍빈·이홍식 외(2002)의 방법을 따르도록 한다.

임홍빈·이홍식 외(2002)에서는 논항을 온논항과 반논항으로 구분하였는데, 논항 가운데 다른 논항에 비하여 비중이 비교적 큰 논항인 '온논항'과 그렇지 못한 논항인 '반논항'으로 나누었다. 온논항에는 주어나 목적어, 보어와 같은 논항이 속하고, 목적어나 보어 논항이 있을 때는 주로 부사격 논항이 반논항에 속한다. 그런데 반논항은 논항적 가치가 미미하여 그 존재가 드러나는 특별한 경우 외에는 온전한 논항으로 인식되는 일이 드물지만, 반논항이라고 언제나 논항적 가치가 무시될 수 있는 것은 아니라고 하였다. 즉, 반논항이라도 나타나면 온전한 논항의 성격을 가진다는 것이다. 반논항의 설정은 반논항이 나타나지 않는 경우 중간 층위의 설정을 불필요하게 복잡하게 하지 않는 이점을 가진다. 이에 따라 다음과

같이 반논항을 처리하였다

(14) 반논항의 처리
　반논항은 실현되지 않으면 없는 것으로 취급하고, 나타나면 온논항으로 취급한다.

이를 예문을 통해 살피면 다음과 같다.

(15) 가. 동생이 집을 지었다.
　　 나. 동생이 나무로 집을 지었다.

'짓다'의 논항으로 비중이 큰 것은 (15가)에서와 같이 주어와 목적어이다. (15가)로 일단 진술이 완결된 듯한 느낌을 주기 때문에 일반적인 상황에서 (15가)에 다른 명사구가 더 필요하지 않다. 이것은 (15가)에 대하여 (15나)에서와 같은 '나무로'를 반논항으로 볼 수 있는 근거가 된다. 그렇지만 (15가)와 달리 (15나)에서는 '나무로'가 중요한 의미를 띠게 된다. 나타나지 않을 수도 있으나, 일단 나타나면 온논항에 비해 가치가 떨어지는 논항은 아닌 것이다. 다시 말해, 온논항으로서의 자격을 갖고 있다고 보는 것이다(임홍빈·이홍식 외, 2002:110).

　그렇지만, 통사 구조 분석은 표면에 나타난 구조만을 기반으로 분석하므로, 심층 구조에 속하는 논항의 실현 여부로 온논항과 반논항으로 구분할 수 없다. 결국, 문장에 실현되면 온논항으로만 보게 되는 것이다. 이러한 점에서 이 연구에서는 온논항과 반논항의 구분은 필요없다고 보며, 표면에 나타난 보충어 성분은 모두 논항 즉 온논항으로 보며, 표면에 실현되지 않은 경우는 생략된 것으로 본다.

이 연구에서는 임홍빈·이홍식 외(2002)에서 제안된 구문 분석 방법에 따라 세 자리 서술어 구문의 통사 구조를 분석한다. 특히, 이 연구에서는 논항, 의미역, 의미 구조와의 상관관계 속에서 통사 구조를 살피고자 하므로 가지 구조 표시법에 동지표를 첨가하여, 논항이 의미 구조와 통사 구조에서 실현되는 양상을 확인하고자 한다.[14]

(16) 철수가 학교에 갔다.

술 어	갔다	
논 항	x	y
의미역	행위주	목표
의미 구조	[[AFF(x,)], [GO(x, [TO(z)])]	
통사 구조		

```
                              S
                              |
                             DFP
                            /    \
                         NTP      DF
                        /   \      |
                      VP     NT    다
                     /  \    |
                  NKP    VB  ㄴ
                 /  \   /  \
              NPx   NK TKP   V
               |    |  /  \   |
              철수  가 NPy  TK 가
                       |
                      학교  에
```

위 표는 술어의 논항, 의미역, 의미 구조, 통사 구조의 모습을 한 눈에 알 수 있게 해 준다. 동지표 관계를 통해 논항이 어떠한 의미역을 부여

---

14 임홍빈·이홍식 외(2002)에서는 S 아래에 SF - ./sf를 설정하고 있으나 이럴 경우 SFP 를 상정해야 할 것이다. 따라서 이 연구는 통사 구조 분석에 주안점을 두므로 SF를 설정하지 않고 S 아래에 DFP가 있는 것으로 본다.

받고, 의미 구조에서 어떤 함수와 결합하며, 통사 구조에서는 어떠한 성분으로 실현되는지를 체계적으로 알 수 있다. 아래에서는 이 연구에서 사용하는 함수, 연산자 및 구문 분석 표지 목록이다.

(17) 함수, 연사자 및 구문 분석 표지

가. 함수와 연산자 목록(양정석, 1997:416)

    a. 상태성 함수: BE(존재), ORIENT(가리킴), CONFIG(형상성), EXT(연장성)

    b. 사건성 함수: CS(사동성), INCH(기동성), GO(이동), STAY(머무름), MOVE(움직임)

    c. 처소 함수: AT(처소), IN(처소), ON(처소), AT-END-OF(처소-끝)

    d. 경로 함수: TO(경로-목표), TOWARD(경로-목표), FROM(경로-시원), AWAY-FROM(경로-시원), VIA(경로-경유), THROUGH(경로-통과), AGAINST(경로-대항), AFTER(경로-추종), UPWARD(경로-위로), DOWNWARD(경로-아래로)

    e. 작용의미층 함수: AFF(작용성), REACT(반작용/반응)

    f. 부정소: NOT

    g. 접속 및 종속화 연산자: AND(병렬), BY(방법/방편), WITH(동시상황), FOR(목적), FROM(원인), EXCH(교환)

    h. 그밖의 연산자: ELT(개체요소 추출), COMP(구성), PL(복수화), GR(재료화), PART(부분화), CONT(포함), +reciprocal(교호성)

나. 주요 구문 분석 표지(임홍빈, 이홍식 외, 2002)

품사	기초 통사 범주	최대 통사 범주
일반 명사	N	NP
일반 동사	V	VP
주격 조사	NK	NKP
목적격 조사	OK	OKP
처격 조사	LK	LKP
도구격 조사	IK	IKP
출발점격 조사	SK	SKP
목표격 조사	TK	TKP
공동격 조사	CK	CKP
종결 어미	TF	TFP
평서법 어미	DF	DFP
현재 시제 선어말 어미	NT	NTP

다. 중간 투사 범주

바-하나 범주	VB	제 1단계 중간 투사
바-둘 범주	VBB	제 2단계 중간 투사

2. 세 자리 서술어 구문의 의미·통사 구조 분석

동사의 심층 구조에 포함된 논항은 의미역을 부여받고 통사 구조에서 특정한 기능을 갖는 명사구로서 역할을 한다. 이 때 이 명사구는 부여받은 의미역에 따라 일정한 조사와 결합하게 된다. 물론 모든 논항이 조사와의 결합에 있어 규칙적인 모습을 보여주지 않지만 그 동사의 심층 구조를 분석하기에 앞서 좋은 단초를 제공한다고 본다. 이러한 세 자리 서술어 구문의 표면 구조 분석에 대해 하귀녀(1994:16)에서는 세 자리 서술어는 '대상 이동'과 관계가 있고 이것이 문장 상에 실현되는 과정에서 세 자리 성분으로 출현하게 된 것으로 보았는데, 이러한 '대상'의 이동은 '가시성'을 중심으로 내적 이동과 외적 이동으로 구분되고, 이의 구별은 주로 '도달점'의 격조사 실현의 차이로 나타나며, 격조사 실현의 차이가 세 자리 서술어 구문의 분류 기준이 될 수 있을 것이라고 하였다.

우형식(1998:77)에서는 통사항의 기능을 격조사로 표시하는 방법으로 국어의 구문 형식을 모형화한 서술 구조를 상정하였다. 동사에 따라 요구되는 구성 성분들은 격조사의 조합으로 표현할 수 있으므로, 이러한 격조사의 조합으로 구성된 구문 모형인 서술 구조를 상정할 수 있다는 것이다. 이는 격을 형태, 기능, 의미의 쌍으로 본 것으로, 형태는 외현적인 조사이고 의미와 기능은 내재적인 요소로 구분되는데, 동사에 의한 격의 부여는 격조사에 의해 구체적으로 나타나게 됨을 나타낸다.

(18) 가. 아침에 그가 도서관에서 친구에게 선물을 주었다.

　　　나. 그가 친구에게 선물을 주었다.

　　　다. 주다: [-이 -에게 -을]

예문 (18가)는 동사 '주다'에 다섯 개의 문장 구성 요소가 통합된 것이나, (18나)는 그 중에서 필수적인 성분만이 통합된 것이다. 따라서 '주다'의 서술 구조는 (18다)와 같이 '-이'격과 '-에게'격, '-을'격의 서술항이 통합된 형식으로 제시된다. 이러한 서술 구조의 설정은 논항이 통사 구조에 반영되는 모습을 명시적이고 체계적으로 보여 준다.

이 연구에서도 세 자리 서술어 구문을 논항의 자격을 갖고 문장에 실현된 명사구와 결합하는 격조사의 유형별로 분류하고자 한다. 어휘 의미 구조는 동사들의 개별적인 의미 구조를 자세히 보여줄 수 있지만 통사 구조와 각 논항 사이의 연결 관계, 특히 보어와 같이 다양한 격조사를 취하는 구조에 대한 분석과 파악이 용이하지 않다. 이에 반해 격조사를 중심으로 한 세 자리 서술어 구문의 구조 즉 서술 구조를 기준으로 할 경우 의미 구조에 반영된 논항과 문장 내의 명사구 사이의 비교가 용이하며 각 대응 및 연결 관계를 명시적으로 보여줄 수 있는 이점이 있다.

그렇지만 앞에서도 밝혔듯이 이 연구에서는 격조사에 의해 격이 부여된다고 보지 않는다. 통사 구조에서의 격은 서술어에 의해 부여되며 의미 구조에 반영된 논항과 대응 관계를 갖는다. 다시 말하면, 의미역 계층과 연결 원리에 따라 논항이 구성 성분으로 사상되고, 격조사는 부여된 격을 명시적으로 보이며 부가적 의미를 추가한다. 격의 부여와 조사의 실현은 별개의 것으로, 형태적 동일성만으로 보격 조사인지 부사격 조사인지 판단할 수 없는 데서도 알 수 있다. 따라서 격조사에 따른 분류에 앞서 논항들의 의미역에 따른 분류가 선행되어야 할 것이다. 이러한 분류 체계는 세 자리 서술어 구문의 논항들이 각각 어떠한 의미역을 부여받고 각 논항이 어떤 조사와 결합하며 문장에 나타나는지를 보여줄 깃이다.

이상과 같은 논의를 바탕으로 '주요 어휘 용례집-동사편'과 '현대 한국어 동사 구문 사전'에서 세 명사구를 취하는 동사를 의미역에 따라 분류하고 이를 다시 격조사별로 분류하면 다음과 같다.

(19) 세 자리 서술어 구문의 유형

　가. [행위주-피험체-장소] 유형 구문

　　① [-이 -을 -에] 유형 구문

　　② [-이 -을 -에서] 유형 구문

　　③ [-이 -을 -로] 유형 구문

나. [행위주-피험체-목표] 유형 구문

　　① [-이 -을 -로] 유형 구문

　　② [-이 -을 -에게] 유형 구문

　　③ [-이 -을 -에] 유형 구문

다. [행위주-피험체-도구] 유형 구문

　　① [-이 -을 -로] 유형 구문

라. [행위주-피험체-근원] 유형 구문

　　① [-이 -을 -에서] 유형 구문

　　② [-이 -을 -에게/에] 유형 구문

마. [행위주-피험체-수혜자] 유형 구문

　　① [-이 -을 -에게/에] 유형 구문

바. [행위주-피험체-행위주] 유형 구문

　　① [-이 -을 -와] 유형 구문

사. [행위주-피험체-피험체] 유형 구문

　　① [-이 -을 -와] 유형 구문

　　② [-이 -을 -을] 유형 구문

아. [피험체-피험체-행위주] 유형 구문

　　① [-이 -을 -에게/에] 유형 구문

자. [피험체-피험체-근원] 유형 구문

　　① [-이 -을 -에게/에] 유형 구문

　아래에서는 위의 분류 체계에 따라 각 구문의 의미 구조와 통사 구조
를 분석하고 그 특징을 살펴보도록 한다.

2.1. [행위주-피험체-장소] 유형 구문

[행위주-피험체-장소] 유형 구문의 세 논항 중 행위주역은 주어로, 피험체역은 목적어로 실현되고, 장소역은 '-에' 명사구나 '-에서' 명사구로 실현된다.

2.1.1. [-이 -을 -에] 유형 구문

[-이 -을 -에]형 동사: (도망을) 가다, 가두다, 가로지르다, 가져가다, 가만두다, 가져오다, 가하다, (수박을) 갈다, (유리를) 갈다, (실을) 감다, 감싸다, 감추다, (밀가루를) 개다, 건설하다, (옷을) 걸다, 걸치다, 결합하다, 겹치다, 곁들이다, 고르다, 긋다, 기록하다, 깔다, 꽂다, 꿰다, 끼다, 끼우다, (일을) 나가다, (강의를) 나오다, 남기다, (길을) 내다, (창을) 내다, (물건을) 내다, 내보내다, 널다, 넣다, 녹이다, 놓다, 다녀가다, 다녀오다, 다니다, 닦다, 달다, 담그다, 담다, (귀에) 대다, 더하다, 던지다, 덧붙이다, 덮다, 데다, (음식을) 데우다, 돌다, 돌리다, 두다, 두르다, (시선을) 두르다, 둘러싸다, 뒤서다, 뒤집어쓰다, 드러내다, 들다, 딛다, 따르다, 따라가다, 떨어뜨리다, (장작을) 때다, 뚫다, (뜸을) 뜨다, 막다, 말다, (주사를) 맞다, (떡을) 맞추다, 매다, (김을) 매다, 매달다, 머금다, 메다, 메우다, 메이다, 모시다, 모으다, (구석에) 몰다, 몰아세우다, 묵히다, 묶다, (땅에) 묻다, 묻히다, 물다, (영향을) 미치다, 바르다, 바치다, 박다, (양동이에) 받다, 받치다, 발표하다, 버리다, 버티다, 벌이다, 보내다, (연락을) 보내오다, 보태다, 부딪치다, (표결에) 부치다, 불러오다, (물에) 불리다, 붙이다, 비비다, 비유하다, 비추다, 빠뜨리다, (세력을) 뻗다, 뻗치다, 뿌리다, 뿜다, (직위에) 뽑다, 상하다, 새기다, (줄을) 서다, 섞다, 설치하다, 세우다, 숨기다, 슬다, 식다, (물건을) 싸

다, (오줌을) 싸다, 쌓다, 쓰다, (키를) 쓰다, (인재를) 쓰다, 쓰러지다, 쓰러뜨리다, 안내하다, 안다, 안치다, 안치하다, 앉히다, (가격을) 알아보다, 없다, (전세방을) 얻다, 업다, 엎지르다, 엮다, 연락하다, 열다, 오르내리다, 올리다, 운반하다, 울리다, (흙을) 이기다, 이다, 이루다, 이용하다, (손에) 익히다, 인도하다, 잇다, 잠그다, (일자리를) 잡다, 잡아매다, 장식하다, 재다, 저장하다, 적다, 적시다, 전달하다, 전하다, 절이다, 제출하다, 조리다, (시선을) 주다, 주저앉히다, 지니다, (짐을) 지다, (비녀를) 지르다, 찌르다, 짊어지다, 집어넣다, 집중하다, (건물을) 짓다, (미소를) 짓다, 쬐다, (마침표를) 찍다, 찧다, (칼을) 차다, 참고하다, 채우다, 초대하다, (물에) 축이다, (걸레질을) 치다, (커튼을) 치다, (기름을) 치다, (못을) 치다, (체로) 치다, (콩을) 타다, 태우다, 투입하다, (튀김을) 튀기다, (공을) 튀기다, (길을) 트다, (둥지를) 틀다, 틀어넣다, 파다, 파견하다, 파묻다, 퍼붓다, 펴다, 팽개치다, 포개다, 포함하다, 풀다, 품다, 피하다, 한정하다, 향하다, 흘리다, 흥정하다

이 유형의 동사의 장소역은 '-에' 명사구로 실현된다.[15] 이러한 점은 서술어의 의미 구조와 통사 구조 분석을 통해 확인할 수 있다.

(20) 가. 철수가 책상에 가방을 놓았다.

술 어	놓다		
논 항	x	y	z
의미역	행위주	피험체	장소
의미 구조	[[AFF/+caus, +vol(x, y)], [CS/+s(x, [INCH([BE(y, [AT(z)])])])]		

---

15 이때의 장소는 구체적인 장소뿐만 아니라 은유적·추상적 장소를 포함한다.

통사 구조	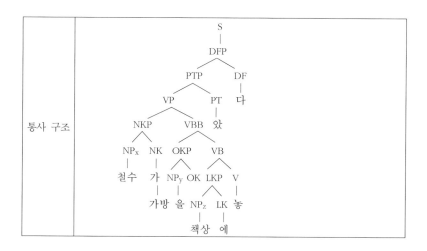

나. 철수가 잔에 맥주를 따랐다.

술 어	따르다		
논 항	x	y	z
의미역	행위주	피험체	장소
의미 구조	[[AFF(x, y)] , [CS(x, [GO(y/+liqd, [TO[AT(z)]])])]]		
통사 구조	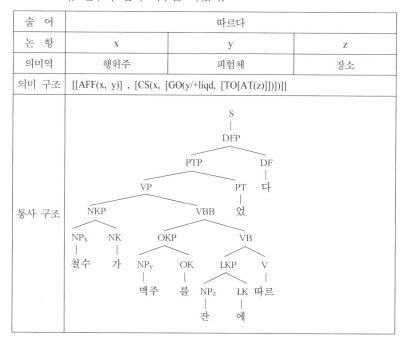		

다. 철수가 정원에 꽃을 가꿨다.

술 어	가꾸다		
논 항	x	y	z
의미역	행위주	피험체	장소
의미 구조	[[AFF(x, y)] , [CS(x, [INCH[BE(y, [AT(z)])]])]]/가꾸		
통사 구조	(아래 통사 구조 참조)		

```
                                S
                                |
                               DFP
                          ┌─────┴─────┐
                         PTP          DF
                     ┌────┴────┐       |
                    VP        PT       다
                 ┌───┴───┐     |
                NKP     VBB    었
              ┌──┴──┐ ┌──┴──┐
            NPx    NK OKP   VB
             |      | ┌┴┐  ┌─┴─┐
            철수    가 NPy OK LKP  V
                     |   | ┌┴┐  |
                    꽃   을 NPz LK 가꾸
                          |   |
                         정원  에
```

라. 인부들이 트럭에 시멘트를 적재했다.

술 어	적재하다		
논 항	x	y	z
의미역	행위주	피험체	장소
의미 구조	[[AFF(x, y)] , [CS(x, [INCH[BE(y, [AT(z)])]])]]/적재하		

통사 구조	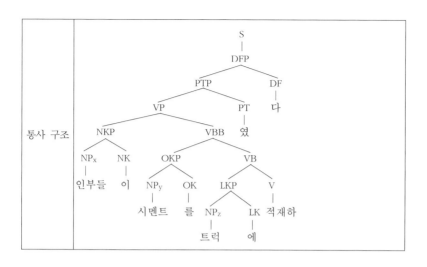

마. 영희가 찬장에 반찬을 두었다.

술 어	두다		
논 항	x	y	z
의미역	행위주	피험체	장소
의미 구조	[[AFF/+caus,+vol(x, y)], [CS/+s(x, [STAY(y, [AT(z)])])]]		
통사 구조	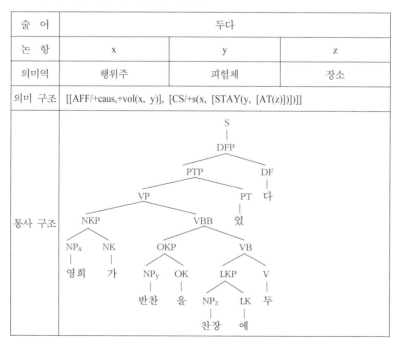		

각 논항은 의미역 계층에 따라 통사 구조에 반영되어 행위주역은 주어로, 피험체역은 목적어로, 장소역은 보어로 실현된다. 주어에 해당하는 논항 x는 행위주역을, 목적어에 해당하는 논항 y는 피험체역을 부여받으며, 의미 구조에서 작용 의미층과 관계 의미층을 구성한다. '-에' 명사구 즉 보어에 해당하는 논항 z는 장소역에 해당하는데, 의미 구조에서는 장소를 나타내는 경로 함수인 AT과 결합하고 있다. 경로 함수인 AT 함수의 실현형인 '-에'가 격조사로 나타나는 문장에서 '-에'와 결합하는 명사구는 의미 구조상 생략할 수 없는 논항이다. 다시 말해, AT 함수의 실현형인 '-에'와 결합하는 명사구는 문장 성분상 보어로 필수 성분인 것이다. 이러한 점은 논항-의미역-의미 구조-통사 구조의 상관 관계를 통해 확인할 수 있다.

그런데 논항 z가 장소가 아닌 다른 의미역을 부여 받을 수도 있다. 논항 z가 장소가 아닌 다른 의미역 즉 아래 예문에서와 같이 목표·도구·근원·수혜자역으로 분석될 수 있다. 이는 논항 z가 장소의 의미를 원초적으로 내포하고 있으면서, 개별 동사에 따라 장소 외의 다른 의미가 부여될 수 있기 때문이다.

(21) 가. 철수가 책상을 마루에/로 내었다.

술 어	내다		
논 항	x	y	z
의미역	행위주	피험체	장소/목표

장소/목표 교체 가능 동사: (도망을) 가다, 가져가다, 감싸다, 고르다, (일을) 나가다, (강의를) 나오다, (창을) 내다, (물건을) 내다, 내보내다, 다녀가다, 다녀오다, 돌다, 두다, 따라가다, 떨어뜨리다,

모시다, 모으다, (구석에) 몰다, 몰아세우다, (땅에) 묻다, 불러오다, 비유하다, 뻗치다, (직위에) 뽑다, 숨기다, 쓰러지다, 오르내리다, (화제에) 올리다, 운반하다, 초대하다, 팽개치다, 한정하다, 흥정하다

나. 철수가 돈뭉치를 신문지에/로 말았다.

술 어	말다		
논 항	x	y	z
의미역	행위주	피험체	장소/도구

장소/도구 교체 가능 동사: (유리를) 갈다, (음식을) 데우다, (뭉치를) 말다, 적시다, (체로) 치다

다. 철수가 숙제를 학과실에 제출했다.

술 어	제출하다		
논 항	x	y	z
의미역	행위주	피험체	장소/수혜자

장소/수혜자 교체 가능 서술어: (소풍을) 가다, 가져가다, 가져오다, 다니다, (전화를)대다, 던지다, 돌리다, (시선을) 두르다, 보내다, (연락을) 보내오다, 부치다, (세력을) 뻗다, 안내하다, 연락하다, 오다, 인도하다, (시선을) 주다, 집중하다, 파견하다, 피하다, 향하다, (사물을) 보내오다, 전달하다, 전하다, 제출하다

라. 철수가 학교에 장학금을 신청했다.

술 어	신청하다		
논 항	x	y	z
의미역	행위주	피험체	장소/근원

장소/근원 교체 가능 동사: 시달리다, 시키다, 신청하다, 요구하다

2.1.2. [-이 -을 -에서] 유형 구문

[-이 -을 -에서] 유형 서술어: 닦다, (명성을) 드러내다, 따다, (물을) 뜨다, 맡다, 멈추다, 면하다, 배제하다, (손해를) 보다, 비키다, 빠뜨리다, (공을) 세우다, 없애다, 쫓다, 찾다, (눈을) 치다, 캐다, 털다

위 유형 동사의 장소역은 '-에서' 명사구로 실현된다. 이 유형의 동사는 목적어의 이동을 함의하고 있지만, 논항 z는 근원이 아닌 장소로 분석된다. 일반적인 이동 동사와 같이 목적어의 이동 경로를 나타내지 않고 목적어의 이동이 벌어진 장소를 의미하기 때문이다.

(22) 가. 농부가 새 떼를 논에서 쫓았다.

술 어	쫓다		
논 항	x	y	z
의미역	행위주	피험체	장소
의미 구조	[[AFF(x, y)], [CS(x, [INCH[GO(y, [FROM([AT(z)])])]])]]		

통사 구조	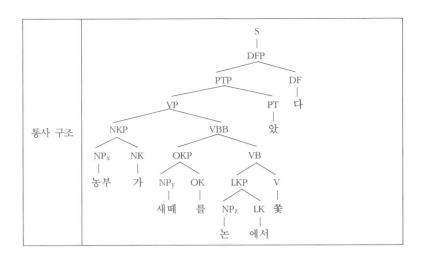

나. 철수가 손에서 편지를 놓았다.

술 어	놓다		
논 항	x	y	z
의미역	행위주	피험체	장소
의미 구조	[[AFF(x, y)] , [CS(x,[INCH[BE(y,AT-END-OF([FROM([AT/+cntc,+atch(z)])])])]])]		
통사 구조	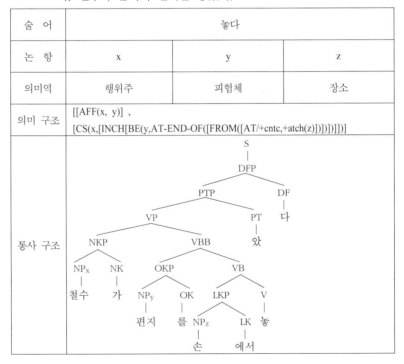		

[-이 -을 -에서] 유형 구문의 각 논항의 의미역을 살펴보면, 주어에 해당하는 논항 x는 행위주역을, 목적어에 해당하는 논항 y는 피험체역을 부여받는다. 동사의 의미 상, 논항 y가 이동함을 함의하지만, 피험체의 이동보다는 운동에 초점이 맞추어져 있으므로, 사건성 함수는 GO가 아닌 INCH가 결합한다. 논항 z는 장소역에 해당한다. 논항 z는 의미 구조의 관계 의미층에서 경로 함수 AT과 결합하고 있다. 경로 함수인 AT의 실현형인 '-에서'가 조사로 나타나는 문장에서 '-에서'와 결합하는 명사는 보충어라 할 수 있으며, 이러한 점은 논항-의미역-의미 구조-통사 구조의 동지표 관계를 통해서 확인할 수 있다.

2.1.3. [-이 -을 -로] 유형 서술어

[-이 -을 -로] 유형 동사: 느끼다

위 유형 동사의 장소역은 '-로' 명사구로 실현된다.

(23) 철수는 영희의 친절을 사랑으로 느꼈다.

술 어	느끼다		
논 항	x	y	z
의미역	행위주	피험체	장소
의미 구조	[[AFF(x, y)] , [[CS(x, [STAY(y, [IN(MIND-OF([x])])])])] , [WITH([BE/+ident(y, [AT(z)])])]]]		

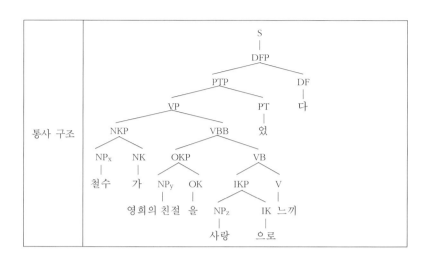

통사 구조	(tree diagram)

통사 구조

```
                              S
                              |
                             DFP
                          ／     ＼
                       PTP        DF
                     ／   ＼        |
                   VP      PT       다
                ／   ＼     |
             NKP      VBB   있
           ／  ＼    ／  ＼
        NP_x   NK  OKP    VB
         |     |  ／ ＼   ／ ＼
        철수   가 NP_y OK IKP   V
                  |   |  ／ ＼  ＼
              영희의 친절 을 NP_z  IK 느끼
                            |    |
                           사랑  으로
```

[-이 -을 -로] 유형 동사의 논항 z는 의미 구조의 관계 의미층에서 경로 함수 AT과 결합하고 있다. 경로 함수인 AT의 실현형이 '-로'로 실현되는 것은 동사의 의미적 특성에 따른 개별적인 현상으로 분석된다.

2.2. [행위주-피험체-목표] 유형 구문

[행위주-피험체-목표] 유형 구문의 세 논항인 행위주역은 주어로, 피험체역은 목적어로 실현되고, 목표역은 '-로' 명사구나 '-에게/에' 명사구로 실현된다.

2.2.1. [-이 -을 -로] 유형 구문

[-이 -을 -로] 유형 동사: 가르다, 가져다주다, 간주하다, (직위를) 갈다, 갈라놓다, 갈아입다, 갈아입히다, 감추다, 겨누다, 결정하다, 고치다,

과장하다, 구분하다, 기억하다, 기울이다, 깔다, 꺾다, 꼽다, 꾸미다, (이 사를) 나가다, (몇 개로) 나누다, 나르다, 날리다, 내오다, 넓히다, (줄행 랑을) 놓다, (도망을) 다니다, 다루다, 단정하다, 당기다, 대접하다, 대하다, 들다, 들이다, 만들다, (사람을 자격으로) 맞다, 몰다, 몰아세우다, 묶다, 믿다, 밀다, 바꾸다, 박다, 받들다, 받아들이다, (자격으로) 보다, 부르다, 분리하다, 비키다, 사용하다, 삼다, 생각하다, 선택하다, 섬기다, 세우다, 쏟다, (자격으로) 쓰다, 알다, 알아듣다, 알아보다, 얻다, 여기다, 연기하다, 예정하다, 예측하다, 오해하다, (직위로) 올리다, 옮기다, 이끌리다, 이해하다, 인정하다, 일컫다, (담보로) 잡다, 잡아들이다, 전망하다, 전환하다, 점찍다, 젖히다, 정하다, 젖히다, 제치다, 지목하다, 짐작하다, (이름을) 짓다, (자격으로) 찍다, 찍히다, 취급하다, (도망을) 치다, 치우다, (방향을) 틀다, 판단하다, 평가하다, 혼동하다, 휘젓다, (도망을) 가다, 가져가다, 감싸다, 고르다, (일을) 나가다, (강의를) 나오다, (창을) 내다, (물건을) 내다, 내보내다, 다녀가다, 다녀오다, 돌다, 두다, 따라가다, 떨어뜨리다, 모시다, 모으다, (구석에) 몰다, 몰아세우다, (땅에) 묻다, 불러오다, 비유하다, 뻗치다, (직위에) 뽑다, 숨기다, 쓰러지다, 오르내리다, (화제에) 올리다, 운반하다, 초대하다, 팽개치다, 한정하다, 흥정하다

위 유형 동사의 목표역은 '-로' 명사구로 실현된다.

(24) 가. 철수가 영수를 바보로 알았다.

술 어	만들다		
논 항	x	y	z
의미역	행위주	피험체	목표

의미 구조	[[AFF(x, y)] , [CS(x, [GO/+ident(y, [TO(z)])])]]
통사 구조	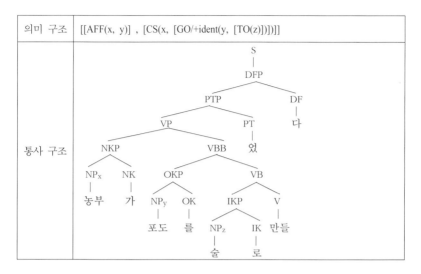

나. 농부가 포도를 술로 만들었다.

술 어	알다		
논 항	x	y	z
의미역	행위주	피험체	목표
의미 구조	[[AFF(x, y)] , [[CS(x, [STAY(y, [IN(MIND-OF([x])])])])] , [WITH([BE/+ident(y, [AT(z)])])]]]		
통사 구조	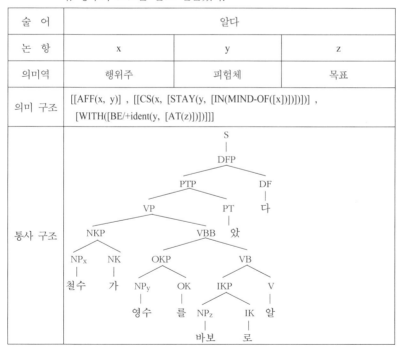		

[-이 -을 -로] 유형 구문의 각 논항의 의미역을 살펴보면, 논항 x는 행위 주역을, 논항 y는 피험체역을 부여받으며 의미 구조에서 작용 의미층과 관계 의미층을 구성한다. 논항 z는 목표역에 해당하며, 의미 구조의 관계 의미층에서는 목표를 나타내는 경로 함수인 TO와 결합하고 있다. 경로 함수인 TO 함수의 실현형인 '-로'가 조사로 나타나는 문장에서 '-로'와 결합하는 명사는 필수 성분이라 할 수 있다. 이러한 점은 논항-의미역-의미 구조-통사 구조의 동지표 관계를 통해 확인할 수 있다. 각 논항은 의미역 계층에 따라 통사 구조에 반영되어 행위주역은 주어로, 피험체역은 목적 어로, 목표역은 '-로' 명사구 즉 보어로 실현된다. 의미 구조상 목표를 나 타내는 함수와 이에 결합하는 논항을 요구하며, 이러한 논항과 함수가 통 사 구조에서 '-로'로 나타나게 되는 것이다.[16]

2.2.2. [-이 -을 -에게/에] 유형 구문

[-이 -을 -에게/에] 유형 동사: (돈을) 가다, (자부심을) 가지다, (일격 을) 가하다, 간청하다, 갈기다, 갈아입히다, 감사하다, 감추다, 강요하 다, 강조하다, 갚다, 건네다, 건네주다, 건의하다, (명예를) 걸다, (시비 를) 걸다, 겨누다, 경고하다, 고백하다, 공개하다, 공격하다, 교섭하다, (양해를) 구하다, 권하다, 금지하다, 금하다, 기대다, 기도하다, 기울이 다, 꺼내다, 끼치다, 남기다, 내다, 내오다, (압력을) 넣다, (두 점을) 놓 다, 다그치다, 다지다, (최선을) 다하다, 다짐하다, (의욕이) 달아나다, 당부하다, 당하다, (조롱을) 당하다, (풀을) 대다, (총을) 대다, (정답을)

---

16 논항 z가 목표역이 아닌 장소역을 부여받음에 따라 '-에'로 교체될 수 있다. 이러한 동사 목록은 이 연구 2.1.1.에서 제시했으므로 생략한다.

대다, 대답하다, 대접하다, 대주다, (질문을) 던지다, 돋구다, 되풀이하다, 드러나다, 드러내다, (장가를) 들다, 들리다, (취미를) 들이다, 따지다, 떠들다, 말하다, (초점을) 맞추다, 맡기다, 매기다, 먹이다, 명령하다, 묻다, (세금을) 물다, 물리다, 물어내다, 발표하다, 밝히다, 변명하다, 뱉다, 베풀다, 보고하다, 보내다, 보이다, (화를) 부리다, 부탁하다, (말을) 불다, 불평하다, (물을) 붓다, (비서를) 붙이다, (말을) 붙이다, (이름을) 붙이다, (무엇으로) 불리다, 비기다, 비비다, (뜻을) 비치다, 빅다, 빨리다, 사다, 사용하다, 설득하다, 설명하다, 세우다, 속다, 속삭이다, 속이다, (불만을) 쏟다, (편지를) 숨기다, 실리다, 심다, 쏘다, 쏟다, (의욕을) 쏟다, (돈을) 쓰다, 쓰다, (마루를) 쓸리다, 씹히다, 안기다, 안내하다, 알리다, 알아보다, 애원하다, 어기다, 연결하다, 업히다, 여쭈다, 열다, 우기다, (잔을) 올리다, (약을) 올리다, (감사를) 올리다, 옮기다, 욕하다, 의논하다, 이르다, 의뢰하다, 의지하다, 이기다, 이야기하다, 읽히다, 입히다, 잡다, 접다, 자랑하다, 재촉하다, 적용하다, 전하다, 제공하다, 제보하다, 제시하다, 제안하다, 조르다, (자극을) 주다, 주문하다, 주장하다, 지도하다, 찌르다, (표를) 찍디, (인사를) 차리다, 채우다, 축하하다, (장난을) 치다, (호통을) 치다, (박수를) 치다, 치르다, 털어놓다, (물을) 튀기다, (비난을) 퍼붓다, 퍼뜨리다, 폭로하다, 표현하다, (원한을) 품다, 호소하다, 합하다, 항의하다, 해명하다, 확인하다, 흉보다.

위 유형 동사의 '-에게/에' 명사구는 목표역에 해당한다. [-이 -을 -에게/에]형 세 자리 서술어의 보격 조사인 '-에'와 '-에게'는 결합하는 명사에 따라 상호간에 교체된다. 논항 z가 유정물일 경우는 '-에게', 무정물이되 단체일 경우는 '-에'가 선택된다.

(25) 가. 모기가 사람에게 병을 옮겼다.

술 어	옮기다		
논 항	x	y	z
의미역	행위주	피험체	목표
의미 구조	[[AFF/+caus,-vol(x, y)], [CS/+s,+laun(x [GO(y, [TO[AT(z)]])])]]		
통사 구조	 		

```
                                S
                                |
                               DFP
                     ╱                  ╲
                   PTP                   DF
              ╱          ╲                |
            VP            PT              다
        ╱        ╲        |
      NKP         VBB     었
     ╱   ╲      ╱     ╲
   NPx   NK   OKP      VB
    |     |   ╱  ╲    ╱   ╲
   모기    가 NPy  OK  TKP    V
              |    |  ╱   ╲   |
              병    을 NPz  TK  옮기
                     |    |
                    사람   에게
```

나. 철수가 영희에게 말을 던졌다.

술 어	던지다		
논 항	x	y	z
의미역	행위주	피험체	목표
의미 구조	[[AFF(x, y)] , [CS/+laun(x, [GO(y, [TO[AT(z)]])])]]/던지		

통사 구조	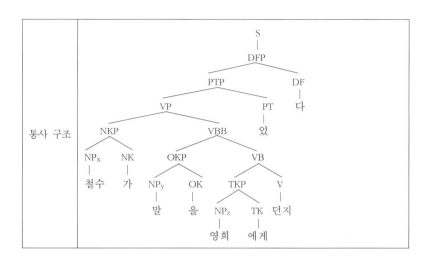

다. 그가 은행에 36억원을 맡겼다.

술 어	맡기다		
논 항	x	y	z
의미역	행위주	피험체	목표
의미 구조	[[AFF(x, y)] , 　[CS(x, [INCH[BE/+poss(y, [AT([[CTRL]-OF(z)])])]])]]		
통사 구조	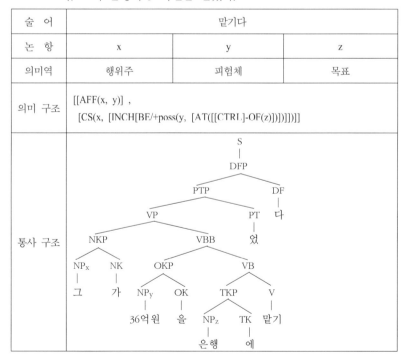		

[-이 -을 -에게/에]형 서술어의 각 논항의 의미역을 살펴보면, 주어에 해당하는 논항 x는 행위주역을, 목적어에 해당하는 논항 y는 피험체역을 부여받는다. 논항 z는 목표역에 해당하며, 의미 구조의 관계 의미층에서는 앞의 [-이 -을 -로]형 서술어와 같이 목표의 경로 함수 TO과 결합한다. 경로 함수 TO와 결합하는 명사구가 사람일 경우는 '에게'로, 단체일 경우는 '에'로 실현된다.

그런데 논항 z가 목표역이 아닌 다른 의미역을 부여받을 수도 있다. 논항 z가 목표가 아닌 다른 의미역인 근원역으로 분석될 수 있다.

(26) 철수가 영희에게 사랑을 느꼈다.

술 어	느끼다		
논 항	x	y	z
의미역	행위주	피험체	목표/근원

목표/근원 교체 가능 동사: 기대하다, (빚을) 내다, (사랑을) 느끼다, (돈을) 취하다

예문 (26)의 행위주인 '철수'의 능동적인 행위로 해석할 경우 논항 z는 목표역이 된다. 그렇지만 '영희'의 사랑을 '철수'가 느낀 것으로 해석할 경우 논항 z는 근원역이 된다. 이는 어떤 의미역에 초점을 부여했느냐에 따라 달라지기 때문이다.[17] [행위주-피험체-목표] 유형의 서술어는 일반적으로 피험체가 목표로 구체적 또는 추상적으로 이동함을 의미한다. 그런데, 예문 (26)과 같이 감정이나 소유의 이동이 행위주 중심이냐 피험체 중심이냐에 따라 초점이 달라질 수 있기 때문에 논항 z는 목표역 또는 근원역

---

17 논항 z가 목표역이 아닌 장소역을 부여받음에 따라 '에'로 교체될 수 있다. 이러한 동사 목록은 2.1.1에서 제시했다.

으로 해석될 수 있다.

2.2.3. [-이 -을 -에] 유형 구문

[-이 -을 -에] 유형 동사: 비기다(철수를 영수에 비기다.) 견주다

[-이 -을 -에] 유형 동사의 '-에' 명사구의 경우 일반적으로 장소의 의미역을 부여 받으나[18] '비기다'와 '견주다'는 기준의 의미를 갖는 목표의 의미역을 부여받는다.

(27) 우리나라를 선진국에 견줬다.

술 어	두다		
논 항	x	y	z
의미역	행위주	피험체	목표
의미 구조	$[[AFF(x, y)], [CS(x, [GO/+ident(y [TO(z)])])]]$		
통사 구조			

통사 구조 트리:

```
                                    S
                                    |
                                   DFP
                          ┌─────────┴──────┐
                         PT                DF
                  ┌───────┴─────┐           |
                 VP            PT           다
           ┌──────┴──────┐     |
         MHP           VBB     었
      ┌────┴───┐    ┌────┴────┐
    NPx      MH   OKP        VB
     |        |  ┌──┴──┐   ┌───┴──┐
                NPy  OK  TKP      V
                 |    | ┌──┴──┐   |
              우리나라 를 NPz  TK 견주
                         |   |
                       선진국  에
```

---

18 이때의 장소는 구체적인 장소뿐만 아니라 은유적·추상적 장소를 포함한다.

2.3. [행위주-피험체-도구] 유형 구문

[행위주-피험체-도구] 유형 동사의 행위주역은 주어로, 피험체역은 목적어로 실현되며, 도구역은 보어로 실현된다. 이 유형의 보어는 '-로' 명사구로만 실현되는 특징을 보인다.

[-이 -을 -로] 유형 동사: 감다, 겨누다, 꾸미다, 다리다, 대신하다, (말로) 되다, 따지다, 막다, 맞추다, 매다, 무너뜨리다, 물들이다, 받다, 밝히다, 베다, 부치다, 불다, 빗다, 싸다, 쏘다, 쑤시다, 얽다, 엮다, 연결하다, 이용하다, 장식하다, 적시다, 접다, 젓다, 제하다, 죄다, 집다, 쪼다, 찍다, 쩧다, 착각하다, 치다, 틀어막다, 표현하다, (반찬을) 하다, (유리를) 갈다, (음식을) 데우다, (뭉치를) 말다, 적시다, (체로) 치다, 가리다 (영희가 나뭇잎에/으로 얼굴을 가렸다.)

(28) 가. 아버지가 정원을 울타리로 막았다.

술 어	막다		
논 항	x	y	z
의미역	행위주	피험체	도구
의미 구조	[[AFF(x, y)] , [[CS(x, [INCH[BE(y, [IN([+accomplishment])])]])]] , [BY([CS(x, [INCH [BE(z, [AT(y)])]])])]]]		

통사 구조	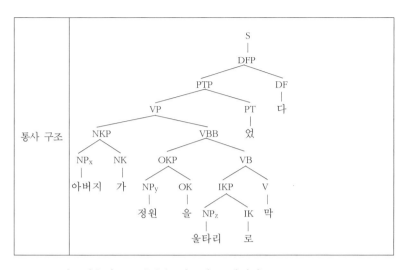

나. 철수가 그 부분을 신문지로 걸쳤다.

술 어	걸치다		
논 항	x	y	z
의미역	행위주	피험체	도구
의미 구조	[[AFF(x, y)] , [[CS(x, [INCH[BE/+circ(y, [IN([+accomplishment])])]]])] , [BY([CS(x, [INCH [BE(z, [ON(y)])]])])]]]]		
통사 구조	S │ DFP 　　PTP　　　DF 　VP　　PT 다 　　　　 었 NKP　　VBB NPx NK OKP VB 철수 가 NPy OK IKP V 　 그 부분 을 NPz IK 걸치 　　　　 신문지 로		

[-이 -을 -로]형 동사의 각 논항의 의미역을 살펴보면, 주어에 해당하는 논항 x는 행위주역을, 목적어에 해당하는 논항 y는 피험체역을 부여받으며, 의미 구조에서 작용 의미층과 관계 의미층을 구성한다. 보어에 해당하는 논항 z는 도구역[19]에 해당하며, 의미 구조의 관계 의미층에서는 도구에 해당하는 방법의 연산자인 BY가 나타난다. 경로 함수는 각 동사의 의미 특성에 따라 AT, ON 등으로 나타나는데, 이 경로 함수의 실현형인 '-로'가 조사로 나타나는 문장에서 '-로'와 결합하는 명사는 보충어라 할 수 있다. 이러한 점은 논항-의미역-의미 구조-통사 구조의 동지표 관계를 통해 확인할 수 있다.[20]

2.4. [행위주-피험체-근원] 유형 구문

[행위주-피험체-근원] 유형 동사의 행위주역은 주어로, 피험체역은 목적어로 실현되며, 근원역은 보어로 실현된다. 이 유형의 보어는 '-에서' 명사구로만 실현된다.

　　[-이 -을 -에서] 유형 동사: 가려내다, 거두다, 건지다, 고르다, 골라내다, 골라잡다, 구하다, 깨우다, (돈을) 꾸다, 끄집어내다, 나르다, 내보내다, 덜다, 따다, 떨어뜨리다, 떼다, (뇌물을) 먹다, 물려받다, 받아들이다, 변하다, 분리하다, 빌리다, 빼내다, 빼다, 빼앗다, 뽑다, 사다, 얻다, 에우다, 오다, 옮기다, (표정에서) 읽다, 입수하다, 자아내다, (오자를)

---

19 도구역에는 재료의 의미가 포함된다.

20 논항 z가 도구역이 아닌 장소역을 부여받음에 따라 '에'로 교체될 수 있다. 이러한 동사 목록은 2.1.1에서 제시했다.

잡다, 제외하다, 제하다, 집어내다, 쫓아내다, 찾아가다, 찾아오다, 추리다, 취하다, (돈을) 타다, 택하다, 파내다, 퍼내다, 푸다, 훑다, 훔치다, (수확을) 거두다, (승리를) 거두다, 거두어들이다, 긁어내다, (강연을) 듣다, 배우다

일반적으로 [-이 -을 -에서] 유형 동사의 주어는 행위주, 목적어는 피험체이며, '-에서' 명사구는 근원의 의미역을 부여받는다. 이는 목적어가 근원에서 다른 곳으로 이동함을 의미하기 때문이다. 따라서 '-에서' 명사구에 근원의 의미역을 부여하는 동사는 대부분 넓은 의미의 이동 동사에 해당한다.

(29) 가. 직원들이 게시판에서 벽보를 떼었다.

술 어	떼다		
논 항	x	y	z
의미역	행위주	피험체	근원
의미 구조	[[AFF(x, y)] , [CS(x, [INCH[BE(y, [AT-END-OF([FROM([AT/+cntc,+atch(z)])])])])]]]		
통사 구조			

나. 철수가 나무에서 못을 뺐다.

술 어	빼다		
논 항	x	y	z
의미역	행위주	피험체	근원
의미 구조	[[AFF(x, y)] , [CS(x, [INCH[BE(y, [AT-END-OF([FROM([AT/+cntc,+atch(z)])])])]])]]		
통사 구조			

S
  └ DFP
      ├ PT
      │   ├ VP
      │   │   ├ NKP
      │   │   │   ├ NP$_x$ ─ 철수
      │   │   │   └ NK ─ 가
      │   │   └ VBB
      │   │   ├ OKP
      │   │   │   ├ NP$_y$ ─ 못
      │   │   │   └ OK ─ 을
      │   │   └ VB
      │   │   ├ SKP
      │   │   │   ├ NP$_z$ ─ 나무
      │   │   │   └ SK ─ 에서
      │   │   └ V ─ 빼
      │   └ PT ─ 었
      └ DF ─ 다

[-이 -을 -에서] 유형 동사의 각 논항의 의미역을 살펴보면, 일반적으로 주어에 해당하는 논항 x는 행위주역을, 목적어에 해당하는 논항 y는 피험체역을 부여받으며 의미 구조에서 작용 의미층과 관계 의미층을 구성한다. 논항 z는 근원역에 해당하는데, 의미 구조의 관계 의미층에서는 근원의 경로 함수 FROM과 결합하고 있다. 경로 함수인 FROM 함수의 실현형인 '-에서'가 조사로 나타나는 문장에서 '-에서'와 결합하는 명사는 보충어라 할 수 있다. 이 논항과 경로 함수가 통사 구조에서 '명사구+에서'의 형태로 실현된다. 이러한 점은 동지표 관계를 통해 확인할 수 있다.[21]

---

21 논항 z가 근원역이 아닌 목표역을 부여받음에 따라 '에서'로 교체될 수 있다. 이러한

2.5. [행위주-피험체-수혜자] 유형 구문

[행위주-피험체-수혜자] 유형 동사는 수여 동사로 행위주가 소유한 피험체를 수혜자에게 이동시키는 의미를 가지고 있다. 수혜자역은 '-에게/에' 명사구로 실현된다.

> [-이 -을 -에게/에] 유형 동사: 드리다, 양보하다, 주다, 가져다주다, 공급하다, 나누다, 물려주다, 바치다, 선물하다, 주다, 지급하다, 지불하다, 판매하다, 팔아먹다, (사물을) 보내오다, 전달하다, 전하다, 제출하다

(30) 가. 아이가 비둘기에게 먹이를 줬다.

술 어	주다		
논 항	x	y	z
의미역	행위주	피험체	수혜자
의미 구조	[[AFF(x, y)] , [CS(x, [INCH[BE/+poss(y, [AT(z)])])]]]		
통사 구조	(아래 수형도 참조)		

```
                              S
                              |
                             DFP
                        ┌─────┴─────┐
                       PTP          DF
                   ┌────┴────┐       |
                  VP        PT       다
              ┌────┴────┐    |
            NKP        VBB   었
          ┌──┴──┐   ┌───┴───┐
        NPx   NK  OKP      VB
         |     |  ┌─┴─┐   ┌──┴──┐
        아이    가 NPy OK  LKP    V
                 |   |  ┌──┴──┐   |
                먹이   를 NPz  LK  주
                         |    |
                        비둘기  에게
```

동사 목록은 2.2.2.에서 제시했다.

나. 우리가 아버지의 무덤에 꽃을 바쳤다.

술 어	바치다		
논 항	x	y	z
의미역	행위주	피험체	수혜자
의미 구조	[[AFF(x, y)] , [CS(x, [INCH[BE/+poss(y, [AT(z)])])]]]/바치		
통사 구조			

```
                                S
                                |
                               DFP
                         ┌──────┴──────┐
                        PTP            DF
                    ┌────┴────┐         |
                   VP        PT         다
              ┌────┴────┐     |
             NKP       VBB    었
           ┌──┴──┐  ┌───┴────┐
         NPx   NK  OKP      VB
          |    |  ┌─┴─┐   ┌──┴──┐
         우리   가 NPy  OK  LKP    V
                   |   |  ┌─┴─┐  바치
                   꽃   을 NPz  LK
                          |    에
                        아버지의 무덤
```

다. 철수가 숙제를 학과실에 제출했다.

술 어	제출하다		
논 항	x	y	z
의미역	행위주	피험체	수혜자
의미 구조	[[AFF(x, y)] , [CS(x, [INCH[BE/+poss(y, [AT(z)])])]]]/제출하		

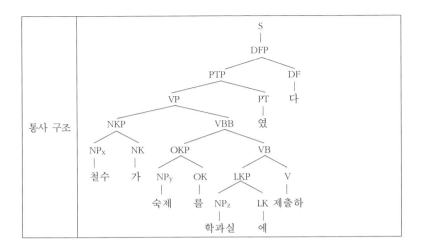

| 통사 구조 | (통사 구조 나무그림) |

[-이 -을 -에게/에]형 동사의 각 논항의 의미역을 살펴보면, 주어에 해당하는 논항 x는 행위주역을, 목적어에 해당하는 논항 y는 피험체역을 부여받으며 작용 의미층과 관계 의미층을 구성한다. 논항 z는 수혜자역에 해당하는데, 의미 구조의 관계 의미층에서는 AT 함수와 결합하고 있다. 따라서 논항 z는 장소를 나타내지만 의미 특질인 +poss(소유성)와 결합하여 피험체 소유 이동의 도착 장소를 나타낸다고 분석할 수 있다.

2.6. [행위주-피험체-행위주] 유형 구문

[행위주-피험체-행위주] 유형 동사는 상호 동사로, 두 번째 행위주역은 '-와' 명사구로 실현된다.

[-이 -을 -와] 유형 동사: 거래하다, 겨루다, 견주다, 기대다, (대화를) 나누다, 다투다, (등을, 키를) 대다, 동행하다, 따지다, 마주치다, 마주하다, 맞추다, 맺다, (편을) 먹다, (책임을) 미루다, 바꾸다, (싸움을) 벌이다, 부

닺치다, 비기다, (누구와) 비비다, 상의하다, 상의하다, 속삭이다, 속이다, 알다, 약속하다, 어기다, 알다, 왕래하다, 유지하다, 응시하다, 의논하다, 의지하다, 이야기하다, (낯을) 익히다, 잡다, 존중하다, 좁히다, 토의하다, (소식을) 통하다, (거래를) 트다, 함께하다, 합치다, 합하다, 흥정하다

동사가 서술하는 행위를 주어 단독으로는 동작이 불가능할 경우 '-와' 명사구는 주어와 상관관계를 맺어 동반자의 의미를 가지며 의미역은 '행위주'에 해당한다. 따라서 [-이 -을 -와] 유형 세 자리 서술어의 주어와 '-와' 명사구는 행위주의 의미역을 부여받는다고 할 수 있다.

(31) 철수가 영희와 자리를 바꿨다.

술 어	바꾸다		
논 항	x	y	z
의미역	행위주	피험체	행위주
의미 구조	[[AFF(x, y)] , [[CS(x, [GO/+ident(y, [TO([AT([DIFFERENT])])])])]]] [BY([[[CS(x, [GO/+poss(y, [TO(z)])])]] AND [CS(z, [GO/+poss(y, [TO(x)])])])]])]]		
통사 구조	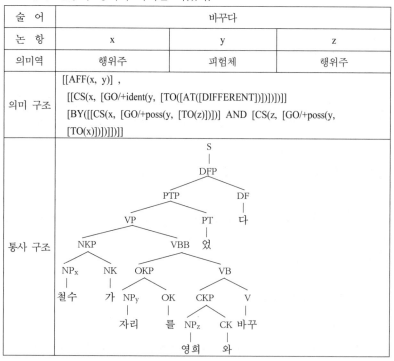		

[-이 -을 -왜형 동사의 각 논항의 의미역을 살펴보면, 주어에 해당하는 논항 x는 행위주역을, 목적어에 해당하는 논항 y는 피험체역에 해당하며, 의미 구조에서 작용 의미층과 관계 의미층을 구성한다. 논항 z는 위에서 설명한 바와 같이 행위주역을 부여받는다. 의미 구조의 관계 의미층에서는 논항 x와 z가 자리를 바꾼 채 AND에 의해 연결이 되는데, 이는 논항 z도 논항 x와 동일하게 행위주 기능을 할 수 있음을 의미한다.

2.7. [행위주-피험체-피험체] 유형 구문

2.7.1. [-이 -을 -와] 유형 구문

[-이 -을 -와 유형 구문: 견주다, 결합하다, 겹치다, 교대하다, 구별하다, 구분하다, 교환하다, 꼬다, 더하다, 뒤섞다, (의견을) 맞추다, 묶다, 바꾸다, 부딪히다, 분리하다, (무엇과) 비비다, 섞다, 엮다, 연락하다, (흙을) 이기다, 잇다, 차단하다, 포개다, 합하다, 혼동하다, 혼합하다

[-이 -을 -와 유형의 표면 구조로 실현되는 [행위주-피험체-피험체] 유형 서술어는 상호 동사이다. 동사가 서술하는 행위를 목적어만으로는 동작이 불가능할 경우로, '-와' 명사구는 목적어와 상관관계를 맺으므로 피험체역에 해당한다. [-이 -을 -왜형 세 자리 서술어의 주어는 행위주역에, 목적어는 피험체역에 해당하며, '-와' 명사구 또한 피험체의 의미역을 부여받는다.

(32) 철수가 흙을 모래와 섞었다.

술 어	섞다		
논 항	x	y	z
의미역	행위주	피험체	피험체
의미 구조	[[AFF(x, y)], [CS(x, [INCH/+comp(y, [TO([AT(z)] AND [INCH/+comp(x, [TO([AT(y)])])])])]]		
통사 구조			

[-이 -을 -와형 동사의 각 논항의 의미역을 살펴보면, 주어에 해당하는 논항 x는 행위주역을, 목적어에 해당하는 논항 y는 피험체역에 해당하며, 의미 구조에서 작용 의미층과 관계 의미층을 구성한다. 논항 z는 피험체역을 부여받으며, 의미 구조의 관계 의미층에서는 경로 함수와 결합하고 있다. 논항 y와 z는 서로 피험체로서의 자리를 바꾼 채 AND 함수에 의해 연결이 되어 관계 의미층을 구성하고 있다. 경로 함수의 실현형인 '-와'가 조사로 나타나는 문장에서 '-와'와 결합하는 명사는 필수 성분이라 할 수 있다.

2.7.2. [-이 -을 -을] 유형 구문

[-이 -을 -을] 유형의 표면 구조로 실현된 [행위주-피험체-피험체] 유형 동사는 이중 목적어를 취하는 동사로, 첫 번째 피험체역과 두 번째 피험체역 모두 '-을' 명사구로 실현된다.

　　[-이 -을 -을] 유형 동사: 가르치다, 먹이다, 세우다, 시키다, 신기다, 태우다

(33) 선생님이 아이들을 차를 태웠다.

술　어	세우다		
논　항	x	y	z
의미역	행위주	피험체	피험체
의미 구조	[[AFF(x, y)], 　[CS/+caus(x, [INCH [BE (y, [AT/+vhcl (z)])]])])]		
통사 구조			

```
                              S
                              |
                             DFP
                          ┌───┴───┐
                         PTP      DF
                      ┌───┴───┐    |
                     VP      PT     다
                  ┌───┴───┐   |
                 NKP      VBB  었
              ┌───┴──┐  ┌──┴──┐
            NP_x    NK OKP    VB
             |       |  ┌─┴─┐ ┌─┴─┐
           선생님    이 NP_y OK OKP  V
                        |    |  ┌─┴─┐ |
                      아이들  을 NP_z OK 태우
                               |   |
                               차   를
```

[-이 -을 -을] 유형 동사의 각 논항의 의미역을 살펴보면, 주어에 해당하는 논항 x는 행위주역을, 목적어에 해당하는 논항 y는 피험체역에 해당하

며, 의미 구조에서 작용 의미층과 관계 의미층을 구성한다. 예문 (33)에서 논항 z는 경로 함수 AT과 결합하는데, 일반적으로 AT 함수는 표면 구조에서 '-에'로 실현된다.

(34) 선생님이 아이들을 차에 태웠다.

그런데, 논항 z가 목적어 상승을 일으킬 경우 표면 구조에서 '-을'과 결합하게 되며, 따라서 논항 z의 의미역은 피험체라 할 수 있다. 다시 말해, 논항 z는 각 서술어의 특성에 따라 의미 함수와 결합하는데, 초점화와 같은 목적어 상승을 통해 통사 구조에서 '-을'과 결합하는 것으로 분석된다.

2.8. [피험체-피험체-행위주] 유형 구문

[-이 -을 -에게/에] 유형 동사: 들키다, 떼이다, (신체를) 맞다, (야단을) 맞다, 결재를 (맞다), (골을) 먹다, (때를) 밀리다, 붙들리다, (돈을) 쓸리다, (마음을) 읽히다, (이름이) 적히다, (목을) 졸리다, 털리다, (등을) 밀리다, 보이다, 빼앗기다, 잡히다, 찔리다, 물리다, 붙잡히다, 잡히다, 찢기다, 차이다

[-이 -을 -에게/에] 유형 동사의 첫 번째 피험체는 주어로, 두 번째 피험체는 목적어로 실현되며, 행위주는 '-에게/에' 명사구로 실현된다. 이 유형의 동사는 대부분 피동사로 능동문이 피동문으로 바뀜에 따라 문장 성분이 상호간에 교체된 것이다. 그렇지만 의미역은 변화하지 않았다고 할 수 있는데, 이럴 경우 의미역 계층에 따른 통사 구조 사상 원리에 위배되

지만 피동형에 따른 예외로 처리해야 할 것이다.

(35) 가. 철수가 선생님에게 라디오를 빼앗겼다.

술 어	빼앗기다		
논 항	x	y	z
의미역	피험체	피험체	행위주
의미 구조	[[AFF(, x)], [CS(z, [GO/+poss(y, [FROM(z)])])]]		
통사 구조			

나. 그가 형사에게 정체를 들켰다.

술 어	들키다		
논 항	x	y	z
의미역	피험체	피험체	행위주
의미 구조	[[AFF(, x)], [INCH[BE(y, [IN([[MIND]-OF(x)])])]]]		

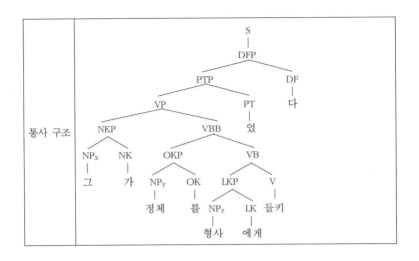

통사 구조

[-이 -을 -에게/에]형 동사의 각 논항의 의미역을 살펴보면, 주어에 해당하는 논항 x는 피험체역에, 목적어에 해당하는 논항 y도 피험체역에 해당한다. 예문 (35가)의 작용 의미층에서 논항 x는 피작용자의 위치에 있으며, 관계 의미층에서도 경로 함수와 결합하고 있다. 이에 반해 논항 z는 관계 의미층에서 행위주 기능을 수행하고 있다. 이는 논항 z가 행위주역을 부여받을 수 있음을 의미한다.

2.9. [피험체-피험체-근원] 유형 구문

[-이 -을 -에게/에] 유형 동사: (칭찬을) 듣다, (욕을) 먹다, (미움을) 사다, (병이) 옮다, (은혜를) 입다, 버리다(흙탕물에 옷을 버리다.)

[-이 -을 -에게/에] 유형 동사의 첫 번째 피험체는 주어로, 두 번째 피험체는 목적어로 실현되며, 근원역은 '-에게' 명사구나 '-에' 명사구로 실현된

다. 위 유형의 동사는 의미적으로 주어가 능동적인 행위에 의해 동사가
의미하는 동작이나 상태를 일으키는 것이 아니라, 주어는 주어의 의지에
반하는 동사의 동작을 입는 넓은 의미의 피동형이라 볼 수 있다.

(36) 가. 영희가 흙탕물에 옷을 버렸다.

술 어	버리다		
논 항	x	y	z
의미역	피험체	피험체	근원
의미 구조	[[REACT(x, y)], [INCH [BE/+cols (y, [FROM(z)])]]]		
통사 구조	 S | DFP PTP — DF VP — PT — 다 NKP — VBB — 었 NP_x — NK OKP — VB 영희 가 NP_y — OK SKP — V 옷 을 NP_z — SK 버리 흙탕물 에		

나. 김 계장이 과장에게 미움을 샀다.

술 어	사다		
논 항	x	y	z
의미역	피험체	피험체	근원
의미 구조	[[REACT(x, y)], [GO(y/+미움, [IN([[MIND]-FROM(z)])])]]		

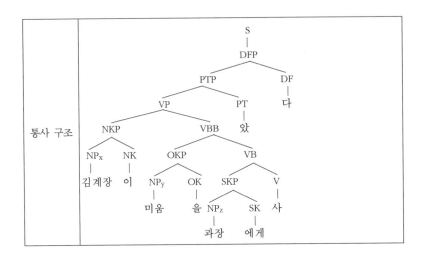

통사 구조

[-이 -을 -에/에게]형 동사의 각 논항의 의미역을 살펴보면, 주어에 해당하는 논항 x는 피험체역에, 목적어에 해당하는 논항 y도 피험체역에 해당하며, 의미 구조에서 작용 의미층과 관계 의미층을 구성한다. 논항 x, y는 작용 의미층에서 반작용 함수인 REACT와 결합하고 있으며, 관계 의미층에서 논항 x는 행위주의 역할을 수행하지 않는다. 원인의 의미를 갖는 논항 z는 근원역을 부여받으며, 의미 구조의 관계 의미층을 구성한다.

3. 세 자리 서술어 구문의 통사·의미적 특징

지금까지 의미역과 통사 구조에 따라 세 자리 서술어 구문을 분류하고 각 유형별 구조 분석과 함께 의미 구조와 통사 구조의 상관관계를 살펴보았다. 이러한 논의를 종합하여 현대 국어 세 자리 서술어 구문의 통사·의미적 특징을 정리하면 다음과 같다.

첫째, 세 자리 서술어는 세 개의 필수적인 문장 성분 즉 보충어를 요구하며 세 명사구는 모두 관계화가 가능하다. 이는 세 자리 서술어를 규정하는 가장 기본적인 특성이다. 국어의 보충어는 앞 장에서 살핀 바와 같이 관계절의 머리 명사가 될 수 있다.

(37) 가. 철수가 밥을 먹는다.
　　 나. 밥을 먹는 철수
　　 다. 철수가 먹는 밥
(38) 가. 철수는 책상에 책상보를 덮었다.
　　 나. 책상에 책상보를 덮은 철수
　　 다. 철수가 책상보를 덮은 책상
　　 라. 철수가 책상에 덮은 책상보

세 자리 서술어의 세 보충어 모두 관계절의 머리 명사가 될 수 있으며, 이는 한·두 자리 서술어가 수의적인 명사구를 취해 세 자리 서술어와 같은 구조의 통사 구조를 취했다고 해도 수의적인 성분은 관계절의 머리 명사가 될 수 없다는 데에서 그 차이를 알 수 있다.

(39) 가. 철수가 영희와 자리를 바꾸다.
　　 나. 영희와 자리를 바꾼 철수
　　 다. 철수가 영희와 바꾼 자리
　　 라. 철수가 자리를 바꾼 영희
(40) 가. 철수는 민수와 밥을 먹었다.
　　 나. 민수와 밥을 먹은 철수
　　 다. 철수가 민수와 먹은 밥

라. *철수가 밥을 먹은 민수

예문 (39)과 (40)는 표면적으로 동일한 통사 구조를 가지고 있다. 그렇지만 예문 (39)의 세 명사구는 모두 관계화가 가능한 반면, 예문 (40)의 '와' 명사구는 불가능하다.

둘째, 세 자리 서술어 구문의 논항은 동사의 의미 구조에 반영되어 동사와 의미적으로 강하게 결속되어 있다. 동사의 논항은 동사의 의미 구조에 반영되어 있는데, 주어와 목적어는 작용 의미층과 관계 의미층에, 보어는 관계 의미층에서 의미 함수와 결합되어 있다. 그런데 세 자리 서술어의 세 논항은 모두 동사의 의미 구조에 반영되어 있으며, 이 역시 앞의 관계화 가능 여부와 같이 한·두 자리 서술어와의 차이점으로 들 수 있다.

(41) 가. 철수가 책상에 연필을 두었다.

술 어	두다		
논 항	x	y	z
의미역	행위주	피험체	장소
의미 구조	[[AFF/+caus,+vol(x, y)],[CS/+s(x, [STAY(y, [AT(z)])])]]		

나. 철수가 식당에서 국밥을 먹었다.

술 어	먹다	
논 항	x	y
의미역	행위주	피험체
의미 구조	[[AFF(x, y)], [CS(x, [GO([FOOD]y, [TO([IN[MOUTH-OF([x])]])])])]]	

예문 (41가)의 세 논항은 모두 의미역을 부여받으며, 의미 구조에 반영되어 있다. 그렇지만 예문 (41나)는 표면적으로 세 명사구를 취하고 있으며, 두 논항만 의미역을 부여받고 의미 구조에서도 두 논항만 의미 함수들과 결합하고 있음을 확인할 수 있다.

셋째, 세 자리 서술어 구문의 세 보충어는 필수성의 정도성을 갖고 있으며, 필수성의 정도가 낮은 성분은 화용적으로 생략할 수 있다.[22] 동사가 요구하는 보충어의 필수성은 정도성을 가진다. 일반적으로 세 자리 서술어의 보충어는 주어-목적어-보어 순으로 단계적으로 결합되어 있으며, 이에 따라 필수성의 정도성이 낮은 보어는 생략이 가능하다. 앞 장 보충어 확인법에서 살폈던 동사들을 통해 알아보면 다음과 같다.

(42) 가. 철수는 책상에 책상보를 덮었다.

　　나. 철수는 연필을 책상에 두었다.

　　다. 철수는 가방에 책을 넣었다.

　　라. 철수는 부끄러운 생각에 고개를 들 수 없었다.

　　마. 철수는 김치찌개에 밥을 먹었다.

(43) 가. 철수는 책상보를 덮었다.

　　가′. *책상에 책상보를 덮었다.

　　가″. *철수는 책상에 덮었다.

　　나. 철수는 연필을 두었다.

　　나′. *책상에 연필을 두었다.

---

22 이 연구에서 세 자리 서술어의 특징으로 제시한 생략 현상은 통사적 현상을 화용적 관점에서 접근한 것이 아니다. 일반적으로 세 자리 서술어 구문에서 보어의 필수성 여부에 대한 판단 기준이 모호한데, 이는 보어의 보충어 정도성이 주어나 목적어에 비해 낮은 데서 기인함을 밝히고자 한 것으로, 보어는 통사적으로 반드시 문장에 나타나야 하는 성분이다.

나". *철수는 책상에 두었다.

다. 철수는 책을 넣었다.

다. *가방에 책을 넣었다.

다". *철수는 가방에 넣었다.

라. 철수는 고개를 들 수 없었다.

라. *부끄러운 생각에 고개를 들 수 없었다.

라". *철수는 부끄러운 생각에 들 수 없었다.

마. 철수는 밥을 먹었다.

마. *김치찌개에 밥을 먹었다.

마". *철수는 김치찌개에 먹었다.

예문 (43)은 예문 (42)에서 주어를 제외한 명사구가 생략된 것이다. 각 예문의 명사구들이 생략될 경우의 용인 가능성은 보충어 확인법을 통해 살펴본 보충어 정도 수치를 통해 확인할 수 있다.

(44) 보충어 수치

예문	가	나	다	라	마
-가 명사구	6	6	6	6	6
-를 명사구	6	6	6	6	6
-에 명사구	5.5	5.5	5	1	0

이와 같은 수치를 통해 예문 (46가, 나, 다)의 세 보충어는 화자와 청자 간에 화용적 용인이 있을 경우에만 생략할 수 있는 반면에, 예문 (46라, 마)의 부가어는 특정한 담화 상황이 주어지지 않더라도 생략이 가능하다. 이러한 점은 반문 검사를 통해 검증할 수 있음을 살폈었다.

(45) 가. 철수는 책상보를 덮었다. - *아! 그랬어?! 그런데 어디에?

나. 철수는 연필을 두었다. - *아! 그랬어?! 그런데 어디에?

다. 철수는 책을 넣었다. - *아! 그랬어?! 그런데 어디에?

라. 철수는 고개를 들 수 없었다. - 아! 그랬어?! 그런데 어디에/
무엇에?

마. 철수는 밥을 먹었다. - 아! 그랬어?! 그런데 어디에/누구와?

예문 (45)에서 보충어가 생략된 (가, 나, 다)는 생략된 성분에 대한 반문이 불가능하지만, 부가어가 생략된 (라, 마)는 동일한 반문이라도 가능하다.

이상에서 국어 세 자리 서술어 구문의 통사 구조와 심층 구조를 분석하고 이를 통해 세 자리 서술어 구문의 특징을 살폈다. 특히, 동사의 의미 구조에 나타난 논항과 통사 구조의 문장 성분과의 대응 관계를 통해 세 자리 서술어가 요구하는 각 문장 성분의 의미역을 밝히고 더 나아가 세 자리 서술어 구문의 특징을 살펴보았다. 첫째, 통사적으로 세 자리 서술어는 세 개의 보충어를 요구하며 세 명사구는 모두 관계화가 가능했다. 둘째, 의미적으로 세 자리 서술어의 논항은 서술어의 의미 구조에 반영되어 동사와 의미적으로 강하게 결속되어 있다. 셋째, 세 자리 서술어의 세 보충어는 필수성의 정도성을 갖고 있으며, 필수성의 정도가 낮은 성분은 생략이 가능했다.

4장 세 자리 서술어 구문 분석의 실제

이 장에서는 국어 세 자리 서술어 구문을 분석하는 과정으로 이동 동사 구문, 처소 교차 동사 구문, 상호 동사 구문의 통사·의미적 특징을 살피고, 이러한 논의를 확장하여 수여 동사 구문과 발화 동사 구문의 통사·의미적 특징을 살피도록 하겠다. 국어 세 자리 서술어는 통사·의미적 유형에 따라 다양하게 분류할 수 있는데, 이 연구에서는 먼저 이동 동사 구문, 처소 교차 동사 구문, 상호 동사 구문을 대상으로 세 자리 서술어로서의 구문론적 특징을 살핀다. 이 세 유형의 동사류에 나타나는 논항과 의미역들이 세 자리 서술어의 일반적인 모습을 보여주고 있으며, 세 자리 서술어 구문에 나타나는 주요 격조사인 '-에, -로, -에서, -와'가 모두 사용되는 특성을 보이기 때문이다. 특히, 이동 동사 구문의 자릿수, 처소 교차 동사 구문의 교차 현상 원인, 교호 동사 구문의 '-와/과' 명사구 처리는 세 자리 서술어 구문 차원에서 논의가 진행될 수 있다.

다음으로 국어 동사 구문이 보이는 세 자리 서술어 구문으로서의 특징이 통사적·의미적·화용적 특징과 긴밀한 연관을 맺고 있음을 밝히기 위해, 수여 동사 구문과 발화 동사 구문의 통사·의미론적 특징을 이 연구의 논의를 적용하여 살피도록 하겠다. 따라서 이 장에서는 이동 동사, 처소 교차 동사, 교호 동사, 수여 동사, 발화 동사의 개념과 기본 구조를 정하고 어휘 의미 구조와 통사 구조의 통합적 분석을 통해 각 구문의 통사·의미론적 특징을 살피고자 한다.

1. 이동 동사 구문

이동 동사는 출발지인 근원역과 도착지인 목표역을 필요로 하며, 개별 동사의 특징에 따라 출발지나 도착지만을 요구하거나 출발지와 도착지를 모두 요구하기도 한다. 국어 이동 동사에 대한 연구는 통사적인 면, 의미적인 면, 문장 성분과의 관계 측면에서 다각적으로 이루어졌다. 그렇지만 우형식(1996:130)에서는 여전히 이동 동사의 어휘 설정뿐만 아니라 구문 형식에도 한계 짓기 어려운 면이 있다고 하였다.

국어 이동 동사 구문에서 일반적으로 근원이나 목표, 경유를 나타내는 '-에/로/에서/을' 명사구 등은 부사어로 처리가 되었다. 양정석(2004)에서도 이러한 명사구들을 부가어로 처리하여 부가어 대응 규칙에 의해 기술하고 있다. 그러나 이 연구에서는 이러한 명사구들을 보충어로 처리해야 함을 주장하며, 의미역, 의미 구조, 통사 구조의 비교를 통해 그 타당성을 제시하도록 하겠다. 특히, 세 자리 이동 동사 구문은 한·두 자리 이동 동사 구문과 달리 피험체의 이동과 그 이동의 근원이나 목표가 실현되는 특징을 갖는다는 점을 밝히도록 하겠다.

본 절은 다음과 같이 구성된다. 먼저 이동 동사의 개념과 기본 구조를 살피고, 이동 동사 구문의 필수 성분을 살펴보도록 한다. 다음으로 이동 동사 구문의 의미 구조와 통사 구조를 분석하도록 하겠다.

1.1. 이동 동사 구문의 개념과 기본 구조

1.1.1. 이동 동사 구문의 개념

이동 동사는 일반적으로 '이동'이라는 의미에 초점을 맞추어 정의되었다. 이동 동사라는 것은 기본적으로 '이동'의 개념을 함유하고 있는데 이는 '움직임/동작'을 수반하고 있는 개념이다(채희락, 1999). 또한 Talmy(1985:68)는 이동 동사의 구성 요소를 다음 4가지로 보았다.

(1) 이동 동사의 구성 요소
   가. Motion(main action/state): presence of motion and location
   나. Figure: the salient moving or stationary object in a motion event
   다. Ground: the reference-object in a motion event, with respect to which the Figure's path/site is reckoned
   라. Path: The course followed for site occupoed by the Figure with respect to the Ground

(2) John   went   into   the room.
    [Figure] [Motion]   [Path]   [Ground]

Motion은 행동이나 존재를 나타내고, Figure는 이동 사건에서 움직이거나 움직이지 않는 대상이며, Ground는 이동 사건에서 관계 지워지는 지점이나 대상이다. 또한 Path는 Ground에 관하여 Figure에 의해 뒤쫓아지는 경로나 점유된 위치이다.[1]

이동 동사의 개념에 대해 먼저, Lyons(1977:494~495)는 어떤 실체가 그 물질적 위치를 바꾸는 경과 중에 있는 과정을 지시하는 동사를 이동 동사라 하였다. 이는 이동 동사의 통사적 특징보다는 의미에 초점을 맞춘 것으로 볼 수 있다. 그런데 홍재성(1983:1, 19)은 이동 동사를 엄격히 통사적 기준에 의해 설정된 형식적 동사 어휘류로 보고, 다음과 같은 문형에서 V_0 위치에 허용되는 동사의 총체라고 정의하고 있다.

(3) 가. N_0 Ω V-러 N_1-(Loc+Acc) V_0

나. 철수는 담배를 사러 밖에 나갔다.

다. 철수는 영희를 찾으러 시내를 헤매었다.

'Ω V-러'는 '-러' 연결 어미문이고 Loc는 '-에, -에서, -로' 등 장소 표현의 조사, Acc는 목적어 표지인 '-를'을 가리킨다. 홍재성(1983)에서는 '-러' 연결 어미문이 핵심적 역할을 하고 있으므로, 이동 동사를 '-러' 연결 어미문과 결합할 수 있는 동사류로 보고 있다고 할 수 있다.

그런데 채희락(1999)은 이동 동사에 대한 위의 정의는 몇 가지 문제점을 가지고 있다고 하였다. 먼저, '이동'이라는 개념과 '-러 보충문'의 상관관계가 명백하게 밝혀지지 않았기 때문에 논리적 순환성의 문제를 일으킬 수 있다고 보았다. 통사적 기준에 적용되지 않는 이동 동사들은 어떻

---

1 황영순(1999)에서는 이 네 요소 외에 다음의 세 요소를 추가로 설명하고 있다.
-Manner: 주된 행동이나 상태와 동시에 일어나는 보조적인 행동이나 상태
-Cause: 원인을 일으키는 사건
-Deixis: 화자로의 행동 대 화자로부터의 행동
이러한 7가지 요소로 한국어의 이동 동사 중 자동사에서는 Motion이 Deixis와 융합하고 Path와 Manner는 따로 분리해서 쓰며 타동사에서는 Motion이 Path와 혹은 Path에 Figure와 Ground의 요소를 합하여 융합하며 Manner 혹은 Cause가 path verb에 선행하는 수도 있다고 하였다.

게 분석할 것인지의 문제가 남는데 어떤 물체가 이동하지 않고 움직일 수는 있지만 움직이지 않고는 이동할 수가 없으므로, 이동은 단순한 움직임이 아니라 장소의 변동을 내포하는 움직임이라고 하였다. 이런 의미에서 '움직임 동사'와 '이동 동사'는 명백히 구별이 되어야 한다고 하고, 비이동 움직임 동사는 이동 동사에서 제외되어야 한다고 보았다. 또한, 이동 동사란 동작 주체의 장소 이동을 핵심 의미 속성으로 가지고 있는 움직임 동사로 동작 주체의 장소 이동을 동사의 핵심 의미 속성으로 가지고 있는지를 판별하는 기준 중의 하나는 기점과 착점을 나타내는 표현을 보충어로 가지고 있느냐 아니냐가 될 것이라고 하였다.[2]

이동 동사의 개념에 대한 기존 연구를 더 살펴보면, 성창섭(1997)은 이동이란 장소의 변화를 지칭하는 것으로, 이동 동사는 동작 동사의 한 하위 집합을 이루는데, 어떤 실체가 한 장소에서 다른 장소로 공간상으로 이동함을 기술한다는 사실로 특징지어진다고 하였다. 그렇지만, 실체의 범위가 명확하지 않으며, 추상적인 이동일 경우 이동의 주체나 대상을 실체화할 수 없다는 점에서 한계가 있다. 홍재성(1997)에서는 이동 동사란 의미적 특성에 입각한 동사 부류로 행위자나 대상의 물리적 공간상 위치의 변화로서의 이동을 뜻하는 '가다, 오다, 빠지다' 또는 '옮기다' 등의 동사를 모두 지칭한다고 하였다. 역시, 이 논의에서도 이동을 물리적 공간

---

2 양정석(2004)에서는 이동 동사와 운동 동사를 다음과 같이 구별하고 있다. 첫째, '에'와의 공존 가능성으로 '에'는 운동 동사와 공존하지 않으며, 둘째 '러' 연결어미는 몇몇의 예외를 제외하고 이동 동사와 공존하며, 셋째 시상성의 차이로 이동 동사는 시구간 부사와 공존할 때 완성 동사의 특징인 중의성을 보이며, 넷째 이동 동사만이 목표의 표현이 가능하다고 하였다.

　　가. 그가 *학교에/학교로 뛰었다.
　　나. *그가 바람을 쐬러 걸었다.
　　다. 그는 5분만에 학교로 갔다.
　　라. 그가 서울을 갔다/*뛰었다

상 위치의 변화로 한정함으로써 추상적 공간에서의 이동을 제외한다는 한계가 있다. 남승호(2002)는 문장 S의 본동사 P가 처소 논항을 취할 때, S가 P의 다른 한 논항의 처소 변화를 함의하면 그 동사를 이동 동사라고 하였다. 황국정(2005)에서는 이동동사는 주어인 행위주가 일정한 장소에서 다른 장소로의 이동(움직임)이 있는 것이라고 하였으며, 전수태(2009)에서는 이동동사는 장소의 이동을 나타내는 동사라고 하였다.

이상에서 보듯이, 기존 연구에서는 이동 동사의 개념을 통사적 특성보다 의미적 특성에 초점을 맞추어 살폈다. 이동 동사가 다른 동사류와 구별되는 특정한 형태·통사적 특징을 드러낸다기보다는 이동의 의미를 나타내는 일단의 동사류를 말하기 때문이다.[3] 그렇지만, 이동 동사에 대한 기존 개념들은 이동의 주체나 대상을 실체로 한정하거나, 물리적 공간상의 위치 변화만을 이동으로 한정함으로써, 이동 동사의 다양한 양상을 포함하지 못한 한계가 있다.

이 연구에서는 논항의 처소 변화를 나타내는 동사를 이동 동사로 보며, 논항의 처소 변화를 나타내는 동작을 이동 동사의 어휘 의미로 보고자 한다.[4] 그런데 처소 변화의 대상을 논항이라 한다면 처소 명사구가 논항

---

3 성창섭(1997)에 따르면 이동 동사의 일반적인 특징으로 먼저, 이동은 공간상에 이루어지므로 공간 또는 장소 표시 어구의 동반이 이동 동사를 특징지으며 다음으로 맥락의존적인 생략 가능성이 다른 동사들에 비해 높다고 하였다. 이동 동사의 형태적 특징은 채희락(1999)에 따르면, 이동 동사는 단순동사도 있고 복합동사도 있는데, 복합 이동 동사는 연쇄접속의 형태와 밀접한 관련이 있는 것으로 알려져 있다고 하였다. 그렇지만 이러한 특성들이 이동 동사를 다른 동사류와 명확히 구별해 주는 것은 아니다.

4 Ikegami(1973:15)은 이동은 구체적인 이동과 추상적인 이동으로 구분하였다. 구체적인 이동은 어떤 실체가 장소의 변화를 겪는 것을 말하고, 추상적인 이동이란 소유권의 변화, 상태 또는 조건의 변화를 나타내는 것을 말한다. 국어의 이동 동사에 대해서는 홍재성(1994)이 다음과 같은 분류를 제시하고 있다. (가)의 동사들은 동작/이동의 주체가 주어이며, (나)에 나오는 동사들은 동작주체가 목적어이다.

으로 나타난 경우까지 포함하게 된다. 이동 동사가 서술하는 것은 행위주나 피험체의 이동인데 논항이라고 일반화할 경우에는 논항의 자격을 갖는 처소 명사구의 이동까지도 나타낸다고 해석될 수 있기 때문이다. 이동 동사 구문에 논항의 자격을 갖고 실현된 처소 명사구는 이동 동사의 어휘 의미에 결합되어 행위주나 피험체가 이동하는 출발지나 도착지 또는 경로를 나타낸다.

(4) 가. 철수가 서울로 간다.

나. 영희는 시장에 갔다.

다. 철수가 공을 언덕 아래로 굴렸다.

라. 영희는 산길로 간다.

예문 (4가)와 (4나)에서 장소 명사구는 행위주의 이동 목표를 나타내

(가) a. 가다, 오다, ……

b. 걷다, 뛰다, 헤엄치다, 달리다, 구르다, 기다, ……

c. 빠지다, 떨어지다, ……

d. 이사하다, 도망하다, 이동하다, ……

e. 흐르다, 퍼지다, ……

(나) f. 보내다, 내보내다, ……

g. 놓다, 넣다, ……

h. 치우다, 빼다, ……

양정석(1997)은 '달리다'류의 움직임 동사와 '가다/오다'류의 이동 동사는 구별되어야 한다고 보았다. 이동 동사는 경로의 하나로서 '목표(Goal)'를 그 자체에 포함하고 있으므로 움직임 동사는 그것을 포함하지 않는다는 점에서 본질적으로 이동 동사와 차이가 난다는 것이다. 명사항 'NP-에'를 취하느냐 여부, 'S-러' 형식의 절을 취하느냐 여부, 그리고 '만에' 부가어와 관련되는 종결성을 가지느냐 여부에 의해 이를 확인할 수 있다고 하였다.

성창섭(1997)에 따르면 영어 이동 동사의 유형에 방향이 정해진 이동, 이동의 양태가 명시된 이동, 이동의 상태로 유발하는 이동, 이동하는 어떤 것에 관련된 이동, 탈것에 의한 이동, 기타가 있다고 하였다.

며, 예문 (4다)는 피험체의 이동 방향을 나타내고, 예문 (4라)는 행위주의 경로를 나타내고 있다. 다시 말해, 장소를 표현하고 있는 장소 명사구는 이동의 주체나 대상이 아닌 것이다. 만일, 장소 명사구가 이동의 대상이 된다면, 장소 명사구는 주어나 목적어로 실현되어야 한다.

(4) 가. *서울이 갔다.
　　 나. *영희가 시장을 굴렸다.

그렇지만 위 예문에서와 같이 처소 명사구는 이동 동사 구문에서 이동의 주체나 대상으로서 자격을 갖는 주어나 목적어로 실현될 수 없다. 따라서 이동의 대상을 행위주나 피험체로 한정해야 한다. 일반적으로 의미역 위계에 따라 행위주는 주어로, 피험체는 목적어로 실현된다. 이에 따라 이동 동사는 주어나 목적어의 처소 변화를 나타낸다고 할 수 있으나 통사적 개념인 주어, 목적어와 의미적 개념인 처소 변화는 동일한 층위에서 논할 수 없다. 따라서 이동 동사 구문의 개념을 다음과 같이 설정한다.[5]

(5) 이동 동사 구문: 행위주나 피험체의 처소 변화를 나타내는 구문

---

5 국어 이동 동사의 목록은 양정석(2004)에 제시되어 있다.
　　이동 동사: 오다, 나오다, 나타나다, 나가다, 들어가다, 가다, 다니다, 오르다, 돌아오다, 보내다, 들어오다, 돌아가다, 올라가다, 찾아오다, 지나가다, 가져오다, 내려오다, 내려가다, 다가오다, 찾아가다, 올라오다, 나아가다, 넘어가다, 날아가다, 달려가다, 달려오다, 귀가하다, 몰려오다, 끌려가다, 다가가다, 되돌아가다, 따라오다, 침투하다, 데려가다, 출동하다, 시집가다, 내려서다, 솟아오르다, 되돌아오다, 전전하다, 밀려오다, 쇄도하다, 퇴장하다, 옮겨가다, 이전하다, 입대하다, 쳐들어오다, 뛰쳐나가다, 침범하다, 넘어오다, 넘나들다, 날아들다

1.1.2. 이동 동사 구문의 기본 구조

이동 동사 구문의 특성을 설명하기 위해서는 그 기본 구조를 설정해야 한다. 기본 구조를 설정할 경우 다양한 이동 동사 구문의 양상을 보다 용이하게 파악할 수 있기 때문이다. 우형식(1998:205)에서도 이동 동사는 나름대로의 특정한 의미를 가지고 있으며 일반적으로 이 의미적 특성은 통사적으로도 드러나기 때문에 이동 동사는 통사적으로 일정한 특성을 보일 수 있다고 하였다. 그 일반적인 특징은 동작 주체의 동작 기점이나 착점을 표시하는 부사성 표현과 함께 나타나는 것으로 이런 의미에서 이동 동사 구문은 어떤 종류의 이동 장소 관련 표현이 보충어로 쓰이느냐에 따라 문장 형식이 결정된다고 보았다.[6]

이동 동사 구문의 구조에 대해 기존 연구에서는 일반적으로 자동 구문과 타동 구문으로 나누었다. 성창섭(1997:14)에서는 이동 동사를 포함하는 구문을 첫째 이동체가 주어로 나타나는 자동 구문과, 이동체가 목적어로 나타나고 이동을 유발하는 행위자가 주어로 나타나는 타동 구문으로 나누었다.

> (6) 가. John brought his dog to the party.
>
> 나. a. The ball rolled down the hill.
>
> b. John rolled the ball down the hill.

남승호(2002)에서도 행동주가 이동하느냐 또는 대상이 이동하느냐에

---

6 이외에, 채희락(1999)은 이동 동사를 나눌 수 있는 방법 중의 하나는 이동 주체가 문장의 주어인지 목적어인지 그리고 그 주체가 행위자(Agent)인지 아닌지에 의한 것이라고 하였다.

따라 이동 동사를 분류하였다.

    (7) 가. 행동주-이동 동사: 동사 P의 행동주(Agent) 논항이 이동함을
           함의할 때
        나. 대상-이동 동사: 동사 P의 대상(Theme) 논항이 이동함을 함의
           할 때

    그렇지만 이러한 구문이나 동사 분류로는 이동 동사 구문의 표면 구조를 예측하기 힘들다. 또한, 이동 동사 구문의 보충어 수에 따른 다양한 구조를 포착할 수 없다. 이동 동사 구문은 행위주나 피험체의 처소 변화를 나타내는 구문이므로, 이러한 개념 아래 이동 동사 구문의 다양한 양상을 종합한 기본 구조를 설정해야 할 것이다.

    이동 동사 구문은 완전 자동 구문인 한 자리 이동 동사 구문, 행위주와 처소가 나타나는 두 자리 이동 동사 구문, 행위주와 대상과 처소 또는 두 개의 처소가 나타나는 세 자리 이동 동사 구문으로 나뉜다.

    (8) 가. 철수가 갔다.
        나. 철수가 교도소에서 탈출했다.
        다. 철수가 학교에서 집으로 출발했다.
        라. 철수는 영희에게 편지를 보냈다.

    한 자리 이동 동사 구문은 행위주의 이동에 초점을 맞추어 이동 동작 그 자체만을 기술하므로 주어만 나타난다. 두 자리 이동 동사 구문은 주체의 존재 장소 변화를 나타내는데, 행위주역이 주어가 되며 근원이나 목표가 통사 구조에서 실현된다. 다음으로 세 자리 이동 동사 구문은 주체의

장소 변화를 나타내는 경우와 대상의 장소 변화를 나타내는 경우로 나뉜다. 먼저, 주체의 장소 변화를 나타내는 경우는 두 개의 처소 의미역이 모두 통사 구조에서 실현되는데, 행위주역이 주어가 되며, 처소에 해당하는 두 의미역은 각각 근원과 목표로서 모두 통사 구조에 실현된다. 다음으로 대상의 장소 변화를 나타내는 경우는 행위주역이 주어가, 피험체역이 목적어가 되며, 처소역이 보어로 통사 구조에서 실현된다. 이러한 점은 이동 동사 구문의 의미 구조와 통사 구조를 비교하여 확인할 수 있다.

(9) 가. 철수가 갔다.

술 어	가다
논 항	x
의미역	행위주
의미 구조	[[AFF(x,)], [GO(x, [TO( )])]]
통사 구조	

나. 철수가 교도소에서 탈출했다.

술 어	탈출하다	
논 항	x	y
의미역	행위주	근원
의미 구조	[[AFF(x,)],[GO(x, [[AWAY-FROM(y)], [TO( )]])]]	

통사 구조	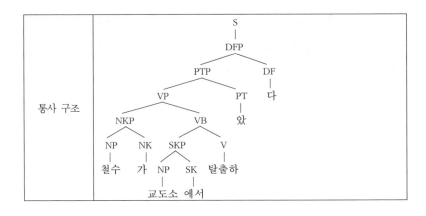

다. 철수가 학교에서 집으로 출발했다.

술 어	출발하다		
논 항	x	y	z
의미역	행위주	근원	목표
의미 구조	[[AFF(x,)], [GO(x, [[FROM(y)], [TO(z)]])]]		
통사 구조	S DFP PTP — DF VP — PT 다 NKP — VB 았 NP_x NK VB — V 철수 가 SKP_y TKP 출발하 NP_y SK NP_z TK 학교 에서 집 으로		

라. 철수는 영희에게 편지를 보내다.

술 어	보내다		
논 항	x	y	z
의미역	행위주	피험체	목표
의미 구조	[[AFF(x, y)], [CS(x, [GO (y, [TO [AT (z)]])])]]		
통사 구조			

마. 철수가 세탁소에서 양복을 찾아갔다.

술 어	찾아가다		
논 항	x	y	z
의미역	행위주	피험체	근원
의미 구조	[[AFF(x, y)], [CS(x, [GO/+동반성(y, [FROM[AT(z)]])])]]/찾아가-		

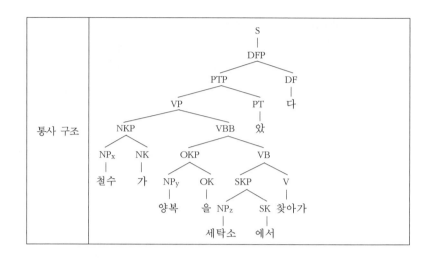

통사 구조

예문 (9가)는 행위주역만을 요구하는 한 자리 구문으로 논항 x만 나타난다. 예문 (9나)는 행위주역과 근원에 해당하는 의미역을 요구하는 두 자리 구문으로, '탈출하다'는 관계 의미층에서 근원에 결합하는 논항을 요구한다. 예문 (9다)는 처소가 이동하는 행위주역 외에 행위주의 출발지인 근원역과 도착지인 목표역을 요구하는 세 자리 구문으로, '출발하다'는 관계 의미층에 FROM과 TO에 결합하는 논항을 요구하며 통사 구조에 목적어가 나타나지 않는다. 그런데 세 자리 이동 동사 구문은 예문 (9라)와 같이 행위주가 피험체를 이동시키는 행위가 포함된다. 또한 타동사 구문에서는 예문 (9마)와 같이 행위주와 피험체의 동반 이동을 나타내는 구문이 있다.

따라서 이동 동사 구문의 구조는 크게 2가지로 구분할 수 있다. 하나는 행위주의 처소 변화를 나타내는 것과 다른 하나는 피험체의 처소 변화를 나타내는 것이다. 행위주의 처소 변화를 나타내는 경우는 자동사 구문이며, 피험체의 처소 변화를 나타내는 경우는 타동사 구문이다. 그런데 행위주의 이동을 나타내지만 일종의 기능 동사와 같이 이동 동사가 목적어와 결합하여 나타나며 처소 명사구가 실현되는 구문이 있다.[7]

(10) 가. 철수가 외국으로 출장을 다니다.
나. 철수는 영희를 사랑을 했다.
다. 철수는 광주로 도망을 갔다.

예문 (10)과 같은 기능 동사 구문에서 나타나는 논항은 술어 명사가 요구하는 논항이다. 따라서 예문 (10)과 같이 세 개의 논항이 있더라도 기능 동사를 세 자리 서술어라 할 수 없다. 이러한 논의를 바탕으로 이동 동사 구문의 기본 구조를 다음과 같이 설정할 수 있다.

(11) 이동 동사 구문 기본 구조
가. 이동 동사 자동사 구문: 행위주-가 (NP(근원))에서 (NP(목표))로 V-
나. 이동 동사 타동사 구문: 행위주-가 피험체-을 NP에서/로 V-

위 기본 구조 설정을 통해 이 연구에서 다루고자 하는 세 자리 이동 동사 구문은 자동사 구문에서 행위주의 이동을 나타내되 근원과 목표가 모두 논항으로 실현된 '행위주-가 NP에서 NP로 V- 구문'과 피험체의 이동을 나타내는 타동사 구문인 '행위주-가 피험체-을 NP에서/로 V-'임을 알 수 있다.

---

7 홍재성(1997:125)에 따르면 기능 동사란 술어적으로 어휘적 의미는 비어있고, 술어 명사 중심의 단문 구성이 가능하도록 통사적 술어 위치를 채우면서 문법 형태소의 실현에 밑받침 역할만을 하는 동사를 일컫는다.

(12) 가. 철수가 학교에서 집으로 갔다.

　　　나. 철수가 양복을 세탁소에서 찾아왔다.

　　　다. 철수는 공을 언덕 아래로 굴렸다.

이상에서 이동 동사의 개념과 기본 구조를 살펴보았다. 이동 동사란 행위주 또는 피험체의 처소 변화를 가리키는 동사로 이동 동사 구문의 기본 구조는 크게 행위주가 이동하는 경우와 피험체가 이동하는 경우로 나눌 수 있었다.

1.2. 이동 동사 구문의 보충어

이동 동사 구문에서 중요한 논점 중의 하나로 처소 명사구가 이동 동사가 요구하는 보충어인지 아니면 부가어인지를 밝히는 것이다. 앞에서 살펴본 바와 같이 이동 동사는 처소 변화를 겪는 논항을 필수적으로 요구하는데, 이 논항은 주어로 실현되기도 하고, 목적어로 실현되기도 한다. 이 논항들은 모두 필수 성분이라 할 수 있다. 그런데 처소가 이동되는 주어나 목적어를 제외하고 처소를 나타내는 명사구를 보충어로 처리할 건지 또는 부가어로 처리할 건지가 중요한 문제이다. 앞에서 살핀 기본 구조로는 처소 명사구의 보충어 여부를 판단할 수 없기 때문에 각 문장 성분들에 대한 분석이 필요하다.

이동 동사 구문의 보충어에 관한 논의를 살피면, 홍재성(1982/1989)에서는 이동 동사의 보충어로 '-러' 연결 어미문, 기점과 착점을 나타내는 표현들(-에서, -에, -로가 붙는 표현들)과 '행로의 보어'를 들고 있다. 특히 이동 동사 구문에 실현되는 행로의 보어 'N-를'의 통사적 특성을 장면이나,

경로 또는 여정과의 대조적인 관점에서 분석하여, 행로에 연결된 '-를'은 대격 표지의 '-를'이며, 행로는 목적 보어 성격을 지닌 성분이라 하였다.

(13) 철수는 공장 주위를 돌아다녔다.

남기심·김지은(1992)와 김지은(1998)에서는 이동 동사류와 결합하는 'NP-로'는 지향점이나 방향, 경로 등을 나타내게 되는데, 필수 논항인 경우는 대체적으로 지향점이나 방향일 때라고 하였다.

(14) 가. 나는 수업이 끝나자마자 집으로 갔다.(지향점)
　　　나. 이 길을 따라 동쪽으로 쭉 가면 오른편에 약국이 있을 거야.
　　　　　(방향)
　　　다. 이 길로 가야 거기에 빨리 도착할 수가 있어.(경로)

채희락(1999)은 이동 동사 구문에서 중요한 논점이 되고 있는 것 중의 하나는 각종의 장소 관련 전·후치사구가 이동 동사 자체가 요구하는 요소(보충어)인지 아니면 단순한 수식어(부가어)인지 밝히는 것이라고 하였다. 그는 한국어에서 필수성은 보충어와 부가어 판별의 기준이 되지 못한다고 보고, '학교에 가다'와 '학교로 가다'를 비교하면, '학교에'는 여러 가지 기준에서 보충어적인 속성을 가지고 있지만 '학교로'는 부가어적인 속성을 많이 가지고 있다고 하였다.

양정석(2002)은 부가어 대응 규칙이란 장치를 받아들여, 구문 구조 속에 부가어가 개재함으로써 구문적 의미가 바뀌는 국면을 기술하였다. 이른바 동사의 다의적 의미 전이는 부가어 대응 규칙에 의해 도입되는 의미와 동사의 의미가 정상적으로 합성되는 현상이라는 것이다. 이를 통해 각

표지에 따른 부가어 대응 규칙을 도입하여 설명하고 있다. 그는 다음과
같이 목표 의미역을 표현하는 'NP-에', 'NP-로', 'NP-를'은 논항 연결 원리
에 따라 통사 구조의 보충어 PP나 목적어 DP로 연결되며, 이밖에 방향
의미역, 경유지 의미역의 표현이 부가어 대응 규칙을 통하여 통사 구조의
부가어 위치로 연결된다고 하였다.

(15) 가. 철수가 학교에/로/를 갔다.(목표의 의미)

나. '방향' 부가어 대응 규칙

NP가 [A, +place/+direction]에 대응되면, [⋯DPv^1 ⋯ [NP-
로]^1_k⋯]는 다음 의미 구조에 대응된다.

$$\left[\begin{array}{l} \text{-b, F(}\cdots\text{[\quad]va}\cdots\text{)} \\ \text{[WITH([ORIENT([}a\text{], [TO([A]}_k\text{)])])]} \end{array}\right]$$

철수가 학교로 뛴다.(방향의 의미)

다. '경유지' 부가어 대응 규칙

V가 [MOVE([ ]$_A$)] 또는 [GO([ ]$_A$, [ ]$_A$)]에 대응되며, NP가 [A]
에 대응되고 '+1d'의 자질을 가지면, [$_{v'}$ [NP$_k$-로][$_{v'}$ V]]는 다음
에 대응된다.

$$\left[\begin{array}{l} \text{GO([\quad]}_A\text{a, [VIA([A, +1d]k)])])} \\ \text{[BY([MOVE([}a\text{])]/[GO([}a\text{], [\quad])])]} \end{array}\right]$$

철수가 고속도로로 갔다.(경유지의 의미)

이상과 같이 기존 연구에서는 이동 동사 구문에 나타난 처소 명사구에
대해, 이동 동사의 의미와 밀접한 관련을 맺고 있는 경우에는 보충어로,
이동 동사와 연관성이 멀 경우에는 부가어로 처리하고 있다.[8] 일반적으로

부사어구는 수의 성분이라고 한다. 그렇지만 이동 동사 구문의 장소 명사 특히 목표의 의미역을 갖는 논항이나 이 연구에서 살펴본 근원의 의미역을 갖는 논항은 이동 동사의 어휘 의미에 포함된 성분이라 할 수 있다. 먼저, 각 자리 수에 따른 이동 동사를 살펴보기로 한다.

    (16) 가. 철수는 그냥 갔다

            나. 어제 철수가 ○○ 교도소에서 탈출했다.

            다. 철수는 학교에서 집으로 출발했다.

  예문 (16)의 '가다'는 한 자리 서술어이며, '탈출하다'는 두 자리 서술어, '출발하다'는 세 자리 서술어이다. 각 NP 성분들은 모두 서술어가 요구하는 보충어들이다. 먼저, '탈출하다'는 이동의 출발점을 요구하지만 방향을 요구하지 않는다.

    (17) 가. *어제 철수가 탈출했다.

            나. *어제 철수가 ○○ 교도소에서 집으로 탈출했다.

  특히, 이동의 출발점은 주체 행위의 대상이 될 수 있다(이홍식, 2000:216).[9]

---

  8 이외에 노용균(1997)은 보충어와 부가어 구별의 유일한 기준으로 '귀환성'의 존재 여부를 들고 있다. 이동 동사는 장소의 이동을 함의하고 있기 때문에 장소 이동의 출발점과 도착점을 표시하는 기점이나 착점 표현과 같이 많이 나타나리라는 것을 쉽게 짐작할 수 있다는 것이다.

  9 기존 연구들은 전형적인 타동사 구문에 나타난 '를1'과 이동 동사 구문에 나타난 '를2'을 함께 보기도 하고, 달리 처리하기도 하였다. 허웅(1983)에서는 '를1'을 부림말로, '를2'를 위치말로 보았으며, 임홍빈(1980)은 '를1'을 목적어로, '를2'를 주제화로 본 것 등이 있다. '를1'과 '를2'를 같은 것으로 처리한 논의로, 김용석(1979)에서 '동작 대상 명시' 기능을 하는 것으로서 격조사가 아닌 것으로 보았으며, 신현숙(1982)에서도 화용적인 '주의 집중'으로

(18) 어제 철수가 ○○ 교도소를 탈출했다.

예문 (17)의 'NP에서'가 예문 (18)의 'NP을'과 대응됨을 볼 수 있는데, 이는 이동의 출발점에 해당하는 성분이 필수적인 성분임을 나타내는 것으로 해석할 수 있다.

다음으로, 예문 (16다)의 '출발하다'는 이동의 출발점과 방향을 요구한다. 그런데 '출발하다'는 이동의 출발점과 방향에 해당하는 두 성분 모두 대상이 될 수 없으며, 특히 이동의 출발점에 해당하는 성분은 더욱 그렇다.

(19) 가. *철수는 학교를 집으로 출발했다.

나. ?철수는 학교에서 집을 출발했다.

다. ?철수는 집을 출발했다.

보았다. 또 이정택(1989)에서는 '말할이의 시각에서 본 대상성'으로 설명하고 있다. 최규수(1994, 1998)는 '를1'이나 '를2'나 본질적으로 동일한 것이고, 모두 목적어에 해당한다고 보았다. 말할이가 언어 외적인 세계의 일을 인식할 때 작용하는 인식의 과정을 시점이라고 하고, 말할이가 일을 언어화할 때 1차적인 시점과 2차적인 시점이 주어지며, 이 1차적인 시점에는 '-가'가 주어지며, 2차적인 시점에는 '-를'이 주어진다고 보았다. 최규수(1994, 1998)는 이동 동사 구문에 '를'이 나타날 수 있다는 것은 이 이동 동사에 나타난 '를2'도 또한 타동사 구문의 '를1'과 마찬가지로 '2차적인 시점'을 받은 요소로 보았다. 한하얀(1998)에서는 이러한 최규수(1994, 1998)을 받아들여 이동 동사 구문에서 '를'이 실현되는 조건을 밝히고 있다. 그 조건은 이동 동사 구문이 가지는 '공간'의 특성에 따라 첫째, 지향점을 가지는 진정한 이동 동사(오다, 가다, 떠나다 등)는 그 해당 지향점(출발점, 도착점)에만 '를'이 실현된다는 것, 둘째, 지향점을 가지지 않는 이동 방법과 관련된 동사(기다, 걷다 등)는 '지속 공간'에 '를'이 실현된다는 것이다. 이숙희(한국어 이동성 동작동사의 문법범주화 연구)에서는 연속동사구문의 '오다'와 '가다'가 의미일반화라고 하는 의미변화를 겪음으로써 준어휘범주적 성격을 띠게됨을 주장하였다. 이 동사들의 어휘적 의미는 본래 공간적 이동동작의 의미를 나타냈으나 의미변화를 겪은 후에는 시간적 지속성 내지는 방향성을 나타내게 된다고 하였다. '오다'의 본래 의미는 지시중심 쪽으로의 이동을 나타내고, '가다'는 지시중심으로부터 멀어지는 이동을 나타낸다. 따라서 지시중심과 지시중심으로부터 멀어지는 장소가 필수적으로 요구된다고 할 수 있을 것이다.

이는 '출발하다'가 요구하는 두 처소가 주어나 목적어 정도의 필수성은 갖지 못한다는 것을 의미한다. 이러한 이동 동사 구문의 각 명사구는 이 연구에서 제시한 보충어 확인법을 통해 보충어 여부를 확인하고 그 정도성을 파악할 수 있다.

(20) 철수가 학교에서 집으로 출발했다.

가. 삭제 검사

　　a. 철수가 학교에서 출발했다.

　　b. 철수가 집으로 출발했다.

　　c. 철수가 출발했다.

　　d. *출발했다.

나. '그리하다' 검사

　　a. *철수는 학교에서 집으로 출발했고, 영희도 학교에서 집으로 그러했다.

　　b. *철수는 학교에서 집으로 출발했고, 영희도 학교에서 그러했다.

　　c. *철수는 학교에서 집으로 출발했고, 영희도 집으로 그러했다.

　　d. *철수는 학교에서 집으로 출발했고, 그러했다.

다. 관계화 검사

　　a. 학교에서 집으로 출발한 철수

　　b. *철수가 학교에서 출발한 집

　　c. *철수가 집으로 출발한 학교

라. 반문 검사

　　a. 학교에서 집으로 출발했다. *아! 그랬어?! 그런데, 누가?

　　b. 철수가 학교에서 출발했다. *아! 그랬어?! 그런데 어디로?

　　c. 철수가 집으로 출발했다. *아! 그랬어?! 그런데 어디에서?

d. 철수가 출발했다. *아! 그랬어?! 그런데 어디에서/어디로?

마. 의미역 및 의미 구조 검사

술 어	출발하다		
논 항	x	y	z
의미역	행위주	근원	목표
의미 구조	[[AFF(x,)],	[GO(x, [[FROM(y)],	[TO(z)]])]]

바. 보충어 수치

구분	철수	학교	집
삭제 검사	+	-	-
그리하다 검사	+	+	+
관계화 검사	+	-	-
반문 검사	+	+	+
의미역 검사	+	+	+
의미 구조 검사	+	+	+
보충어 수치	6	4	4

'출발하다' 구문의 주어인 '철수'는 보충어 수치 6으로 보충어이며, 근원과 목표인 '집'과 '학교'는 보충어 수치 4로 절대적 보충어는 아니지만 의무적 또는 수의적 보충어 정도에 속하므로 보충어라 할 수 있다.

(21) 철수는 영희에게 편지를 보냈다.

가. 삭제 검사

　　a. *철수는 영희에게 보냈다.

　　b. 철수는 편지를 보냈다.

　　c. *철수는 보냈다.

　　d. *보냈다.

나. '그리하다' 검사

　　a. *철수는 영희에게 편지를 보냈고, 민수도 영희에게 편지를 그
　　　러한다.

　　b. 철수는 영희에게 편지를 보냈고, 민수도 영희에게 그러한다.

　　c. *철수는 영희에게 편지를 보냈고, 민수도 편지를 그러한다.

　　d. *철수는 영희에게 편지를 보냈고, 그러한다.

다. 관계화 검사

　　a. 영희에게 편지를 보낸 철수

　　b. 철수가 영희에게 보낸 편지

　　c. 철수가 편지를 보낸 영희

라. 반문 검사

　　a. 영희에게 편지를 보냈다. *아! 그랬어?! 그런데, 누가?

　　b. 철수는 영희에게 보냈다. *아! 그랬어?! 그런데 무엇을?

　　c. 철수는 　편지를 보냈다. *아! 그랬어?! 그런데 누구에게?

마. 의미역 및 의미 구조 검사

술 어	보내다		
논 항	x	y	z
의미역	행위주	대상	목표
의미 구조	[[AFF(x, y)], [CS(x, [GO (y, [TO [AT (z)]])])]]		

바. 보충어 수치

구분	철수	편지	영희
삭제 검사	+	+	-
그리하다 검사	+	+	-
관계화 검사	+	+	+
반문 검사	+	+	+

의미역 검사	+	+	+
의미 구조 검사	+	+	+
보충어 수치	6	6	4

'보내다' 구문의 주어인 '철수'와 목적어인 '편지'는 보충어 수치 6으로 보충어이며, 보어인 '영희'는 보충어 수치 4로 보충어라 할 수 있다.

(22) 철수가 영희와 학교에 갔다.

　가. 삭제 검사

　　a. 철수가 학교에 갔다.

　　b. 철수가 영희와 갔다.

　　c. 철수가 갔다.

　　d. *갔다.

　나. '그리하다' 검사

　　a. *철수가 영희와 학교에 갔고, 민수도 순희와 학교에 그리했다.

　　b. 철수가 영희와 학교에 갔고, 민수도 순희와 그리했다.

　　c. *철수가 영희와 학교에 갔고, 민수도 학교에 그리했다.

　　d. *철수가 영희와 학교에 갔고, 그리했다.

　다. 관계화 검사

　　a. 영희와 학교에 간 철수

　　b. 철수가 영희와 간 학교

　　c. *철수가 학교에 간 영희

　라. 반문 검사

　　a. 영희와 학교에 갔다. *아! 그랬어?! 그런데, 누가?

　　b. 철수가 영희와 갔다. *아! 그랬어?! 그런데 어디에?

c. 철수가 학교에 갔다. 아! 그랬어?! 그런데 누구와?

마. 의미역 및 의미 구조 검사

술 어	출발하다	
논 항	x	z
의미역	행위주	목표
의미 구조	[[AFF(x,)], [GO(x, [TO(y)])]]	

바. 보충어 수치

구분	철수	학교	영희
삭제 검사	+	-	-
그리하다 검사	+	+	-
관계화 검사	+	+	-
반문 검사	+	+	-
의미역 검사	+	+	-
의미 구조 검사	+	+	-
보충어 수치	6	5	0

'가다' 구문의 주어인 '철수'는 보충어 수치 종합 6으로 보충어이며, 처소 명사구인 '학교'도 보충어 수치 4로 보충어이다. 이에 반해, 동반을 나타내는 명사구 '영희'는 보충어 수치 0으로 부가어이다. 이 검사를 통해, 이동 동사가 요구하는 근원이나 목표가 아닌 명사구는 보충어가 아님을 알 수 있다. 따라서 이동 동사 구문의 보충어는 주어, 목적어와 함께 이동 동사의 의미와 밀접히 연결되어 있는 처소 명사구이다.

1.3. 이동 동사 구문의 의미 구조와 통사 구조

여기에서는 세 자리 이동 동사 구문에 대한 분석을 통해 이동 동사의 의미 구조에 나타난 논항과 통사 구조의 문장 성분과의 대응 관계를 통해 각 문장 성분의 의미역을 밝히고 그 특징을 살피고자 한다. 먼저 이동 동사 구문의 의미 구조를 파악하기 위해서는 그 의미역을 살필 필요가 있다. 앞 장에서 살핀 바와 같이 동사의 의미역에 따른 의미 구조가 논항 구조와 통사 구조로 실현되기 때문이다.

이동 동사의 의미역에 관한 논의로 먼저, Somers(1985)는 이동 동사를 '동작(action)-과정(process)-처소성(locational)' 동사로 처리하는 것, 즉 Agent, Patient, Locative의 세 가지 격을 갖는 것으로 처리하였다.

    (23) 가. Paul moves the wordrobe.

    나. The wordrobe moved.

    다. Dave moved.

성창섭(1997)에 따르면 이동 동사와 관련해서 가장 빈번히 사용되는 의미역은 위치가 명시되는 실체 즉 이동체이고 그 다음은 장소인데, 장소는 위치, 방향, 목표, 근원, 거리 등으로 하위 구분될 수 있다고 하였다.[10]

---

10 Quirk(1985:479)는 장소 표시 어구를 위치, 방향, 목표, 근원, 거리와 같이 하위 분류하였다. 위치(Position) 표시 어구는 상태를 나타내는 동사와 쓰일 때 가장 무표적이지만 이동 동사와도 나타날 수 있다. 방향(Direction) 표시 어구가 장소의 명세없이 방향만을 지시하는 경우도 있고 장소의 명세와 함께 방향을 지시할 수도 있다. 목표(Goal)는 그 자체로 또는 방향 표시와 함께 나타날 수 있다. 근원(Source)은 그 자체로 또는 방향 표시와 함께 나타날 수 있다. 거리(Distance)는 이동 동사와 함께 사용되어 공간상의 척도를 나타낸다.

그 다음으로는 장소의 이동을 유발하는 유발자(Causer), 즉 행위자라고
하였다.

(24) 가. John brought his dog to the party.
　　 나. a. The ball rolled down the hill.
　　　　 b. John rolled the ball down the hill.

성창섭(1997)은 이동 동사 구문의 처소 명사구를 장소로 처리를 하고
위치, 방향, 목표, 근원, 거리 등으로 하위 분류를 하고 있다. 그렇지만
이 연구에서는 장소(Locative)는 목표(Goal) 및 근원(Source)과 동등한 지
위를 갖는 의미역으로 설정해야 한다는 입장이다. 장소(Locative)는 어떤
동작이 일어나는 배경으로 이동 동사는 배경을 요구하는 것이 아니라 이
동의 출발지(Source)에서의 떠남과 목표지(Goal)로의 움직임을 표현하기
때문이다.

(25) 가. 철수는 집에 있다.(장소)
　　 나. 철수는 집에 간다.(목표)

가. They are strolling in the park.
나. a. They drove weatwards.
　　 b. She walked down the hill.
다. She walked (down the hill) to the bus stop.
라. She walked (down the hill) from the school.
마. a. They had travelled a long way.
　　 b. She had driven (for) fifty kilometers.

예문 (25가)와 (25나)는 동일한 '-에' 명사구를 취하고 있지만 예문 (25
가)는 사건이 벌어지는 배경을 나타내는 장소역인데 반해, 예문 (25나)는
행위주 이동의 목표지인 목표역이라 할 수 있다. 따라서 이동 동사의 의
미역은 행위주, 피험체, 근원, 목표로 할 수 있다.

이상의 논의를 바탕으로 아래에서는 의미 구조와 통사 구조의 대응을
통해 각 논항과 문장 성분의 대응 관계를 살피도록 한다.[11] 이동 동사 구문
의 기본 구조에서 본 바와 같이 이동 동사 구문은 크게 행위주가 이동한
경우와 피험체가 이동한 경우로 나눌 수 있다. 세 자리 이동 동사 구문에
서도 마찬가지이다. 먼저 행위주가 이동한 구문을 살피면 다음과 같다.

---

11 남승호(2002)에서는 이동 동사 구문의 논항 구조와 통사 구조의 대응 관계를 살폈다.
이동 동사는 처소 변화를 겪는 논항 이외에도 이동의 경로를 나타내는 논항이 언제나 개입
하는데, 이들이 착점(goal), 기점(source), 방향(direction), 경로(path) 등에 해당한다. 이러
한 논항구조와 이에 대응하는 통사 구조는 다음과 같다.

[행동주+착점/방향 논항구조]   가   에/로/를
진이가 학교에/로/를 갔어요.

[행동주+기점] 논항구조   가   로
진이가 고향으로 떠났어요.

[행동주+경로] 논항구조   가   로/를
진이는 한강을 건넜다.

[행동주+대상+착점/방향 논항구조]   가   에/로/한테   를
진이가 미국으로 책을 보냈어요.

[행동주+대상+기점] 논항구조   가   에서/한테서   를
진이는 옷장에서 새옷을 꺼냈다.

[행동주+대상] 논항구조   가   를
진이는 코트를 입었다.

(26) 철수가 학교에서 집으로 갔다.

술 어	가다		
논 항	x	y	z
의미역	행위주	근원	목표
의미 구조	[[AFF(x,)], [GO(x, [[FROM(y)], [TO(z)]])]]		
통사 구조	(아래 수형도 참조)		

```
                              S
                              |
                             DFP
                        ┌─────┴─────┐
                       PTP          DF
                   ┌────┴───┐      ┌─┤
                  VP        PT     다
              ┌────┴──┐      |
            NKP       VB     았
          ┌──┴─┐   ┌──┴──┐
        NP_x   NK  VB    V
         |     |  ┌─┴─┐   |
        철수   가 SKP TKP 가
               ┌──┴─┐ ┌─┴──┐
             NP_y SK NP_z  TK
              |   |   |    |
             학교 에서 집  으로
```

예문 (26)은 행위주가 출발지에서 도착지(또는 방향)로 이동하고 있음을 나타낸다. 행위주는 작용 의미층에서 작용자로서 단독으로 나타나며, 근원역과 목표역은 의미 구조에서 각각 FROM 함수 및 TO 함수와 결합하고 있다. [-이 -에서 -로]형 서술어인 '가다'의 각 논항의 의미역을 살펴보면, 주어에 해당하는 논항 x는 행위주역을, 보어에 해당하는 논항 y는 근원역에 해당하며, 논항 z는 목표역에 해당한다. 의미 구조를 살펴보면, 동작의 작용과 피작용이 없기 때문에 작용자만으로 작용 의미층이 구성된다. 사건성 함수로 분류할 경우 GO함수로 나누어지며 문장의 의미상 FROM함수와 TO함수를 함께 요구하여 통사 구조상 '-에서'와 '-로'가 나타남을 볼 수 있다. 다시 말해, 논항과 함수가 통사 구조에서 '명사구+에서', '명사구+로'로 나타나며, 이 두 명사구는 필수적으로 문장에 실현되어야 하는 문장 구성 성분이다.

다음으로 피험체의 이동을 나타낸 구문을 살피면 다음과 같다.

(27) 가. 철수가 영희에게 편지를 보냈다.

술 어	보내다		
논 항	x	y	z
의미역	행위주	피험체	목표
의미 구조	[[AFF/+caus, +vol(x, y)], [CS/+s, +laun(x, [GO(y, [TO[AT(z)]])])]]		
통사 구조			

나. 철수가 회의 분위기를 유리한 쪽으로 가져갔다.

술 어	가져가다		
논 항	x	y	z
의미역	행위주	피험체	목표
의미 구조	[[AFF/+caus, +vol(x, y)], [CS/+s, +laun(x, [GO(y, [TO[AT(z)]])])]]		
통사 구조			

예문 (27가)는 수여 동사 구문으로 불리는데, 행위주에 의해 피험체가 수혜주 또는 목표역으로 이동함을 나타내므로 넓은 의미의 이동 동사 구문이라 할 수 있다.[12] 행위주와 피험체는 작용 의미층을 구성하며, 목표역은 관계 의미층에서 처소 함수와 결합하고 있다. 각 의미역은 논항 구조를 거쳐 통사 구조와 동지표 관계를 맺으며 실현되고 있다. 예문 (27나)는 피험체의 추상적 이동을 나타낸 구문으로, 행위주가 추상적인 피험체를 추상적인 공간을 통해 이동시키는 구문이다. 피험체가 비록 추상적이

---

12 수여 동사는 소유의 이동을 의미하므로 이동 동사에 포함시킬 수 있다.

지만, 예문에서와 같이 일정한 방향으로의 이동을 의미한다는 점에서 이동 동사 구문이라 할 수 있다.

다음으로 행위주와 피험체의 동반 이동을 나타낸 구문을 살피면 다음과 같다.

(28) 가. 철수가 구청에 서류를 가져갔다.

술 어	가져가다		
논 항	x	y	z
의미역	행위주	피험체	목표
의미 구조	[[AFF(x, y)], [[CS(x, [INCH [BE(y, [IN (x)])])]] [WITH [GO(x, [TO(y)])]]]]		
통사 구조			

나. 철수가 세탁소에서 양복을 찾아왔다.

술 어	찾아오다		
논 항	x	y	z
의미역	행위주	피험체	근원
의미 구조	[[AFF(x, y)], [[CS(x, [INCH [BE(y, [IN (x)])])]] [WITH [GO(x, [FROM(y)])]]]]		
통사 구조	(아래 통사 구조 수형도 참조)		

```
                              S
                              |
                             DFP
                            /    \
                          PTP      DF
                         /   \      |
                       VP     PT    다
                      /  \     |
                   NKP    VBB  았
                  /  \    /  \
               NPx   NK OKP   VB
                |    |  / \   /  \
               철수   가 NPy OK SKP   V
                       |  |  / \   |
                      양복 을 NPz SK 찾아오
                             |   |
                            세탁소 에서
```

예문 (28가)와 (28나)는 동일한 형식의 구문으로, 행위주의 이동과 피험체의 동반 이동을 나타내고 있다. 이는 '갖다'와 '찾다'가 의미적으로 피험체의 동반을 의미하며, 여기에 '가다'와 '오다'의 이동의 의미가 더해져 행위주와 피험체의 동반 이동을 의미하는 것으로 보인다. 이러한 점은 '가져가다'와 '찾아오다'의 의미 구조와 통사 구조의 대응을 통해 확인할 수 있다. 행위주와 피험체의 동반 이동은 다른 이동 동사 구문에서는 찾아볼 수 없는 세 자리 이동 동사 구문만의 특징으로 보인다.

지금까지 국어 이동 동사 구문의 개념과 구조를 살펴보았다. 이상의 논의를 요약하면 다음과 같다. 첫째, 이 연구에서는 이동 동사 구문을 행위주나 피험체의 처소 변화를 나타내는 구문으로 보았으며, 처소 변화의 대상에 따라 기본 구조를 설정하였다. 둘째, 이동 동사 구문 분석을 통해 이동 동사 구문에 나타난 처소 명사구가 이동 동사 구문의 보충어임을 밝혔다. 셋째, 세 자리 이동 동사 구문은 다른 이동 동사 구문과 달리 행위주가 이동할 경우는 출발지와 목적지가 모두 나타날 수 있으며, 행위주와 피험체의 동반 이동도 나타낼 수 있음을 살펴보았다.

2. 처소 교차 동사 구문

국어 처소 교차 구문은 처소 명사구와 다른 문장 성분이 서로 교차하는 특성을 보인다. 만일, 교차된 두 문장의 의미가 같거나 유사하다면 문장 성분 간의 관계를 파악하는 데 다른 동사에 비해 용이하게 접근할 수 있을 것이다.

그렇지만, 국어 문법 연구에서 처소 교차 구문에 대한 본격적인 분석의 사례는 그리 많지 않다. 먼저, 홍재성(1986)은 분포 구조주의적 입장에서 분석하였는데, 자동사 구문에만 한정하여 이루어졌다. 다음으로, 양정석(1997)은 연결 이론의 입장에서 자동사·타동사 구문을 분석하며, 처소 교차 구문의 여러 특징들을 면밀히 검토하였다. 남승호(2002)는 자동사 구문에 한정하여 처소 논항이 처소격 조사 '-에'를 취하는 구문과 주격 조사 '-이/가'를 취하는 구문의 교체 현상을 기술하였다. 김미령(2006)에서는 처격/대격 표지 교체 동사를 중심으로 국어의 격표지 교체 현상과 의미역에 대해 연구하였다.

이상의 연구들은 자동사 구문에 한정하여 이루어지거나 타동사 구문을 다룰 때에도 처소 교차 구문의 특징보다는 연결 이론의 수립 과정 속에서 다루어짐으로써, 처소 교차 구문의 통사적·의미적 특징에 기반을 둔 개념 정립이나 특히, 세 자리 서술어인 처소 교차 타동사 구문에 대한 분석은 아직 미진한 형편이다.

본 절은 다음과 같이 구성된다. 먼저, 처소 교차 구문의 개념과 그 기본 구조를 살피고, 처소 교차 구문의 의미적 동일성과 그 보충어를 확인한다. 다음으로 처소 교차 동사의 의미 구조를 분석하고 이를 통해 처소 교차 구문의 논항 교차 현상을 논의할 것이다. 국어의 보충어은 단순히 격조사와의 결합 여부로만 따질 것이 아니기 때문에, 처소 교차 동사의 의미 구조에 나타난 논항과의 대응 관계를 통해 처소 교차 구문의 논항 교차가 가능한 이유를 밝힌다.

2.1. 처소 교차 동사 구문의 개념과 기본 구조

2.1.1. 처소 교차 동사 구문의 개념

홍재성(1986)에서는 자동사 구문의 한 유형으로 교차 장소 보어 구문을 설정하고 주요한 통사적 특성을 기술하고 있다. 교차 장소 보어 구문[13] 이란 두 동사 구조 사이의 일정한 대응 관계에 의해 정의될 수 있는 자동사 구문의 한 범주로 다음과 같이 형식화하였다.

---

13 홍재성(1986)의 '교차 장소보어 구문'과 양정석(1997)의 '처소 교차 구문'은 동일한 개념의 용어로, 이 연구에서는 동사의 특징을 용어를 통해 명시적으로 드러낼 수 있는 양정석(1997)을 따른다.

(1) 가. 정상 구조(S-구조)　　　　　　　교차 구조(C-구조)

　　나. N_{0i} N_{1j}-에 V　　　　↔　　N_{0j} N_{1i}-로 V

　　다. 대합실에 귀성객들이 들끓는다. ↔ 대합실이 귀성객들로 들끓는다.

　이러한 형식화의 이유로 두 대응 문장 사이에 어휘 자료의 동일성, 통사 위치의 규칙적 전환, 동의 관계가 관찰되기 때문이라고 하였다.

　양정석(1997:79~80)에서는 다음 예문과 같이 조사 '-에'를 갖는 처소 표현의 보어가 그와 대응되는 문장에서 목적어나 주어와 관련된다고 하며, 이러한 구문의 중심이 되는 동사를 처소 교차 자동사와 처소 교차 타동사라 하였다.

(2) 가. 처소 교차 자동사 구조

　　　a. 별들이 밤하늘에 반짝인다.

　　　b. 밤하늘이 별들로 반짝인다.

　　나. 처소 교차 타동사 구조

　　　a. 청소부들이 페인트로 건물벽을 칠했다.

　　　b. 청소부들이 건물벽에 페인트를 칠했다.

　위의 구문들은 'NP에' 성분과 'NP으로' 성분을 생략할 수 있으며, 타동사의 경우 이중 목적어문이, 자동사의 경우 이중 주어문이 가능하므로, 처소 교차 구문이란 타동사 구조의 '-에' 구조와 '-으로' 구조, 'NP에' 성분과 'NP으로' 성분이 생략된 구조, 이중 목적어 구조, 자동사 구조의 '-에' 구조와 '-으로' 구조, '-에' 성분이 생략된 구조 모두를 통칭한다고 하였다.

　이상에서 보듯이, 기존 연구에서는 처소 교차 구문의 가장 큰 특징을 문장에 나타난 처소가 교차하는 것으로 보고, 이에 따라 그 개념을 정의하고 있다. 이 연구에서도 처소 명사구가 다른 문장 성분과 교차되어 실현될 수 있는 구문을 처소 교차 구문으로 보며, 이러한 구문을 형성할 수 있는 동사류를 처소 교차 동사로 보기로 한다.[14]

> (3) 처소 교차 구문: 처소 명사구가 다른 문장 성분으로 교차되어 실현될 수 있는 구문

2.1.2. 처소 교차 구문의 기본 구조

처소 교차 구문의 교차 특성을 설명하기 위해서는 그 기본 구조를 설정할 필요가 있다. 기본 구조를 설정할 경우 처소 교차의 원인을 설명하는 데 용이하기 때문이다. 그런데 앞 장에서 살핀 바와 같이 통사 구조는 논항 구조에 따라, 그리고 논항 구조는 의미역 계층에 따라 구조화된다. 이와 같은 논의에 따라 의미역 계층과 통사 구조의 연결 관계를 고려하며, 처소 교차 구문의 논항 구조와 의미 구조를 살피면 다음과 같다.

---

[14] 이러한 처소 교차 동사는 유형에 따라 다양하게 분류할 수 있는데, 남승호(2002:297)에서는 다음과 같이 나누었다. 첫째, 소리내기 술어 유형(지글거리다, 소란하다 등)에는 주로 의성어 어근으로 형성된 자동사들이 포함되며, 둘째, 빛내기 술어 유형(반짝이다, 뽀얗다 등)에는 빛을 내는 사건을 지시하는 자동사들과 함께 색깔을 지시하는 형용사들이 함께 포함되어 있다. 셋째, 전체적 점유 술어 유형(가득차다, 자욱하다 등)에는 주로 해당 술어가 취하는 처소 논항이 공간적인 의미에서 원인 논항에 의해 전체적으로 점유된다는 의미를 내포한다. 또한, 남승호(2002: 300)에서는 처소 교체 술어의 논항 구조를 필수 논항의 수에 따라 '1항 술어 유형'과 '2항 술어 유형'으로 크게 나누었다. 남승호(2002)는 그 연구 목적에서 밝혔듯이 자동사 구문에만 한정하고 있으며 이에 유형을 분류하여 이 연구에서 다루고자 하는 처소 교차 타동사는 제외하고 그 가능성만 열어 두고 있다. 이 연구에서는 처소 교차 동사 전반을 분류하기보다 세 자리 논항을 취하는 타동사만을 대상으로 하고자 한다.

(4) 가. 환자들이 무료 진료소에 넘쳤다.

술어	넘치다	
논항	x	y
의미역	행위주	장소
의미 구조	[[AFF(x,)], [CS (x, [AT (y)])]]/넘치-	
통사 구조	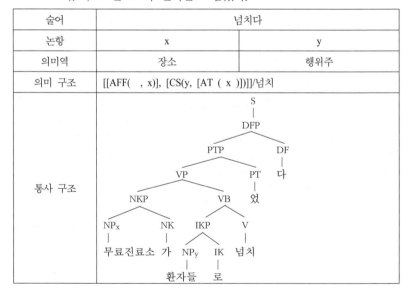	

나. 무료 진료소가 환자들로 넘쳤다.

술어	넘치다	
논항	x	y
의미역	장소	행위주
의미 구조	[[AFF(, x)], [CS(y, [AT (x)])]]/넘치	
통사 구조		

다. 청소부들이 건물벽을 페인트로 칠했다.

술 어	칠 하 다		
논 항	x	y	z
의미역	행위주	피험체	도구
의미 구조	[[AFF(x, y)]], [[CS(x, [INCH[BE(y, [IN STATE])]])], [BY(CS(x, [INCH[BE(z, [AT(y)])]])]]]]/칠하		
통사 구조	S DFP PTP DF VP PT 다 NKP VBB 았 NP$_x$ NK OKP VB 청소부들 이 NP$_y$ OK IKP V 건물벽 을 NP$_z$ IK 칠하 페인트 로		

라. 청소부들이 페인트를 건물벽에 칠했다.

술 어	칠 하 다		
논 항	x	y	z
의미역	행위주	피험체	장소
의미 구조	[[AFF(x, y)]], [[CS(x, [INCH[BE(y, [AT(z)])]])]]]/칠하		

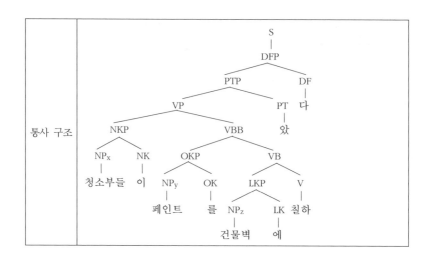

통사 구조

S
DFP
PTP　DF
VP　PT 다
NKP　VBB 았
NP_x　NK　OKP　VB
청소부들　이　NP_y　OK　LKP　V
페인트　를　NP_z　LK 칠하
건물벽　에

예문 (4가)는 행위주역과 장소역을 요구하는 두 자리 서술어 구문이고, 예문 (4나)는 (4가)의 행위주역과 장소역이 교차된 구문이다. 예문 (4다)는 행위주역, 피험체역, 도구역을 요구하는 세 자리 서술어 구문이고, 예문 (4라)는 (4가)에서 피험체역과 도구역이 교차되어 도구역이 피험체역으로, 피험체역이 장소역으로 이동한 구문이다. 처소 교차 동사의 두 자리 구문과 세 자리 구문의 차이는 두 자리 구문은 처소가 교차되어도 의미역이 달라지지 않는 반면에, 세 자리 구문은 처소가 교차될 경우 의미역이 달라진다는 점에서 찾을 수 있다.

따라서 처소 교차 구문에서도 자동사·타동사에 관계없이 그 기본 구조의 1차 기준은 행위주역이 주어인 구문이라 설정할 수 있다. 다음으로 두 자리 서술어와 세 자리 서술어 구문의 일관성을 위해 처소에 해당하는 명사구에 '-에'가 결합한 구조를 기본 구조로 볼 수 있다. 그렇지만, 교차 구문 중 어느 것을 기본형으로 설정하느냐에 따라 교차의 방향과 원인 분석이 달라질 수 있으므로 표면 구조보다 동사의 의미 구조에 기반을 두고 살펴야 할 것이다. 이에 관한 논의는 다음 절에서 하기로 하며, 여기에서는 의미역 계층에 따라 처소역이 목적어로 실현된 구문을 2차 기준으로 설정한다.[15]

(5) 처소 교차 동사 구문의 기본 구조
　가. 기본 구조 기준
　　　1차 기준: 행위주역이 주어로 실현
　　　2차 기준: 처소역이 목적어로 실현
　나. 기본 구조[16]
　　　처소 교차 자동사 구문: 행위자-가　NP(처소)에
　　　처소 교차 타동사 구문: 행위자-가　NP(처소)을　NP로

다음으로 처소 교차 구문의 통사적 관련성을 살피기에 앞서 의미적 관련성을 살필 필요가 있다. 동의성 정도에 따라 그 심층 구조를 분석하는 정도가 달라질 수 있으며, 교차된 두 구문의 의미가 다르거나 많이 떨어져 있다면 분석할 필요가 없기 때문이다. 홍재성(1986)에서는 교차된 두 구문에 대해 의미적 관련성은 확신할 수 없으나 통사적 관련성은 있다고 했으며, 양정석(1997)에서도 이와 비슷한 논지를 전제로 하여 분석하였다.[17] 그런데, 두 교차된 구문이 동의문[18]이라면, 두 교차된 구문에 동일한

---

15 일반적으로 처소역은 부사어로 실현되기 때문에 필수적인 성분이 아니라고 보지만, Anderson(1977)에서도 처소 논항도 직접 목적어가 될 수 있고 또한 대상이 될 수 있다고 보았다.

16 처소 교차 구문의 기본 구조는 교차 현상을 설명하기 위해 설정하는 것으로, 기본 구조에서 변형 규칙을 통해 교차 구문이 생성되는 것으로 보지 않는다.

17 대응되는 구문의 동의성에 대해서 이홍배(1970)에서는 변형생성문법적 입장에서 동일한 심층 구조를 가지고 있는 두 문장의 동의성에 대해 논의하였으며, 송석중(1974)에서

심층 구조 또는 의미 구조를 상정하여야 한다. 또 교차된 후 남승호(2002)에서 '처소-에' 구문은 술어의 의미 속성이 처소 논항이 가리키는 장소의 일부분에만 적용되는 소위 '부분적 효과'를 나타내며, '처소-가' 구문은 술어의 의미 속성이 장소의 전체에 적용되는 소위 '전체적 효과'를 나타낸다고 한 바와 같이 의미적 차이를 설명하기 힘들다.[19] 따라서 교차된 구문의 각 동사는 형태적으로 동일하나 다른 의미역과 의미 구조를 갖는 것으로 상정해야 할 것이다.

  그렇지만 교차된 구문을 사전에서 한 동사의 동일한 항목으로 처리하는 것과 같이, 두 교차 구문은 원진숙(1988)에서 제시된 동의성 위계에 따라 완전 동의성은 없지만, 동의성이 높은 구문으로 보인다.[20]

는 이에 대해 다양한 언어 현상을 제시하며 반론을 폈다. 국어 문장 차원의 동의성은 주로 부정문 즉 긴 부정문과 짧은 부정문의 동의성에 대해 다양한 논의가 이루어졌으며, 동의문에 대한 연구로는 이기용(1979), 원진숙(1988), 김중철(1990), 박기숙(1996) 등이 있다.

  18 동의문이란 '의미가 같은 문장'으로 원진숙(1988:21)에서는 서로 교체가능하고 인식적·감정적 의미가 동일한 문장형식 간의 관계를 말한다고 하였다.

  19 남승호(2002:296, 301~310)는 처소 논항 교체 자동사 및 형용사 구문에서, [처소-에] 구문은 술어의 의미 속성이 처소 논항이 가리키는 장소의 일부분에만 적용되는 소위 "부분적 효과"를 나타내며, [처소-가] 구문은 술어의 의미 속성이 장소의 전체에 적용되는 소위 "전체적 효과"를 나타낸다고 하였다. 처소 논항이 주어로 표현될 때 그 논항이 가리키는 장소 전체가 의미해석에 관여하게 되지만, 처소 논항이 주어로 표현되지 않을 때는 처소 논항이 단지 상황적 장소를 지시하여 그 장소에서 사건이나 사태로 발생하였음을 의미한다는 것이다. 이러한 의미 차이는 [처소-에] 구문과 달리, [처소-가] 구문에서는 처소 논항이 의미역이 장소라기보다는 대상으로 표현되고 있음을 보여준다고 하였다. 또한, '반짝이다' 부류에서 [처소-에] 구문은 두 하위 사건 가운데 원인이 되는 과정인 event-1(Process)을 부각시키는 방식이며, [처소-가] 구문은 두 하위 사건 가운데 결과로 야기되는 event-2(Process)를 상대적으로 부각시키는 표현 방식이라고 하였다.

  20 박영순(1988)에 따르면 동의문의 여부는 어느 한 가지 기준이나 규칙만으로 판정할 수 없다고 하였으며 원진숙(1988)에서도 동의문의 본질은 결국 '정도'의 개념으로 설명되어야 한다는 것과 종합적 방법론의 토대 위에서 기술되어야 한다는 시각의 결합이 동의문을 해결하는 열쇠가 될 것이라고 하였다.

(6) 처소 교차 구문의 동의성

구 분	┌ 환자들이 무료 진료소에 넘친다. └ 무료 진료소가 환자들로 넘친다.	┌ 영희는 소포를 노끈으로 감았다. └ 영희는 소포에 노끈을 감았다.
동 일 지 시	+	+
동 일 개 념	+	+
동 치	+	+
상 호 함 의	+	+
동일기저구조	-	-
동일화자의도	○	○
동일청자반응	○	○
상 호 대 치	+	+
반의문 검증	+	-
문 맥 검 증	○	○
동의성의 정도	6	5

※ +: 긍정, -: 부정, ○: 해당 없음

※ 동의문 기준(원진숙, 1988)

구 분	기 준
동 일 지 시	지시의 동일
동 일 개 념	심리적 형상화의 동일
동 치	진리치의 동일
상 호 함 의	A ≡ A'
동일기저구조	심층구조의 동일
동일화자의도	화자 의도의 동일
동일청자반응	언향적 행위의 동일
상 호 대 치	상호 교체 가능성
반의문검증	반의문으로 변형
문맥 검증	어휘에 의한 동의성일 경우, 해당 어휘를 문맥 속에 넣고 판단

처소 교차 구문은 동일한 심층 구조를 설정하기 어렵기 때문에 구조적 동의문이 아닌 논리적 동의문에 가까운 것으로 분석된다.[21] 원진숙 (1988:82)에서는 논리적 동의문의 동의성 정도 등급은 4.5로 낮다고 하였으나, 처소 교차 구문의 동의성 정도는 5~6으로 비교적 높다고 하겠다. 다음 절에서는 이러한 처소 교차 구문의 동의성을 기반으로 필수 성분을 확인하고 통사적 특징을 분석하고자 한다.

2.2. 처소 교차 동사 구문의 보충어

일반적으로 부사어구는 부가어임에 반해, 처소 교차 구문에서의 처소나 도구에 해당하는 명사구는 보충어로 판별된다.[22]

(7) 가. 귀성객들이 대합실에 들끓었다.

↔ [?]귀성객들이 들끓었다.

나. 귀성객들로 대합실이 들끓었다.

↔ *대합실이 들끓었다.

---

21 원진숙(1988)에 따르면, 동의문은 그 발생 원인에 따라 어휘적 동의문, 구조적 동의문, 논리적 동의문, 화용론적 동의문으로 분류된다. 어휘적 동의문은 동의어의 어휘대체에 의해 발생한 어휘적 차원의 동의문을, 구조적 동의문은 기저구조는 같고 그 표면구조가 다른 통사론적 이유로 발생한 구조적 차원의 동의문을, 논리적 동의문은 서로 진리치가 같고 상호함의를 이루는 논리적 차원의 동의문을, 화용론적 동의문은 동일한 화자의도와 동일청자반응에 의해 '상황맥락'이라는 매개변후 f가 작용하여 동의성이 발생하는 화용적 차원의 동의문을 말한다. 각 동의문의 동의성 등급은, 어휘적 동의문은 8.7, 구조적 동의문은 7.4, 논리적 동의문은 4.5, 화용론적 동의문은 4.5로 분석하였다.

22 남승호(2002)에서는 전체적 점유 술어만을 2항 술어 유형에 속하는 것을 보고, '들끓다' 부류에서 [처소-에] 구문과 [처소-개] 구문에서 두 개의 논항이 모두 필수논항으로 판별된다고 했다.

다. 아이들 방을 예쁜 벽지로 발랐다.

　↔ ˀ아이들 방을 발랐다. [23]

라. 철수는 책상에 책상보를 덮었다.

　↔ ˀ철수는 책상보를 덮었다.

　예문 (7)과 같이 두 자리 서술어나 세 자리 서술어 모두에서 '-에 명사구'나 '-로 명사구'를 생략할 경우[24], 교차된 두 문장의 의미가 동일하다고 보기 힘들며, 특히 두 자리 서술어의 경우는 문장 성립이 가능한지도 의문스럽다.[25]

　홍재성(1986:12)에서는 자동사 구문에 한해, C-구조의 'N₁-로'는 의미 해석상 원인의 보어에 가까우며, S-구조에서의 'N₁-에'는 장소 보어적 성격을 지닌다고 하였다.

(8) 가. 대합실은 귀성객들(로, 로 인해, 로 해서, 로 말미암아) 몹시도 붐볐다.

　　나. 그의 가슴은 희망(으로/에) 가득 찼다.

(9) 가. 어디에 사람들이 그렇게 들끓니?

　　나. 여기는 늘 사람들이 북적거려.

　　다. 매표소 앞에는 예매표를 사려는 사람들이 들끓는다.

---

23 예문 (다, 라)가 문법적으로 적합할 수 있으나, 생략 이전의 문장과 달리 중의성이 생긴다는 점에서 해당 성분을 생략할 수 없다고 보인다.

24 여기에서 생략은 담화상의 생략 현상까지를 포함한 것이 아니라 필수 성분이 나타나지 않아 비문이 되는 현상을 말한다.

25 처소 교차 구문의 교차 현상이 규칙적이며, 주어와 서술어에 변화가 없으므로, 두 문장의 진술 내용이 같다고 할 수 있다 그렇다면 어느 한 성분이 생략된 문장은 생략 이전의 문장과 다른 의미를 갖는다고 할 수 있을 것이다.

C-구조의 'N₁-로'는 'N₁로 인해, N₁로 해서, N₁로 말미암아' 등 원인의 표현으로 풀이될 수 있으며, 경우에 따라 'N₁-에'로 교체가 가능하다고 하였는데, 이는 '-로'와 '-에'가 도구나 처소의 의미보다 원인의 의미를 공유하고 있기 때문으로 보인다. 또한, S-구조에서는 'N₁-에'가 의문사 '어디'나 장소 대명사 '여기, 거기, 저기'에 대응되며, 복합 구성이 나타날 수 있다는 점에서 장소 보어적 성격을 지닌다고 볼 수 있다고 했다. 보어의 필수성에 대해서는 다양한 의견이 있을 수 있으나 N₁이 주어로 실현될 수 있다는 점과 서술어가 의미상 필요로 하는 성분임을 감안한다면, N₁을 보충어라 할 수 있을 것이다.

남승호(2002:300)에서는 처소 교체 술어의 논항 구조를 필수 논항의 수에 따라 '1항 술어 유형'과 '2항 술어 유형'으로 크게 나누었다.

(10) 가. 1항 술어 처소 교체 유형

　　　(처소-에)　원인-이　V/A　↔　처소-가 (원인으로)　V/A

　　　〈반짝이다, 빛나다, 뽀얗다, 뿌옇다, 지글거리다, 웅웅거리다 등〉

　나. 2항 술어 처소 교체 유형

　　　처소-에　　원인-이　V/A　↔　처소-가 원인으로　V/A

　　　〈북적거리다, 가득하다, 들끓다, 넘쳐흐르다, 울창하다 등〉

그렇지만, 남승호(2002:309～315)에서 생성 어휘부 이론에 기초하여 분석한 처소 교차 술어의 내부 구조에서는 모든 술어 유형에 대해 '원인'과 '처소'를 논항으로 설정하고 있다는 점에서 1항 술어 유형 역시 2항 술어로 보인다.

처소 교차 타동사 구문에서 피작용 대상이 생략될 수 없다는 점도 처소나 재료(도구)에 해당하는 명사구가 필수적이라는 이유로 들 수 있다.

(11) 가. 영희는 소포를 노끈으로 감았다.

　　 가'. *영희는 노끈으로 감았다.

　　 나. 영희는 노끈을 소포에 감았다.

　　 나'. *영희는 소포에 감았다.

또한, 처소 교차 타동사 구문의 피동문화를 통해서도 문장 성분의 필수성을 확인할 수 있다. 서정수(1996:1065)에서는 능동문이 피동문으로 될 때 능동문의 이중 목적어 중의 하나가 그대로 남아 있는 경우를 목적격 피동문이라고 하였다.

(12) 가. 수미가 찬우를 옆구리를 찔렀다.

　　 나. 찬우가 수미에게 옆구리를 찔렸다.

예문 (12가)는 대소 관계 유형의 겹목적격 문장이다. 두 목적어 사이에는 불가 양도성의 관계가 있는데, 대체로 마지막 목적격 명사구가 참목적어이고 그 앞의 목적격 명사구는 한정어로 해석된다는 견해가 많다(서정수, 1996:698). 그렇지만, 피동문화에 보듯이 남아있는 목적어가 생략될 수 없다는 점에서 두 목적어 모두 보충어라 할 수 있다. 이와 동일하게 세 자리 처소 교차 동사의 피동문에서도 행위주는 생략될 수 있으나 나머지 두 성분은 필수적으로 나타나야 하므로 'NP으로'와 'NP에' 역시 보충어라 할 수 있다.

(13) 가. 그는 명당을 묏자리로 썼다.

　　 나. 명당이 묏자리로 써졌다.

　　 다. ?명당이 써졌다.

(14) 가. 돈뭉치를 신문지에 말다.

　　　나. 돈뭉치가 신문지에 말렸다.

　　　다. ?돈뭉치가 말렸다.[26]

　이 연구에서 제시한 보충어 확인법을 통해서도 처소 교차 동사 구문의 보충어를 확인할 수 있다.

(15) 환자들이 무료 진료소에 넘쳤다.

　가. 삭제 검사

　　　a. *무료 진료소에 넘쳤다.

　　　b. ?환자들이 넘쳤다.[27]

　　　c. *넘쳤다.

　나. '그리하다' 검사

　　　a. *환자들이 무료 진료소에 넘쳤고, 가족들도 무료 진료소에 그리했다.

　　　b. 환자들이 무료 진료소에 넘쳤고, 가족들도 그리했다.

　　　c. *환자들이 무료 진료소에 넘쳤고, 그리했다.

　다. 관계화 검사

　　　a. 무료 진료소에 넘친 환자들

　　　b. 환자들이 넘친 무료 진료소

　라. 반문 검사

---

26 위 문장은 문법적이지만 중의성(돈뭉치가 무언가에 말림/돈뭉치 자체가 말림)을 가지게 된다.

27 예문 (16가b)가 문법적으로 적합할 수 있으나, 생략 이전의 문장과 달리 중의성이 생긴다는 점에서 해당 성분을 생략할 수 없다고 보인다.

a. 무료 진료소에 넘쳤다. 아! 그랬어?! 그런데, 누가?

b. 환자들이 넘쳤다. 아! 그랬어?! 그런데, 어디에?

마. 의미역 및 의미 구조 검사

술 어	넘 치 다	
논 항	x	y
의미역	행위주	장소
의미 구조	[[AFF(x,)], [CS (x, [AT (y)])]]/넘치-	

바. 보충어 수치

구분	환자들	무료 진료소
삭제 검사	+	+
그리하다 검사	+	+
관계화 검사	+	+
반문 검사	+	+
의미역 검사	+	+
의미 구조 검사	+	+
보충어 수치	6	6

'넘치다' 구문의 주어인 '환자들'은 보충어 수치 6으로 보충어이며, 보어인 '무료 진료소'도 보충어 수치 6으로 보충어라 할 수 있다.

(16) 청소부들이 건물벽을 페인트로 칠했다.

가. 삭제 검사

a. *청소부들이 페인트로 칠했다.

b. 청소부들이 건물벽을 칠했다.

c. *청소부들이 칠했다.

d. *칠했다.

나. '그리하다' 검사

    a. *청소부들이 건물벽을 페인트로 칠했고, 작업부들도 건물벽을 페인트로 그리했다.

    b. 청소부들이 건물벽을 페인트로 칠했고, 작업부들이 건물벽을 그리했다.

    c. 청소부들이 건물벽을 페인트로 칠했고, 작업부들이 페인트로 그리했다.

    d. *청소부들이 건물벽을 페인트로 칠했고, 작업부들이 그리했다.

다. 관계화 검사

    a. 건물벽을 페인트로 칠한 청소부

    b. 청소부들이 페인트로 칠한 건물벽

    c. 청소부들이 건물벽을 칠한 페인트

라. 반문 검사

    a. 건물벽을 페인트로 칠했다. 아! 그랬어?! 그런데, 누가?

    b. 청소부들이 페인트로 칠했다. 아! 그랬어?! 그런데, 무엇을?

    c. 청소부들이 건물벽을 칠했다. 아! 그랬어?! 그런데, 무엇으로?

마. 의미역 및 의미 구조 검사

술 어	칠 하 다		
논 항	x	y	z
의미역	행위주	피험체	도구
의미 구조	[[AFF(x, y)], [[CS(x, [INCH[BE(y, [IN STATE])]])], [BY(CS(x, [INCH[BE(z, [AT(y)])]])]]]]/칠하		

바. 보충어 수치

구분	청소부들	건물벽	페인트
삭제 검사	+	+	-
그리하다 검사	+	+	+
관계화 검사	+	+	+
반문 검사	+	+	+
의미역 검사	+	+	+
의미 구조 검사	+	+	+
보충어 수치	6	6	5

'칠하다' 구문의 주어인 '청소부'와 목적어인 '건물벽'은 보충어 수치 6으로 보충어이며, 보어인 '페인트'는 보충어 수치 5로 보충어라 할 수 있다.

지금까지, 처소 교차 구문의 개념을 정의하고 그 동의성과 필수성을 알아보았다. 처소 교차 구문이란 처소 명사구가 다른 문장 성분으로 교차되어 실현되는 구문을 말하며, 대응되는 두 교차 구문 사이의 관계를 통해 두 구문은 논리적 동의문이며, 교차되어 실현되는 처소 명사구는 문장의 보충어임을 밝혔다. 다음 절에서는 이러한 논의를 바탕으로 세 자리 서술어인 처소 교차 타동사의 의미 구조와 논항 교차 현상에 대해 살펴보도록 한다.

2.3. 처소 교차 구문의 의미 구조와 통사 구조

여기에서는 처소 교차 타동사의 의미 구조에 나타난 논항과 통사 구조의 문장 성분과의 대응 관계를 통해 각 문장 성분의 의미역을 밝히고 더 나아가 처소 교차 구문의 논항 교차 현상을 살피고자 한다. 먼저, 의미 구조와 통사 구조의 대응을 통해 각 논항과 문장 성분의 대응 관계를 살피면 다음과 같다.

(17) 가. 청소부들이 건물벽을 페인트로 칠했다.

술 어	칠 하 다		
논 항	x	y	z
의미역	행위주	피험체	도구
의미 구조	[[AFF(x, y)], [[CS(x, [INCH[BE(y, [IN STATE])]])], [BY(CS(x, [INCH[BE(z, [AT(y)])]])]]]]/칠하		
통사 구조			

나. 청소부들이 페인트를 건물벽에 칠했다.

술 어	칠 하 다		
논 항	x	y	z
의미역	행위주	피험체	장소
의미 구조	[[AFF(x, y)], [[CS(x, [INCH[BE(y, [AT(z)])]])]]]/칠하		

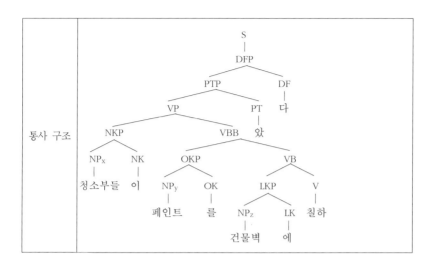

| 통사 구조 | (syntactic tree diagram) |

의미 구조와 통사 구조의 대응을 통해 의미 구조의 각 논항이 통사 구조의 문장 성분들과 연결되고 있음을 볼 수 있다.[28] 예문 (17가)의 의미 구조는 'x'의 행위에 따라 '재료'인 'z'가 처소 'y'에 어떤 영향을 줌으로써 그 결과로 'y'가 어떤 변화된 상태에 있게 됨을 표시한다.[29] 그런데 목적어인 '건물벽' 즉 논항 y는 피작용자임에도 처소 함수와 결합하고 있다. 이는 작용 의미층에서는 피작용자로, 관계 의미층에서는 'AT'의 뒤를 따르고 있다는 점에서 확인할 수 있다. 또한, 논항 'z' 즉 NP3 역시 [INCH[BE(z, ……]에서 보이듯이 'x'의 작용을 받는 대상으로서의 지위를 가질 수 있다는 점이다. 이러한 점은 '밝히다'의 의미 구조에서도 확인할 수 있다.

---

28 논항 연결은 한정한(2002)에서 제안된 '가', '를'의 논항 연결 알고리듬을 따르며, 이 연구에서는 어휘의미 구조를 살피는 데 목적이 있으므로 자세한 과정은 생략한다. 단, 한정한(2002)에서 제시되지 않은 '-로'와 '-에' 명사구로의 연결은 논항의 의미역 위계와 함께, 의미 구조에서 방편의 BY, 처소의 AT과 결합함에 따라 각각의 명사구로 연결되는 것으로 본다.

29 양정석(1997:107)에서는 교차 구문을 고려하여 NP2를 논항 z로 표시하였지만, 이 연구에서는 비록 교차는 되지만 별개의 논항이므로 논항의 순서는 x, y, z로 표시한다.

(18) 김 노인이 등잔을 불로 밝혔다.

술 어	밝 히 다		
논 항	x	y	z
의미역	행위주	피험체	도구
의미 구조	[[AFF (x, y)], [[CS (x, [INCH [BE/ +ident(y, [AT ([밝])])]])], [BY ([CS (x, [INCH [BE(z, [AT (y)])]])])]]		
통사 구조			

```
                              S
                              |
                             DFP
                          /        \
                       PTP          DF
                     /     \       /  \
                   VP       PT     다
                 /    \     |
               NKP    VBB   었
              /  \   /   \
            NPx  NK OKP   VB
             |    | /  \  /  \
            김 노인 이 NPy OK IKP   V
                    |   | /  \  |
                   등잔 을 NPz IK 밝히
                          |   |
                          불  로
```

예문 (18)의 '밝히다' 역시 논항 'y'가 피작용자 역할을 수행하며, 관계 의미층에서 'AT'과 결합하고 있음을 확인할 수 있다.

교차된 구문인 예문 (17나)의 의미 구조에서도 논항 'y'는 피작용자로 서 목적어로 실현되며 논항 'z'는 관계 의미층에서 'AT'과 결합하여 보어 로 실현된다. 이홍식(2000:221)에서는 '재료'의 '-로' 성분을 모두 보어로 처리하였지만 동일한 '재료'의 의미라도 위와 같은 의미 구조를 통해 보 충어인 경우와 부가어인 경우로 구분할 수 있다. 다음 예문에서 '돌'은 '재 료'의 의미를 표현하지만 보충어가 아닌 부가어이다. 이는 의미 구조에 논항으로 반영되어 있지 않으며, 처소 교차를 할 경우 다른 의미를 지닌 문장이 된다는 점에서 확인할 수 있다.

(19) 가. 사람들이 탑을 돌로 쌓았다.

술 어	쌓 다	
논 항	x	y
의미역	행위주	피험체
의미 구조	[[AFF(x, y)], [CS(x, [INCH[BE/-comp([ ], AT(y)])]])]]	
통사 구조		

```
                            S
                            |
                           DFP
                    ┌───────┴───────┐
                   PTP              DF
              ┌─────┴─────┐          |
             VP          PT          다
        ┌─────┴─────┐     |
       NKP         VBB    았
     ┌──┴──┐    ┌───┴───┐
    NPx    NK  OKP      VB
     |     |  ┌─┴─┐   ┌──┴──┐
   사람들   이 NPy  OK  IKP     V
              |   |  ┌─┴─┐    |
              탑   을 NPz  IK   쌓
                     |   |
                     돌   로
```

나. 사람들이 탑에 돌을 쌓았다.

처소 교차 동사의 논항 교차의 원인은 도구 논항인 '노끈으로'의 대상화를 통한 의미역 상승으로 보인다(한정한, 2002:848). 도구역이 대상역으로 상승됨에 따라 처소 함수와 결합하고 있던 대상역이 처소역으로 이동하는 것이다. 예문 (17가)의 의미 구조 분석을 통해 이를 설명할 수 있는데, 즉 NP2인 논항 'y'는 작용 의미층에서 피작용자에 해당하면서 관계 의미층에서 처소 'AT'와 결합하고 있으며, NP3인 논항 'z'는 관계 의미층에서 마치 대상과 같은 역할을 수행하고 있다. 그런데, 논항 'z'가 대상화를 통해 의미역 상승이 이루어지면, 논항 'y'가 처소역으로 이동하게 되는 것이다. 이에 따라 교차된 구문에서 목적어인 '건물벽'이 '-에'와 결합할 수 있으며, '페인트'가 목적격을 부여받을 수 있는 것이다. 그렇지만 논항 'z'의 의미역 상승 후에도 논항 'y'가 처소역으로 이동하지 않고 그대로 대상역을 지키고 있을 수도 있다. 이러한 점은 예문 (20)과 같은 이중 목적어 구문을 통해 확인할 수 있다.

(20) 청소부들이 건물벽을 페인트를 칠했다.

그런데, 대응 구문인 (17나)를 통해서는 교차의 원인을 설명하기가 어렵다. 예문 (17나)의 어휘 의미 구조는 행위자 'x'가 '재료'인 'y'를 처소 'z'에 어떤 작용을 가하는 상태를 의미한다. 각 논항은 하나의 의미역만을 부여받으며 문장 성분으로 실현되기 때문에 위에서 살펴보았던 교차 현상을 설명할 수 없다. 따라서 이 연구에서는 처소 논항이 목적어로 실현된 문장을 처소 교차 타동사 구문의 기본 구조로 설정한 것이다.

지금까지 국어 처소 교차 동사의 의미 구조와 논항 교차 현상을 살펴보았다. 이상의 논의를 요약하면 다음과 같다. 첫째, 이 연구에서는 처소 교차 구문을 처소 명사구가 다른 문장 성분으로 교차되어 실현되는 구문으로 보았으며, 대응되는 두 교차 구문 사이의 관계를 통해 두 구문이 논리적 동의문이며, 교차되어 실현되는 처소 명사구는 보충어임을 밝혔다. 둘째, 처소 교차 타동사가 세 자리 서술어임과 처소 교차 타동사의 의미 구조에 나타난 논항과 통사 구조의 문장 성분과의 대응 관계를 살펴보았다. 셋째, 처소 교차 구문의 논항 교차 현상은 세 자리 처소 교차 타동사의 피작용자 논항이 관계 의미층에서 처소 함수와 결합하며, 도구 논항 역시 관계 의미층에서 대상으로서 역할을 하고 있기 때문에 처소 교차가 가능한 것으로 분석하였다.

3. 상호 동사 구문

국어에는 둘 이상의 대상을 의미적으로 요구하는 동사들이 있다. 이러한 동사들을 상호 동사라 할 수 있는데, 상호 동사가 서술어로 쓰인 문장은 둘 이상의 주체나 대상이 참여하는 사태를 기술한다. 상호 동사는 상호 동사 자체보다 '-와' 명사구와의 관계에서 다루어져 왔다. 그렇지만 이연구에서는 조사 '와'에 대한 분석보다 '와' 명사구를 요구하는 상호 동사를 중심으로 분석한다. 그리고 격조사의 기능을 갖는 '와' 명사구들은 보충어로 처리해야 함을 의미역, 의미 구조, 통사 구조의 비교를 통해 설명하도록 하겠다.

본 절은 다음과 같이 구성된다. 먼저, 상호 동사의 개념과 기본 구조를 규정하고, 상호 동사 구문의 보충어를 살펴보도록 한다. 다음으로 상호 동사 구문의 의미 구조와 통사 구조를 분석하고 특히 세 자리 상호 동사 구문을 집중적으로 분석하도록 하겠다.

3.1. 상호 동사 구문의 개념과 기본 구조

3.1.1. 상호 동사 구문의 개념

교호성을 갖는 발화의 행동 양상은 어떤 일정한 행위가 상호 간에 행해지는 것을 의미한다(노황진, 1990:8). 이 교호성은 국어에서 소위 대칭 부사인 '서로'를 통해 확인할 수 있는데, 최규수(1991)에서는 '서로'와의 공기 가능성에 따라 [±교호]의 자질을 설정했다.

(1) 가. X와 Y가 {함께, *서로} 학교에 갔다.([-교호]의 구 이음 표지)

　　나. X가 Y와 {함께, *서로} 학교에 갔다.([-교호] 행위의 동반자·견 줌말 표지)

　　다. X와 Y가 {함께, 서로} 싸웠다.([+교호]의 구 이음 표지)

　　라. X와 Y가 {함께, 서로} 싸웠다.([+교호] 행위의 상대·상대말 표지)

조은지(1999)에서는 Mary Dalrymple et al(1998)의 논의[30]를 바탕으로 동사의 대칭성을 기준으로 하여 동사들을 나누어 보고, '서로'를 통해서 상호성이 실현되는 통사·의미적인 모습들을 살펴보았다. 또한, 한국어의 상호 표현은 영어와 달리 배분성을 포함하지 않으며 부정을 내포한 술어 들이 SR(강한 상호성, Strong Reciprocity)을 선호함을 살펴보고[31], 이러한 논의를 바탕으로 한국어 상호 표현은 다음과 같은 특징이 있다고 하였다.

(2) 한국어 상호 표현의 특징

　가. 주어진 문맥 정보 이상으로, 동사의 수리적인 성격(symmetry)에

---

[30] Mary Dalrymple et al(1998)은 상호성을 가늠하는 기준으로 다음을 제시하였다.
① A에 있는 각각의 모든 쌍들은, 모두 직접적으로 관계 R에 참여해야 한다.
② A에 있는 각각의 모든 쌍들은, 모두 직접적으로 혹은 간접적으로 관계 R에 참여해 야 한다.
③ A의 모든 개체는 다른 개체와 함께 관계 R에 참여해야 한다.
[31] 조은지(1999:70)에 따르면 부정 표현으로 대치될 수 있는 동사인 '무관심하다(관심이 없다), 모르다(알지 못하다)' 등은 상호 개념의 유형상 강한 상호성을 선호한다고 보았다.

의해 상호성이 결정된다.

나. 상호성은 배분성으로 포함하지 않는다. 그러나 종종 배분성으로 필요로 할 때가 있다. 영어에는 없다.

다. 의미가 부정적인 일련의 동사들이나, 부정 표현은 negation-narrow scope reading을 갖으며, 모든 쌍들에 대해 상호성이 성립해야 하는 강한 상호성을 갖지만, 이 SR은 흔히 발견되는 상호성 유형이 아니다.

국어의 상호 동사에 대한 논의는 상호 동사 자체보다 조사 '와'에 대한 논의가 대부분이었다. '와'에 대한 논의는 '와'가 접속 기능만을 갖는지, 또는 접속 기능과 공동격 기능을 모두 갖는지에 대한 것으로, 김완진 (1970), 임홍빈(1972), 김영희(1974ㄱ, ㄴ)는 접속 기능만을 인정하였으며, 성광수(1981), 김민수(1981), 최재희(1985), 이필영(1989), 남기심(1990), 노황진(1990)에서는 두 기능을 모두 인정하였다.

'와'의 접속 기능만을 인정한 김영희(1974ㄱ, ㄴ)는 서술어를 명제 내의 격 범주와 대칭 관계에 의하여 대칭 서술어, 무대칭 서술어, 비대칭 서술어로 분류하고, 이에 준해서 '-와'와의 통합 양상을 살피고 있다. 그는 대칭 서술어에서의 접속은 구 접속으로, 무대칭 서술어와 비대칭 서술어에서는 문 접속으로 처리하고 있다. 그에 따르면 서술어는 명제 내의 통사·의미론적 관계 기능인 격 범주와 명제 내의 대칭 관계에 의해 하위 분류된다.

(3) 대칭성과 격 범주에 따른 국어 서술어의 분류(김영희, 1974ㄱ)

  가. 대칭 서술어

    ① 행위격 (대상격) - 결혼하다, 나누다, 대화하다, 동행하다, 바꾸다, 싸우다 등

② 대상격 (처소격) - 공존하다, 교류하다, 양립하다, 화목하다, 절친하다 등

나. 무대칭 서술어

① 행위격 수여격 (대상격) - 계약하다, 약속하다, 인사하다, 협력하다 등

② 행위격 대상격 - 이별하다, 이혼하다, 동반하다, 만나다, 사귀다 등

③ 행위격 시원격 - 등지다, 별거하다, 외면하다, 헤어지다 등

④ 행위격 (대상격) 도달격 (처소격) - 관계하다, 동의하다, 버티다, 상관하다 등

⑤ 행위격 도구격 도달격 - 교체하다, 교환하다, 대체하다, 바꾸다 등

⑥ ((행위격, 경험격)) 대상격 시원격 - 구별하다, 다르다, 분별하다, 어긋나다 등

⑦ ((행위격, 경험격)) 대상격 도달격 - 대응하다, 닮다, 맞다, 어울리다 등

⑧ (행위격) 대상격 처소격 - 동봉하다, 배합하다, 섞다, 이웃하다, 혼합하다 등

⑨ 시원격 도달격 - 가깝다, 길다, 멀다, 잇다, 좁다 등

다. 비대칭 서술어: 대칭 서술어와 무대칭 서술어에 포함되지 않는 나머지 모든 서술어

위에서 알 수 있듯이 김영희(1974ㄱ, ㄴ)에서는 다른 명사구 논항이 갖는 의미역을 '명사구+와' 논항도 대부분 가질 수 있다고 보았다.[32] 이는 조사 '와'를 일률적으로 접속 조사로 보고, '명사구+와' 논항이 쓰인 모든 문

장을 접속문에서 도출한 데서 기인한 것인데[33], 김영희(1974ㄴ:76~79)는 [NP-와 NP] 구조와 [NP-K NP-와] 구조를 인정하지 않고, 전자에서 후자의 구조로의 전환은 주어화의 개념으로 파악하였다.

그렇지만 최재희(1985)에서는 접속의 '와'와 비접속의 '와'를 구분하고, 접속의 경우에는 심층 구조를 문 접속 구조로, 비접속의 경우에는 표면 구조 자체를 심층 구조로 보았다. 그는 접속의 '와'는 [+연결성]을 가지며, 비접속의 '와'는 [여동성]을 갖는다고 보았다.

(4) 가. 철수와 영수가 싸운다.

$S_0[S_1$[철수]가 [영수]와 싸운다 conj[고] S_2[[영수]가 [철수]와 싸운다]]

나. 민희와 수미가 갔다.

$S_0[S_1$[민희가 갔다] conj[고] S_2[수미가 갔다]]

이필영(1989:2)은 접속 기능만을 인정하는 입장에서는 접속 구문인 'N-와 N-K'가 'N-K N-와'와 논리적 차이를 갖지 않는 것으로 간주하여 후자를 전자에서 변형하여 도출할 수 있다고 하였다. 이와 달리 접속과 격의 기능을

---

32 김영희(1974ㄱ, ㄴ)에서는 Fillmore(1966, 1968, 1971)의 격문법과 Lakoff & Peters(1966)의 대칭 관계를 이론적 근거로 하여, '명사구+와' 논항의 의미역을 설정했다.

33 김영희(1974ㄱ)에서 대칭 서술어 문장은 기본 구조의 구 접속이 의무적이며, 접속 구절은 대칭 관계에 있고, 대칭 관계의 접속 구절을 접속하는 요소가 '와'라고 하였다. 이러한 '와'를 대칭 접속 조사라고 하였다. 또한 무대칭 서술어 문장의 '와'는 접속사 '고'에서 유도되는 것으로 보았다. 즉 여동격도 여동격 조사도 인정될 수 없고 여동성이 나타나는 '와'는 시간적, 처소적 동일성의 대칭 접속 조사일 뿐이라고 하였다. 이러한 논의는 김영희(1974b)에서도 동일하게 발견할 수 있다. 김영희(1974b:72)에서는 대칭성과 동시성, 그리고 동일 처소의 피상적 해석이 여동성이므로, 기저 구조의 격범주이어야 하는 여동격은 존재할 수 없으며 '와'는 어느 경우든지 접속 조사에 불과하다고 하였다.

모두 인정하는 입장에서는 접속 구문과 공동격 구문은 상호 논리적으로 동일하지 않으며 따라서 양자는 동일한 기저 구조를 가질 수 없다고 하였다.

(5) 가. 철수$_i$와 영수$_j$가 모두$_{ij}$ 싸웠다.
　　나. 철수$_i$가 영수$_j$와 모두$_{ij}$싸웠다.
　　다. 철수$_i$와 영수$_j$가 자기$_{ij}$(*ø , 들) 방에서 싸웠다.
　　라. 철수$_i$가 영수$_j$와 자기$_{*i}$(ø , *들) 방에서 싸웠다.

(5가)의 '모두'는 선행사가 동일한 성분의 복수일 것을 요구한다. 그런데 (5나)의 '철수가'와 '영수와'는 상이한 성분이 되는 까닭에 '모두'와 공기할 수 없다. 한편 (5다)의 재귀사 '자기들'은 선행사가 복수 주어일 것을 요구한다. (5라)에서 '자기'는 단수 주어 '철수'일 것을 요구한다. 즉 'NP-와 NP'는 하나의 성분이고 'NP-K NP-와'는 두 개의 성분으로 나타낼 수 있다. 이것은 'NP-와 NP'의 '-와'가 격을 표시하지 않고 단지 NP와 NP를 접속해 주는 데 반해, 'NP-K NP-와'는 격을 표시함을 의미한다(이필영, 1989:29). 그는 'N-와 N-K' 구문과 'N-K N-와' 구문의 의미론적 특성은 상이한데, 전자는 첫째 N과 둘째 N의 행위가 개별적이거나 상호적이거나에 관계하지 않는 데 반하여 후자는 상호적 행위만을 나타낸다고 하였다. 이러한 의미 차이는 양자의 통사적 구조의 차이에 직결되는데, 전자는 동일한 성분이 접속된 '[N-와 N]-K'의 구조를 이루는 데 비하여 후자는 상이한 성분으로 된 '[N]-K [N]-와'의 구조를 이루며, 따라서 전자에서의 '와'는 접속 조사로, 후자에서의 '와'는 상호격 조사로 부를 수 있다고 하였다.[34]

---

34 이필영(1989)는 '함께'와 '서로'를 동반 부사와 대칭 부사로 보고 이들과 공기할 수 있는 서술어들을 다음과 같이 정리하였다.

남기심(1990)에서는 'NP1와 NP2가 …V'와 'NP1이 NP2와 …V'의 두 문형은 서로 별개의 것이며, 어느 하나가 다른 하나에서 유도되는 것이 아니라고 하였다. 이러한 근거로 첫째, 체언 접속구 중의 NP는 모두 동일한 통사 자질을 가져야 하고, 인칭이 동일해야 하는 통사적 제약이 있는데, 이른바 'NP와' 이탈형에는 그러한 제약이 없으며 둘째, 대칭 용언의 경우도 이 두 문형이 대응되지 않는 것이 있고 셋째, 이 두 문형의 문장 사이에는 의미의 동일성이 없다는 것이다.

노황진(1990:17~30)에서는 'NP-와 NP' 구성은 어떠한 서술어와 결합해도 중의성이 발견되어 의미론적으로 격을 설정할 수 있는 근거를 발견할 수 없으므로 이 구성에서의 '-와'는 단지 NP들을 접속하는 기능만 있을

		동반부사와의 공기	
		가능	불가능
대칭부사와의 공기	가능	A	C
	불가능	B	D

그들은 서로 {싸웠다, 결혼했다 / 다르다, 일치한다}.
*그들은 서로 {일했다, 울었다 / 예쁘다, 작다}.
그들은 함께 {싸웠다, 결혼했다 / 일했다, 울었다}.
*그들은 함께 {다르다, 일치한다 / 예쁘다, 작다}.

이필영(1989)는 A는 대칭성, 동반성 서술어로, B는 비대칭성, 동반성 서술어로, C는 대칭성, 비동반성 서술어로, D는 비대칭성, 비동반성 서술어로 보았다. 대칭성 서술어인 '싸우다, 결혼하다, 다르다, 일치하다'는 대칭 부사 '서로'와 공기할 수 있으나, 비대칭성 서술어인 '일하다, 울다, 예쁘다, 작다' 등은 공기할 수 없다고 하였다. 또 동반성 서술어인 '싸우다, 결혼하다, 일하다, 울다' 등은 동반 부사 '함께'와 공기할 수 있으나, 비동반성 서술어인 '다르다, 일치하다, 예쁘다, 작다' 등은 공기할 수 없다고 하였다.

철수가 영희와 싸웠다.(+동반성, +대칭성)
철수와 영희가 공부했다.(+동반성, -대칭성)
철수와 영희가 다르다.(-동반성, +대칭성)
철수와 영희가 크다.(-동반성, -대칭성)

뿐이지만, 'NP-K NP-와' 구성에서의 '-와'는 [+동반성], [+교호성], [+동반지시성] 등의 자질을 가지고 주어 명사구에 적극적으로 공동 참여하는 대상자가 되어 서술어의 행동 양상을 나타나게 되므로 이 '-와'는 공동격으로 설정해야 한다고 하였다. 또한, 노황진(1990:30)에서는 두 구성은 아래 예문 (6)과 같이 통사적으로 서로 상이한 구조를 갖는다고 하였다. 따라서 'NP-K NP-와'에서의 '-와'는 접속과 무관하며 하나의 공동격을 표시하는 성분이라고 보았다.

(6) 가. 철수가 영희와 만났다.
　　나. 철수와 영희가 만났다.
　　　　a. 철수가 영희를 만났다.
　　　　b. 철수와 영희가 각각 누군가를 만났다.

이상과 같이 '-와'의 접속 기능과 격 기능을 모두 인정한 기존 연구에서는 'NP-K NP-와' 구문과 'NP-와 NP-K' 구문을 별도로 간주하였다. 이러한 논의에 덧붙여 이 연구에서는 'NP-K NP-와' 구문과 'NP-와 NP-K'가 같은 구조가 아님을 중의성의 발생 현상을 통해서도 살필 수 있다고 본다.

(7) 가. 서양인이 일본인을 중국인과 구분하기는 쉽지 않다.
　　나. 서양인이 일본인과 중국인을 구분하기는 쉽지 않다.
　　　　a. 서양인이 일본인을 중국인으로부터 구분하기는 쉽지 않다.
　　　　b. 서양인이 일본인과 중국인을 (다른 동양인으로부터)구분하기는 쉽지 않다.

만일, 두 구조가 동일한 구조에서 변환되거나 도출된 것으로 본다면 예문 (7나)에서 찾을 수 있는 중의성은 발생하지 않아야 한다. 예문 (7나)는 'NP-K NP-와'가 한 구인 경우와 'NP-와 NP-K'에서 'NP-K'가 'NP-와'와 도치되어 'NP-K NP-와'와 통사적 순서는 같지만 한 구로 묶이지 않고 각각 구로서의 자격을 갖는 경우로 나뉘기 때문이다. 따라서 'NP-K NP-와' 구문과 'NP-와 NP-K' 구문은 동일한 기저 구조를 갖거나 또는 한 구조에서 다른 구조가 파생되는 것이 아니라 각각 별도의 구문으로 처리해야 한다. 따라서 이 연구에서는 '-와'는 접속의 기능과 공동격의 기능을 모두 갖는 것으로 보며 상호 동사와 함께 나타나는 공동격의 '와'에만 한정하여 논의를 진행한다.[35]

상호 동사는 통사적으로 '-와' 명사구가 나타나며, 의미적으로 서술어가 나타내는 행위가 상호간에 일어남을 어휘 의미로 갖는다.

    (8) 가. 철수가 영희와 싸웠다.

       나. *철수가 싸웠다.

    (9) 가. 철수가 나를 영희와 비교했다.

       나. *철수가 나를 비교했다.

       다. *철수가 영희와 비교했다.

---

35 공동격에 대해서는 먼저 최현배(1961:627-630)에서는 '와'를 그 모양이 같고 틀림에 쓰히는 것이라 하여 견줌자리 토(비교격 조사)로, 임자씨 뒤에 붙어서 그것과 함께 무슨 일을 함을 이름이라고 하여 함께 자리 토(여동격 조사)로 설정했다. 신창순(1976)은 공동으로 행동하는 상대자를 가리키므로 행동이 공동으로 이루어졌을 경우에만 쓰인다고 하였으며, 성광수(1977)에서는 행위, 상태를 나타내는 동사에 대하여 참여나 대칭관계를 나타내는 격이라 하였고, 그 의미자질로 11가지(-의지, -원인, -수단, -지배, ±구체, +대칭, ±가산, -장소, -시간, -과정)를 부여하고 있다. 노황진(1990:7)에서는 주어 NP와 함께 서술어의 동작이나 상태에 참여하는 성분에 부여되는 격이라 하였다.

그런데 위의 예문과 같이 상호 행위를 하는 두 NP는 주어와 '-와' 명사구이거나 목적어와 '-와' 명사구이다. 주어와 목적어는 동사의 당연 논항이며, '-와' 명사구도 주어나 목적어와 동일한 의미역을 부여받는 논항이다.[36] 따라서 상호 동사 구문의 개념을 다음과 같이 설정할 수 있다.

    (10) 상호 동사 구문: 동일한 의미역을 지닌 두 논항의 상호 행위를 나타내는 구문

3.1.2. 상호 동사 구문의 기본 구조

지금까지 상호 동사 구문에 나타난 '와'의 기능에 치중하여 논의가 이루어진 관계로 상호 동사 구문의 구조에 대한 논의는 거의 없었다. 기존 연구에서는 [NP-K NP-와 V] 구조만을 제시하고 있을 뿐 이 연구에서 살피고자 하는 세 자리 상호 동사 구문의 구조에 관한 논의는 거의 없었다.

    (11) 가. 철수가 은희와 싸웠다.
        나. 철수가 영희와 자리를 바꿨다.
        다. 철수가 흙을 모래와 섞었다.

상호 동사 구문은 두 논항의 상호 행위를 나타내므로 두 자리 상호 동사 구문은 두 논항이 모두 행위주역이며, 세 자리 상호 동사 구문은 주어인 행위주역과 목적어인 피험체역이 있고 별도로 행위주역이나 피험체역이 나타난다. 다시 말해, 예문 (11가)와 같은 두 자리 구문에서는 행위주

---

36 이에 대한 논의는 3.2.에서 살피기로 한다.

역만, 세 자리 구문에서는 '와' 명사구가 예문 (11)나와 같이 행위주역으로 또는 예문 (11다)와 같이 피험체역으로 나타난다. 이러한 점은 상호 동사 구문의 의미 구조와 통사 구조를 비교하여 확인할 수 있다.

(12) 가. 철수가 은희와 싸웠다.

술 어	싸우다	
논 항	x	y
의미역	행위주	행위주
의미 구조	[[AFF/+caus(x,)], [[CS(x, [GO/+cntc, cols(x, [TO([AT(y)])])])] AND [CS(y, [GO/+cntc, cols(y, [TO([AT(x)])])])]]]	
통사 구조		

나. 철수가 영희와 자리를 바꿨다.

술 어	바꾸다		
논 항	x	y	z
의미역	행위주	피험체	행위주
의미 구조	[[AFF(x, y)] , [[CS(x, [GO/+ident(y, [TO([AT([DIFFERENT])])])])]]]		

	[BY([[CS(x, [GO/+poss(y, [TO(z)])])] AND [CS(z, [GO/+poss(y, [TO(x)])])]])]]
통사 구조	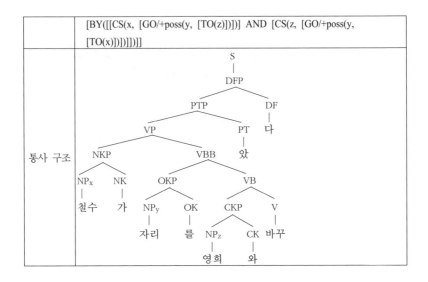

다. 철수가 흙을 모래와 섞었다.

술 어	섞다		
논 항	x	y	z
의미역	행위주	피험체	피험체
의미 구조	[[AFF(x, y)], [CS(x, [INCH (y, [TO([AT(z)])])])]]/섞		
통사 구조	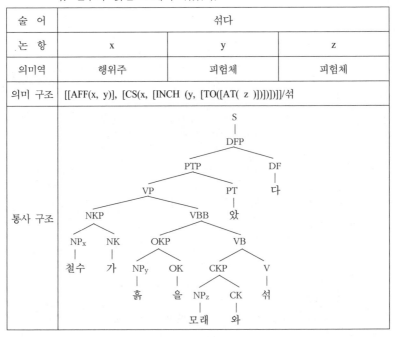		

예문 (12가)는 행위주역을 두 개 요구하는 두 자리 서술어 구문으로 작용자만으로 작용 의미층을 구성하지만, 논항 x와 y는 관계 의미층에서 동등한 자격으로 나타난다. 예문 (12나)는 예문 (12가)와 같이 행위주역을 두 개 요구하며 피험체역을 한 개 요구하는 세 자리 서술어 구문이다. 예문 (12다) 또한 세 자리 서술어 구문인데, 예문 (12나)와 달리 행위주역은 하나지만 피험체역을 두 개 요구하고 있다. 그렇지만 예문 (12나)와 (12다)는 동일한 통사 구조로 실현된다.

이러한 논의를 바탕으로 상호 동사 구문의 기본 구조를 다음과 같이 설정할 수 있다.

(13) 상호 동사 구문 기본 구조

　가. 상호 동사 자동사 구문: 행위주1-가 행위주2-와 V-

　나. 상호 동사 타동사 구문: 행위주1-가 피험체1-을 NP(행위주2 또는 피험체2)-와 V-

위 기본 구조 설정을 통해 이 연구에서 다루고자 하는 세 자리 상호 동사 구문은 타동사 구문임을 알 수 있다.

(14) 가. 철수는 키를 영희와 견주었다.

　나. 어머니는 헌 세탁기를 새 선풍기와 바꾸었다.

이상에서 상호 동사의 개념과 그 기본 구조를 살펴보았다. 상호 동사란 동일한 의미역을 가진 두 논항의 상호 행위를 나타내는 구문으로, 자동사 구문과 타동사 구문으로 나눌 수 있으며, 자동사 구문에서는 '-와' 명사구가 행위주로, 타동사 구문에서는 '와' 명사구가 행위주나 피험체로 쓰임을 살펴보았다.

3.2. 상호 동사 구문의 보충어

상호 동사 구문에서 중요한 논점 중의 하나로 '-와' 명사구가 상호 동사
가 요구하는 보충어인지 아니면 부가어인지를 밝히는 것이다. 앞에서 살
펴본 바와 같이 상호 동사는 상호 행위를 표현하기 위해 두 논항을 필수
적으로 요구하는데, 이 논항은 주어와 동일한 의미역으로 실현되기도 하
고, 목적어와 동일한 의미역으로 실현되기도 한다.

남기심(1990)에서는 'NP1이 NP2와 … V'의 'NP와'가 필수적으로 요구
되는 대칭 용언의 경우는 격을 부여해야 할 것이며, 수의적으로 요구되는
일반 비대칭 용언의 경우에는 부사어의 자격을 가진다고 하였다.[37] 노황
진(1990:38~39)에서도 'NP-K NP-와' 구문에서의 '-와'는 필수적인 격이 되
어야 한다고 하였다. 아래 예문과 같이 '-와'를 다른 격조사와 교체했을
때 그 문장은 비문이 되거나 공동격의 개념은 사라지게 된다.

(15) 가. 나는 영희(와, *ø, *에게, *가) 싸웠다/밥을 먹었다.

　　나. 나는 영희(와, *ø, 에게, 를) (서로) 의지했다.

따라서 공동격을 나타내는 구문에서의 '-와'는 다른 격조사와 교체될
수 없다는 것이다. 그리고 접속 '-와'가 동시·동반의 해석이 모호한 것과
는 달리 동반성의 의미가 확보되어 있다고 하였다. 'NP-와'를 재배치시켜

---

37 남기심(1990:237)에서는 필수적인 「NP와」를 대칭격으로, 수의적인 「NP와」를 동반
부사어로 부를 것을 제안하였다.

도 공동격으로 기능하는 데는 변함이 없으므로 'NP-와'는 하나의 독립된 성분이라는 것이다.

> (16) 가. 나는 영희와 하이델베르크에서 처음으로 싸웠다.
>
> 　　나. 나는 하이델베르크에서 처음으로 영희와 싸웠다.
>
> 　　다. 영희와, 나는 하이델베르크에서 처음으로 싸웠다.

또한, 공동격 '-와'를 필수적으로 가지지 않는 동사에서도 마찬가지로 'NP-와'의 재배치가 가능하나 이때에는 접속 구조가 형성되지 않도록 (16 다)처럼 휴지를 두어야 한다고 하였다. 그리고 접속 '-와'는 특수 조사를 허용하지 않지만 예문 (17)과 같이 공동격 '-와'는 특수 조사와의 결합을 허용한다고 하였다.

> (17) 가. 영수와(*는, *도, *만) 민수는 싸운다.[38]
>
> 　　나. 영수가 민수와(는, 도, 만) 싸운다.

최규수(1991)에서도 아래 예문의 (18가)의 '와' 요소는 임의적인 성분이지만, (18나)의 '와' 요소는 필수적인 성분이라고 하였다.

> (18) 가. 철수가 영희와 함께 학교에 갔다.
>
> 　　나. 철수와 영희가 {함께, 서로} 싸웠다.

송항근·황화상(1999)에서는 '명사구+와' 논항이 문장에서 갖는 의미역

---

[38] 예문 (17가)는 예문 (16다)의 관점에서 보면 허용 가능할 수 있으나, 그럴 경우 '영수와는, 민수는 싸운다.'와 같이 휴지를 두어야 하며, 이때의 '와'는 접속 조사가 아닌 공동격 조사로 보인다.

역할에 대해, 다른 명사구 논항이나 서술어와의 공기 관계에 따라 살펴보고, 이러한 이중의 의미 관계를 고려할 때 '명사구+와' 논항에 복합 의미역을 할당하는 것이 타당할 것이라고 하였다.

(19) 가. 영희가 철수와 오랜만에 서로 대화를 나누었다.(상대 행위자역)
     나. 그는 빨간 선을 파란 선과 서로 꼬았다.(상대 대상역)
     다. 철수는 영희와 서로 안다.(상대 경험주역)
     라. 소매치기가 행인과 서로 부딪쳤다.(상대 수동주역)
     마. 인호는 영희와 얼굴이 닮았다.(상대 비교역)
     바. 서울은 인천과 가깝다.(상대 상태역)

'명사구+와' 논항의 출현이 필수적인 경우는 서술어에 의해 표현되는 사태의 참여자가 단독으로는 해당 의미 기능을 수행하지 못하며, 동일한 의미 기능의 '명사구+와' 논항을 상대적으로 요구할 때이다. 따라서 서술어 자질로 [상대성]을 설정하여 '명사구+와' 논항은 그것과 공기하는 다른 명사구 논항의 수의적 '공동 참여자'가 되느냐, 아니면 필수적 '상대 참여자'가 되느냐에 따라 '공동역'과 '상대역'[39]을 할당받는다고 하였다. 이러한 상대역을 필수 성분이라 할 수 있는데, 이는 다시 상대 행위자역, 상대 대상역, 상대 경험주역, 상대 수동주역, 상대 비교역, 상대 상태역으로 세분된다.

이상에서 보듯이 '-와'의 격기능을 인정한 기존 논의에서는 '와' 명사구

---

39 송향근·황화상(1999)에 따르면 공동역(comitative)은 '명사구+와' 논항, 그리고 그것과 공기하는 명사구 논항 사이에 특정한 의존 관계가 없으며 단지 서술어에 의해 표현되는 사태에 두 명사구 논항이 '함께' 참여할 때 할당되는 의미역이며, 상대역(opposite)은 '명사구+와' 논항과 그것과 공기하는 명사구 논항 사이에 특정한 의존 관계가 있으며, 따라서 '명사구+와' 논항이 없이는 서술어에 의해 표현되는 사태가 완결되지 못할 때 할당되는 의미역이라고 하였다.

를 모두 필수 성분으로 처리하였음을 살펴볼 수 있다. 이 연구에서도 앞에서 살펴본 바와 같이 '-와' 명사구가 격기능을 갖고 있다고 보므로, '-와' 명사구는 보충어로 처리한다. 이러한 점을 상호 동사의 의미 구조에서 확인할 수 있다. 상호 동사는 두 논항의 상호 행위를 나타내므로 최소한 둘 이상의 논항이 표면 구조에 실현되어야 한다.

(20) 가. 경민이가 은희와 싸웠다.
　　　나. *경민이가 싸웠다.
　　　다. 경민이와 은희가 싸웠다.

예문 (20가)는 (20다)로 바꿀 수 있는데, 이는 '경민'과 '은희' 모두 행동주로서 '싸우다'의 주체가 될 수 있음을 말해준다. 그러나 예문 (20다)는 행위의 두 주체를 모두 통사 구조에서 주어로 반영한 반면, 예문 (20가)는 두 주체 중 하나를 주체로, 나머지 하나를 대상으로 삼아 통사 구조에 반영하고 있다.

(21) 가. 경민이가 은희와 싸웠다.

술　어	싸우다	
논　항	x	y
의미역	행위주	행위주
의미 구조	[[AFF/+caus(x,　)], 　[[CS(x, [GO/+cntc, cols(x, [TO([AT(y)])])])] AND 　　[CS(y, [GO/+cntc, cols(y, [TO([AT(x)])])])]]]	

통사 구조	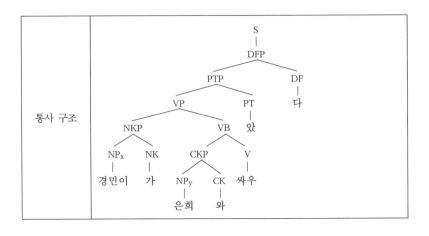

나. 경민이와 은희가 싸웠다.

술 어	싸우다
논 항	x
의미역	행위주
의미 구조	[AFF/+caus(x,)], [[CS(x, [GO/+cntc, cols(x, [TO([AT( )])])])]] AND [CS([ ], [GO/+cntc, cols([ ], [TO([AT(x)])])])]]]
통사 구조	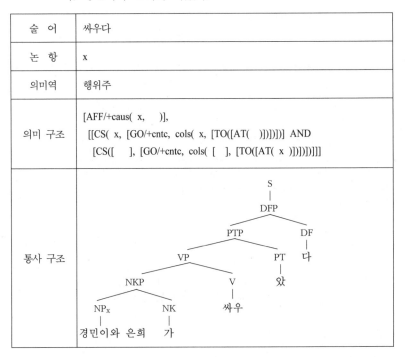

예문 (21가)의 '싸우다'의 의미 구조는 행위주 x와 행위주 y가 동일한 행위를 상호 간에 하고 있음을 나타낸다. 두 행위주 중 주행위주가 주어로 선택되어 작용 의미층에 반영되지만, 관계 의미층에서는 논항의 위치만 바뀐 채 동일한 구조로 AND에 의해 연결되어 있다. 그렇지만 예문 (21나)의 '싸우다'는 행위주 x만이 논항으로 반영되어 있다. 즉 예문 (21나)는 잠재 논항을 갖고 있는 것으로 볼 수 있다. 서술어의 어휘 의미상 필수적으로 요구될 것 같은 성분이, 문장 구조에서 나타나지 않아도 그 서술어가 형성하는 문장을 적격한 것으로 수용할 수 있을 때, 그 성분을 잠재 논항이라 한다(이병규: 1998, 129). 이러한 잠재 논항은 통사 구조에서 실현되지 않으므로[40], 예문 (21가)와 같이 논항의 자격을 갖는 '-와' 명사구만을 보충어로 처리해야 한다.

이러한 논의를 바탕으로 이 연구의 보충어 확인법에 따라 상호 동사 구문의 보충어를 확인하면 아래와 같다.

(22) 철수가 영희와 싸웠다.

　가. 삭제 검사

　　a. *철수가 싸웠다.

　　b. *영희와 싸웠다.

　　c. *싸웠다.

　나. '그리하다' 검사

---

40 이병규(1998)에 따르면, 표면상으로 드러날 수 있는 성분 가운데 특정한 조건에서 그 성분이 나타나지 않더라도 가능한 경우는 생략 현상과 논항 숨기기 현상이 있다. 생략 현상은 상황이 고려된 경우, 문장 성분이 표면상에 나타나지 않는 것을 말하며, 논항 숨기기 현상은 상황이 고려되지 않은 독립된 단문에서 논항이 표면상으로 나타나지 않는 것을 말한다. 예문 (21가)는 적격한 문장으로 수용될 수 있다는 점에서 논항 숨기기 현상으로 보인다.

　　　　a. *철수가 영희와 싸웠고, 민수도 영희와 그리했다.

　　　　b. 철수가 영희와 싸웠고, 민수도 그리했다.

　　　　c. *철수가 영희와 싸웠고, 그리했다.

　　다. 관계화 검사

　　　　a. 철수가 싸운 영희

　　　　b. 영희와 싸운 철수

　　라. 반문 검사

　　　　a. 영희와 싸웠다. *아! 그랬어?! 그런데, 누가?

　　　　b. 철수가 싸웠다. *아! 그랬어?! 그런데, 누구와?

　　마. 의미역과 의미 구조 검사

술　어	싸우다	
논　항	x	y
의미역	행위주	피험체
의미 구조	[[AFF/+caus(x,　　)], [[CS(x, [GO/+cntc, cols(x, [TO([AT(y)])])])]] AND [CS(y, [GO/+cntc, cols(y, [TO([AT(x)])])])]]]]	

　　바. 보충어 수치

구분	철수	영희
삭제 검사	+	+
그리하다 검사	+	+
관계화 검사	+	+
반문 검사	+	+
의미역 검사	+	+
의미 구조 검사	+	+
보충어 수치	6	6

'싸우다' 구문의 주어인 '철수'는 보충어 수치 6으로 보충어이며, 공동격인 '영희'도 보충어 수치 6으로 보충어이다.

(23) 철수가 민수를 영희와 비교했다.

　가. 삭제 검사

　　a. *철수가 영희와 비교했다.

　　b. *철수가 민수를 비교했다.

　　c. *철수가 비교했다.

　　d. *비교했다.

　나. '그리하다' 검사

　　a. *철수가 민수를 영희와 비교했고, 기한이도 민수를 영희와 그리했다.

　　b. 철수가 민수를 영희와 비교했고, 기한이도 민수를 그리했다.

　　c. 철수가 민수를 영희와 비교했고, 기한이도 그리했다.

　　d. *철수가 민수를 영희와 비교했고, 그리했다.

　다. 관계화 검사

　　a. 민수를 영희와 비교한 철수

　　b. 철수가 영희와 비교한 민수

　　c. 철수가 민수를 비교한 영희

　라. 반문 검사

　　a. 민수를 영희와 비교했다. *아! 그랬어?! 그런데 누가?

　　b. 철수가 영희와 비교했다. *아! 그랬어?! 그런데 누구를?

　　c. 철수가 민수를 비교했다. *아! 그랬어?! 그런데 누구와?

마. 의미역 및 의미 구조 검사

술 어	비교하다		
논 항	x	y	z
의미역	행위주	피험체	목표
의미 구조	[[AFF(x, y)], [[CS(x, [INCH[BE/-similar(y, [AT (z)])]])] AND [CS(x, [INCH[BE/-similar(z, [AT (y)])]])]]/비교하		

바. 보충어 수치

구분	철수	민수	영희
삭제 검사	+	+	+
그리하다 검사	+	+	+
관계화 검사	+	+	+
반문 검사	+	+	+
의미역 검사	+	+	+
의미 구조 검사	+	+	+
보충어 수치	6	6	6

'비교하다' 구문의 주어인 '철수'와 목적어인 '민수'는 보충어 수치 6으로 보충어이며, 보어인 '영희'도 목적어와 동등하게 보충어 수치 6으로 보충어이다.

이상에서 상호 간의 행위를 나타내는 상호 동사는 자동사 구문에서 주어 이외의 한 공동격 성분을, 타동사 구문에서는 주어와 목적어 이외의 한 공동격 성분을 보충어로 요구함을 살펴보았다.

3.3. 상호 동사 구문의 의미 구조와 통사 구조

여기에서는 세 자리 상호 동사 구문의 분석으로 통해 상호 동사의 의미 구조에 나타난 논항과 통사 구조의 문장 성분과의 대응 관계를 통해 각 문장 성분의 의미역을 밝히고 그 특징을 살피고자 한다. 먼저, 상호 동사 구문의 의미 구조를 파악하기 위해서는 그 의미역을 살필 필요가 있다. 앞 장에서 살핀 바와 같이 동사의 의미역에 따른 의미 구조가 논항 구조와 통사 구조로 실현되기 때문이다.

상호 동사의 의미역에 관한 논의로 먼저, 이필영(1989)에서는 'N-K N 와'에서 'N와'의 의미역은 'N-K'의 의미역과 일치한다고 보았다.

(24) 가. 철수가 영수와 만났다.(행위주격)

　　가. 철수가 영수를 만났다.(대상격)

　　나. 서울은 인천과 가깝다.(처격)

　　나. 서울은 인천에서 가깝다.(원격)

　　다. 이 치마는 그 스웨터와 잘 어울린다.(대상격)

　　다. 이 치마는 그 스웨터에 잘 어울린다.(처격)

　　라. 그는 지폐를 동전과 바꿨다.(대상격)

　　라. 그는 지폐를 동전으로 바꿨다.(달격)

세 자리 상호 동사 구문의 기본 구조인 '-이 -을 -와'형에서 주어는 행위주에, 목적어는 피험체에 해당하며, '-와' 명사구는 행위주 또는 피험체의 의미역을 부여받는다. 서술어가 서술하는 행위를 목적어만으로는 동작이 불가능할 경우 '-와' 명사구는 목적어와 연결이 되므로 '피험체'에 해당한다. 그리고 주어 단독으로 동작이 불가능할 경우 '-와' 명사구는 주어와 연결이 되므로 '동반자'의 의미를 갖지만 의미역은 '행위주'에 해당한다. 이는 '-와' 명사구와 다른 주어나 목적어를 교체해보면 알 수 있다.

(25) 가. 서양인이 일본인을 중국인과 구분하기는 쉽지 않다.

나. 서양인이 중국인을 일본인과 구분하기는 쉽지 않다.

예문 (25가)와 (25나)에서 구분하는 행위는 행위주 단독으로 행해질 수 있으나 구분의 대상은 둘 이상의 피험체이어야 한다. 그렇다면 두 피험체 중 어떤 피험체가 목적어로 실현되는지를 검토할 필요성이 제기된다.

(26) 가. 영철은 나를 민규와 비교했다.

나. *영철은 나를 비교했다.

다. *영철은 민규와 비교했다.

비교의 행위는 단독으로 이루어질 수 없다. 비교가 이루어지기 위해서는 둘 이상의 대상이 문장에 나타나야 한다. 이러한 점은 '비교하다'의 피동형에서 더욱 잘 드러난다.

(27) 가. (영철에 의해) 내가 민규와 비교됐다.

나. *내가 비교됐다.

능동문의 주어는 부가어가 되며, 목적어는 주어로, 'NP와'는 그대로 나타난다. 피동문에서도 'NP와' 성분이 생략될 수 없는 점을 볼 때 이 성분이 필수 성분임을 알 수 있다. 그런데 예문 (26가)는 다음과 같이 복수 명사구로 바꿀 수 있다.[41]

---

41 이 연구에는 두 번째 의미에 대해 예문 (나)와 같이 비문으로 처리하여 논의하지 않는다. 비교는 전술한 바와 같이 둘 이상의 대상이 나타나야 하기 때문이다.

(28) 영철은 나와 민규를 비교했다.

이홍식(2000:207)은 목적어와 '와' 보어는 의미론적으로 유사하며 이는 목적어를 복수의 명사구로 표현하는 문장 구성과 대응되는데, 이는 의미론적 사실이 통사 구성에서도 그대로 반영된 경우라고 하였고, 이런 의미론적 특징은 통사 관계에서는 달리 나타날 수 있다고 보았다. 다시 말해, 하나의 대상을 피영향성이 가장 큰 것으로 지정하고 이러한 대상이 다른 대상과 가지는 관계라는 방식으로 표현할 수도 있다는 것이다. 이러한 점은 의미 구조와 통사 구조 분석을 통해 확인할 수 있다.

(29) 가. 철수가 나를 영희와 비교했다.

술 어	비교하다		
논 항	x	y	z
의미역	행위주	피험체	피험체
의미 구조	[[AFF(x, y)],[[CS(x, [INCH[BE/-similar(y, [AT (z)])]])] AND [CS(x, [INCH[BE/-similar(z, [AT (y)])]])]]/비교하		
통사 구조	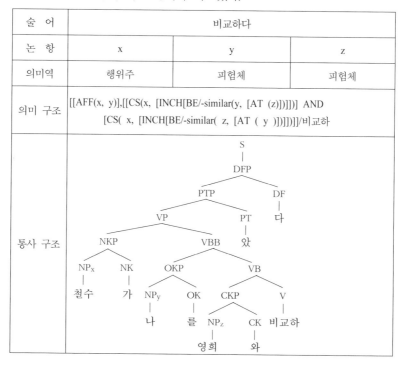		

나. 영철은 나와 민규를 비교했다.

술 어	비교하다	
논 항	x	y
의미역	행위주	피험체
의미 구조	[[AFF(x, y)], [[CS(x, [INCH[BE/-similar(yi, [AT (yj)])]])] AND [CS(x, [INCH[BE/-similar(yj, [AT (yi)])]])]]/비교하	
통사 구조	S | DFP PTP DF VP PT 다 NKP VB 았 NP_x NK OKP V 철수 가 NP_y OK 비교하 나와 민규 를	

예문 (29가)는 각 NP가 모두 의미 구조의 논항들과 대응 관계를 맺고 있는데, 특히 목적격 조사와 결합한 NP₂가 작용 의미층에 나타나 있음을 볼 수 있다. 이는 복수의 명사구로 표현된 예문 (29나)에 비해 예문 (29가)의 NP₂가 NP₃보다 피영향성을 더 받고 있다는 것을 의미한다.[42] 따라

---

42 최규수(1991)은 (가)와 (나)의 의미·통어적인 관계를 일의 인식 과정에서 주어지는 '시점'에 의해 설명이 된다고 보았다. 시점은 어떤 일을 구성하는 참여자 가운데 어느 참여자를 인식의 중심 또는 출발점으로 삼을 것인가 하는 말할이의 판단을 가리키는데, 이러한 시점은 '월 유형의 선택'과 '낱말의 선택'이라는 두 가지 방법으로 언어에 반영된다. 최규수 (1993)에서는 이를 더 발전시켜 시점이란 말할이가 언어외적인 세계의 일을 인식할 때 작용하는 인식의 과정으로, 어떤 일을 구성하는 '참여자의 범위 선택'과 '중심되는 참여자의

서 피영향성을 많이 입는 대상이 목적어로 나타나며, 나머지 구분의 대상
이 '와' 명사구로 나타난다.

'-와' 명사구가 행위주인 세 자리 상호 동사 구문도 '작용성'이 강한 논
항이 주어로 선택된다. 이홍식(2000)의 논의를 바탕으로 하면 주어와 행
위주역의 '와' 보어는 의미론적으로 유사하기 때문에 복수의 명사구로 실
현 가능하다.

(30) 가. 철수가 영희와 자리를 바꾸다.

　　　나. 철수와 영희가 자리를 바꾸다.

(31) 가. 나는 부모님과 결혼 문제를 상의했다.

　　　나. 부모님은 나와 결혼 문제를 상의했다.

예문 (30)과 (31)에서 바꾸거나 상의하는 행위는 주어 단독으로 행해질

결정'이라는 두 단계로 이루어지는데, 시점을 받은 참여자는 임자말이나 부림말로, 시점을
받지 못하는 나머지 참여자는 일의 성격에 따라 적합한 의미적·통어적 역할을 부여받는다
고 하였다. 첫 번째 (가)와 (나)는 '(학교에)가다'라는 행위와 그것에 묶인 복수의 행위자로
구성된, 객관적으로는 동일한 어떤 일을 나타낼 수 있는데 말할이가 그 일을 인식하게 되
면, 시점에 따라, (가) 또는 (나)라는 다른 월 유형을 선택하거나 X나 Y에 다른 어휘를
선택하게 된다고 하였다.

　　(1) 가. 영이가 철수와 학교에 가다.　　나. 철수가 영이와 학교에 가다.
　　(2) 가. 영이와 철수가 학교에 가다.　　나. 철수와 영이가 학교에 가다.

　　[+교호성] 풀이말이 쓰인 두 번째 (가)와 (나)의 의미·통어적인 관계도 근본적으로
시점에 의해 설명된다고 하였다. 그렇지만 화용론적 개념인 시점을 통해 통사적인 현상을
설명할 수는 있으나 통사 상의 구조적인 문제는 해결할 수 없다. 이러한 시점의 개념을
받아들이게 되면 모든 통사상의 문제 특히 비문까지도 인정할 수 있으며, 시점의 표현이
단순히 어순으로만 나타나는 것이 아니라 억양 등을 통해 나타날 수 있는데 이를 무시하게
된다.

수 없다. 따라서 주어인 행위주와 함께 상의할 또 다른 행위주가 필요하며 이 행위주가 '와' 명사구로 나타나는 것이다. 이러한 점은 의미 구조와 통사 구조 분석을 통해 확인할 수 있다.

(32) 철수가 영희와 자리를 바꾸다.

술 어	바꾸다		
논 항	x	y	z
의미역	행위주	피험체	행위주
의미 구조	[[AFF(x, y)],[[CS(x, [GO/+ident(y, [TO([AT([DIFFERENT])])])])]] [BY([[CS(x, [GO/+poss(y, [TO(z)])])]] AND [CS(z, [GO/+poss(y, [TO(x)])])])]])]]		
통사 구조			

예문 (32)의 NP가 모두 의미 구조의 논항들과 대응 관계를 맺고 있는데, 작용 의미층에서 작용자로 반영된 논항이 통사 구조에서 주어로 실현되고 있다. 그렇지만 관계 의미층에서는 논항 x와 논항 z가 동일하게 작용자의 역할을 수행한다는 점에서 두 논항 모두 행위주를 부여할 수 있다. 그런데 논항 x와 논항 z 중 작용성이 강한 논항이 주어로 선택되는

것이다.

지금까지 국어 상호 동사의 개념과 구조에 대해 살펴보았다. 이상의 논의를 요약하면 다음과 같다. 첫째, 이 연구에서는 상호 동사 구문을 동일한 의미역을 갖는 두 논항의 상호 행위를 나타내는 구문으로 보았다. 둘째, 상호 동사 구문은 '-와' 명사구가 행위주로 쓰인 자동사 구문과, '와' 명사구가 행위주나 피험체로 쓰이는 타동사 구문으로 나누었다. 셋째, 상호 동사 구문의 분석을 통해 상호 동사 구문에 나타나는 '-와' 명사구는 보충어이며, [행위주·행위주-피험체] 구문에서 작용성을 많이 갖는 성분이 주어로, [행위주-피험체-피험체] 구문에서 피영향성을 더 많이 입는 성분이 목적어로 나타남을 밝혔다.

4. 수여 동사 구문[43]

수여 동사는 일반적으로 세 자리 서술어로 분류된다. 수여 동사를 다룬 대부분의 연구들이나 학교 문법 등에서는 수여 동사가 이끄는 문장에서 필수 성분을 주어, 목적어와 '-에게' 명사구로 보고, 수여 동사를 세 자리 서술어에 포함하고 있다. 그렇지만, 수여 동사가 왜 세 자리 서술어인지에 대한 설명이 부족하다. '-에게' 명사구가 생략되면 문장이 어색하다는 직관에 근거하여 '-에게' 명사구를 필수 부사어로 처리하고 있거나, 수여 동사는 당연히 논항을 세 개를 갖는다는 것을 전제하고 있다.

이 장에서는 수여 동사의 통사 구조와 의미 구조 분석을 통해 수여 동사가 세 자리 서술어임을 밝히고, 수여 동사 구문에 나타나는 소유의 변

---

43 이 장은 조경순(2008)을 일부분 수정·보완하여 옮긴 것이다.

화 양상을 살펴보고자 한다. 또한, 수여 행위에는 어떤 대상이 행위주의 소유에서 수혜주의 소유로 바뀌는 소유의 변화가 발생한다. 이러한 수여 동사의 의미적 특징 역시 의미 구조를 통해 분석할 수 있을 것이다. 이상 과 같이 이 장에서는 수여 동사를 특징짓는 가장 중요한 개념을 소유의 변화로 보고 이를 중심으로 수여 동사를 살피고자 한다.

4.1. 수여 동사 구문의 의미 구조

수여 동사와 관련한 연구로, 먼저 조사 '에게'와 관련된 논의는 홍윤표 (1978), 이기동(1979), 이익섭·임홍빈(1983), 송복승(1994), 유현경(2003) 등이 있으며, 수여 동사와 관련된 논의로 박형익(1989), 박형익(1991), 우 형식(1996), 성태수(2000), 구현정(2003), 정주리(2006) 등이 있다. 최근 논의들을 살펴보면, 먼저 성태수(2000)에서는 '주다'는 3자리 술어로 독립 적으로 사용되며, 선행하는 다른 동사와 결합되어 봉사의 의미를 제공한 다고 보았다. 유현경(2003)은 수여 동사 '주다' 구문에 필수적으로 나오는 '에게' 명사구와 '에' 명사구의 본질에 대하여 살폈다. '에게' 명사구와 '에' 명사구의 의미역을 다른 것으로 보는 것이 더 설명력이 있을 것으로 보 고, '주다' 구문의 '에게' 명사구에는 수혜주 역을 할당하고 '에' 명사구에 는 도달점의 의미역을 주어야 함을 밝혔다. 이수련(2005)에서는 '주다' 구 문은 소유주 중심 표현으로, '받다' 구문은 피소유주 중심 표현으로 보고, '주다' 월과 '받다' 월은 엄밀한 뜻에서 의미구조가 서로 다르며, 또한 두 월은 항상 대응되지 않는다는 점을 살폈다. 그런데 기존 연구들은 수여 동사가 세 자리 서술어임을 당연시하거나, 보조 동사로 쓰이는 '주다'의 특징이나 '-에게'의 특징에 초점이 맞춰져 있었다.

수여 동사에 대한 본격적인 논의인 황봉희(2003: 12)에서는 수여 동사 구문이 통사적으로 [-가 -에게 -를]의 서술 구조를 지니는 동사와 그 서술 구조로 이루어진다고 하였다. 또한, 의미적으로 '-를'격 대상이 '-가'격 행위자로부터 '-에게'격의 수혜자로 이동하는 의미를 지니는 타동 구문의 하위 유형으로 보았다. 그리고 수여 동사 구문은 다음과 같은 구성 성분으로 이루어진다고 하였다.

(1) 수여 동사 구문의 구성 성분(황봉희, 2003: 13)
가. 구성성분: 행위자(Agent)   수혜자(Recipient)   대상(Theme)
나. 의미자질: [+유정성]   [+유정성]   [±구체성]
다. 통사형식: '-가'격   '-에게'격   '-를'격

그렇지만, '-이/가 -을/를 - 에게' 통사 구조를 갖고 행위주에서 수혜주로의 대상 이동이 있는 동사를 수여 동사에 모두 포함한다면, 수여 동사의 외연이 지나치게 확대된다.[44] 또한, 통사 구조만을 통하여 수여 동사 구문을 분석했기 때문에 구성 성분의 특성이나 필수성을 알 수 없다. 즉, 통사 구조나 의미 자질만으로 수여 동사를 설정해서는 안 된다. 이 연구

---

44 황봉희(2003)에서는 다양한 형태의 동사를 수여 동사로 간주하였다. 아래는 그 중 일부이다.
〈수여 동사 구문을 형성하는 동사 목록〉
ㄱ. 단일 동사의 형태를 이루고 있는 것: 가다, 긁다, 내다, 따지다, 뻗다, 비비다, 서다, 앓다, 이르다, 찍다, 품다
ㄴ. '-하다' 파생 동사 형태, 가하다, 고발하다, 다하다, 부여하다, 설득하다, 의미하다, 제공하다, 축하하다
ㄷ. 합성 동사 형태: 가져가다, 물려주다, 털어놓다
ㄹ. 사동사 형태: 갈아입히다, 돋구다, 먹이다, 보이다, 실리다, 씻기다, 지우다
ㅁ. 원형적 수여 동사: 갚다, 보내다, 비기다, 뽑다, 속삭이다, 시키다, 쏘다, 알리다, 이르다, 주다, 팔다

에서는 수여 동사 구문의 구조적 특징뿐만 아니라 구문에 나타나는 의미
적 현상을 함께 고려해야 한다고 본다.

(2) 가. 그는 부모님께 돈을 보냈다.

전형적인 수여 동사인 '보내다' 구문은 통사적으로 '-가 -를 -에게' 구조
를 갖는데, 대상인 '돈'은 행위주인 '그'로부터 수혜주[45]인 '부모님'에게로
이동을 했다. 이때의 이동은 단순한 이동이 아닌, 소유의 이동이 일어난
것으로 (2나)와 같은 문장을 덧붙여도 어색하지 않다.

(2) 나. 그래서 그는 돈을 갖고 있지 않고, 부모님은 돈을 갖게 되었다.

이를 통해 우리는 수여 동사 구문에서 찾을 수 있는 주요한 의미적 현
상이 소유의 이동임을 볼 수 있다. 그런데 구체적 대상만 행위주에서 수
혜주로 이동하는 것은 아니다.

(3) 그는 그녀에게 운전을 가르쳤다.

예문 (3)은 '운전'(또는 운전 기술)이 '그'로부터 '그녀'에게로 은유적으
로 이동한 상황이다. 즉, '그'가 '그녀'에게 가르치는 행위를 통해 '운전'이

---

[45] 수혜주는 Radford(1988)에 따르면 술어의 행위로 이익을 얻는 개체를 말한다. 이와
더불어, 이 연구에서는 수혜주를 행위주(소유주)와 대응되는 개념으로 사용한다. 수혜
주는 대상이나 경험주같은 의미역과 구별이 모호하나, 행위주(소유주)의 수여 행위로
인해 일정 이익을 취할 수 있다는 점에서 수여 동사의 의미 구조를 설명하는 데 필요한
의미역이다.

'그녀'로 이동했다고 볼 수 있다.[46] 그런데 '이동'은 사전적으로 '움직여 옮김, 또는 움직여 자리를 바꿈'의 의미를 갖고 있다. 따라서, 예문 (3)은 '운전'이 '그'로부터 '그녀'에게로 옮겨 간 것을 의미하게 된다. 그렇지만 예문 (3)은 행위주에서 수혜주로 '운전'이 완전히 이전된 것을 의미하지 않는다. '운전'이 행위주에서는 사라지고 수혜주에게만 있는 것이 아니라 여전히 행위주에게도 있다. 다시 말해, 예문 (3)은 예문 (2가)같이 소유가 완전히 이동된 것이 아니기 때문에, 예문 (2)와 (3)의 현상을 아우르는 의미에서, 이 연구는 수여 동사 구문에서 일어나는 의미적 현상을 '소유의 변화'로 보고자 한다.

(4) 가. 그는 아내에게 월급봉투를 건넸다.

　　나. 철수가 부모님께 선물을 드리다.

　　다. 정부에서 선행을 한 사람에게 훈장을 내리다.

예문 (4)와 같은 전형적인 수여 동사 구문에서 공통적으로 발견할 수 있는 논항 구조는 'x가 y를 z에게 V'이다. 각 논항의 의미역을 분석하면, 주어인 x는 물체를 이동시키는 주체로 행위주이고, 목적어인 y는 행위주가 이동시키는 물체로 대상이고, z는 행위주가 이동시키는 물체를 받는 수혜주[47]이다. 그런데 '건네다, 드리다, 내리다' 등의 동사는 소유의 이동을 의미하므로, 수혜주가 대상을 지속적으로 갖고 소유를 하게 된다. 이

---

46 Gruber(1965)에서는 어떤 것을 배우는 것은 소유의 종류로 생각된다고 하였다 (Jackendoff, 1990 재인용). 이 연구에서도 가르치는 행위를 소유의 이동인 수여 행위로 보고자 한다.

47 수혜주는 유정성과 자발적 능력의 특성을 지니고 있어야 한다(Frawley, 1992: 217). 따라서, '선희가 꽃을 물에 주었다.'와 같은 문장에서 '꽃'은 유정성은 있지만 자발적 능력은 없으므로 수혜주가 아니며 수여 동사 구문에 포함되지 않는다.

연구에서는 이러한 의미를 구조화하기 위해 Jackendoff(1990, 1992)에서 제시한 의미 구조를 바탕으로 소유동사의 의미 구조를 다음과 같이 설정할 수 있다.

(5) 가. 논항 구조: x가 y를 z에게 V

나. 의미 구조: $CS^+([x], [GO_{Poss}([y], [FROM [x] TO [z]])])$, $AFF^+([x], [z])$

위 의미 구조는 행위주로부터 수혜주에게로 대상에 대한 소유의 변화가 일어난 것을 의미한다. 소유의 변화는 행위주, 대상, 수혜주를 필수적으로 요구하며, 각 요소는 논항으로 의미 구조에 반영할 수 있다. 이때, 소유의 변화가 일어나기 위해 꼭 필요한 수혜주는 동사의 논항이며 필수 성분으로, 첫째 논항인 작용자와 셋째 논항인 수혜주는 도움의 관계를 형성한다.

그런데 소유의 변화를 수여 동사의 범주를 결정하는 중요한 요소로 삼을 경우 다음과 같은 문장도 수여 동사에 포함해야 한다.

(6) 철수가 영희에게서 꽃을 받았다.

예문 (6)에서 '꽃'이 '영희'로부터 '철수'로 이동을 했다. 즉, '꽃'의 소유 양상에 변화가 발생했다. 앞에서 살핀 바와 같이, 수여 동사 범주는 통사 구조보다 구문이 갖는 의미적 현상인 소유의 변화 여부에 의해 결정된다. 따라서 '주다'와 관계적 반의어에 있는 '받다'도 수여 동사의 범주에 포함시켜야 한다. 이러한 구문에서 공통적으로 발견할 수 있는 논항 구조는 'x가 y를 z에게서 V'이다.[48] 그런데 예문 (2가)과 달리 y가 z에서 x로 이동

을 했다. 예문 (2가)에서 소유의 변화가 일어나기 전의 소유주는 논항 x
이지만, 예문 (6)에서 소유의 변화가 일어나기 전의 소유주는 논항 x가
아니라 논항 z이다. 이 때, 논항 z의 작용으로 논항 x가 이 사건에서 이익
을 받으므로, '받다' 구문은 다음과 같은 논항 구조와 의미 구조를 가진다.

(7) 가. 논항 구조: x가 y를 z에게서 V

나. 의미 구조: [GO$_{Poss}$([y], [FROM [z] TO [y]])]),

AFF$^+$([z] , [x])

이상과 같이, 이 연구는 행위주와 수혜주 사이에 대상에 대한 소유 변
화가 일어난 동사를 수여 동사로 제한하며, 수여 동사가 이루는 문장은
다음과 같은 구조를 가지는 것으로 본다.

(8) 수여 동사의 구조

통사 구조	x-가	y-를	z-에게/에게서
논 항	x	y	z
논항 구조	x가 y를 z에게/에게서 V		
공통 의미 구조	[GO$_{Poss}$([y], [FROM [x/z] TO [z/x]])])		

위와 같이 수여 동사를 통사적인 측면과 의미적인 측면을 통해 제한한
다면, 수여 동사 구문과 유사한 통사 구조를 갖는 다른 동사류와 수여 동
사를 구별할 수 있다. 이 연구에서는 수여 동사 구조의 타당성을 검증하
고 다른 동사와 차이를 살펴보기 위해, 'x가 y를 z에게/에게서 V' 구조를

---

48 정주리(2008)에서도 'x가 y에게서 z를 V'의 논항 구조 형식은 소유 이동의 의미를 나타
낸다고 하였다.

갖는 구문을 살피도록 하겠다. 국립국어원 〈동사편 용례집〉 중 '-가 -를 -에게/에게서' 통사 구조로 제시된 동사들은 다음과 같다.

(9) '-가 -를 -에게/에게서' 통사 구조 동사 목록

가져가다, 가져다주다, 가져오다, 가하다, 갈기다, 갈아입히다, 감사하다, 감추다, 강조하다, 갚다, 거두다, 건네다, 건네주다, 건의하다, 걸다, 겨누다, 공개하다, 공급하다, 교섭하다, 교환하다, 구하다, 권하다, 금하다, 기대다, 기도하다, 기울이다, 끼치다, 나타내다, 날리다, 남기다, 내놓다, 내다, 내던지다, 내리다, 내밀다, 내보내다, 넘기다, 놓다, 늘어놓다, 다그치다, 다니다, 다지다, 다짐하다, 당부하다, 당하다, 대다, 대답하다, 대접하다, 더하다, 던지다, 돌리다, 드리다, 들다, 들이다, 들키다, 따지다, 떠들다, 말하다, 맞다, 맞추다, 맞히다, 맡기다, 매기다, 먹이다, 명령하다, 묻다, 물다, 바치다, 받다, 밝히다, 버티다, 베풀다, 변명하다, 보고하다, 보내다, 보이다, 부치다, 부탁하다, 불다, 붓다, 붙이다, 빨리다, 빼앗기다, 뺃다, 뿌리다, 사다, 세우다, 시키다, 신청하다, 심다, 쏘다, 쏟다, 쓰다, 안내하다, 알리다, 양보하다, 여쭈다, 연결하다, 연락하다, 열다, 오다, 올리다, 옮기다, 요구하다, 우기다, 의논하다, 의뢰하다, 이르다, 이야기하다, 인도하다, 자랑하다, 재촉하다, 적용하다, 전달하다, 전하다, 제공하다, 제시하다, 제안하다, 제출하다, 조르다, 주다, 지급하다, 지다, 지도하다, 지불하다, 차이다, 채우다, 치르다, 태우다, 털어놓다, 팔다, 팔아먹다, 퍼뜨리다, 퍼붓다, 품다, 항의하다, 해명하다, 향하다, 호소하다

위 동사 중 의미적으로 수여 동사와 유사하다고 판단되는 동사들을 유형별로 분석하면 다음과 같다. 먼저, '가다/오다'류 동사가 이루는 문장 중 일부에서 'x가 y를 z에게 V' 구조가 발견된다.

(10) 그녀는 남편을 피해 나에게 도망을 왔다.

예문 (10)에서 '-에게' 명사구가 주어가 되었을 때 소유의 의미가 전혀 드러나지 않는다. 즉, 예문 (10)의 '-에게' 명사구는 수혜주가 아니라 목표다. 전형적인 수여 동사 구문인 예문 (4)는 예문 (11)과 같이 수혜주를 주어로, 서술부는 "'대상'을 갖게 되다'로 되는 구문으로 바꿀 수 있다.

(11) 가. 아내가 월급 봉투를 갖게 되다.

　　　나. 부모님이 선물을 갖게 되다.

　　　다. 선행을 한 사람이 훈장을 갖게 되다.

(12) 가. *내가 도망을 갖게 되다.

　　　나. 그녀는 남편을 피해 친정으로 도망을 왔다.

　　　다. 그녀는 남편을 피해 도망을 왔다.

그렇지만 예문 (12가)와 같이 서술부를 "'대상'을 갖게 되다'로 되는 구문으로 바꾸면 비문이 된다. 그리고 예문 (12나)와 같이 '나에게' 대신에 '친정으로'라는 말로 대치하면 수혜주가 아닌 이동의 목표라는 점이 분명해진다. 또한 '가다, 오다' 구문에서 '에게' 명사구는 필수 성분으로 보기 어렵다. 예문 (10)에서 '나에게'를 삭제한 예문 (12다)도 충분히 성립하기 때문이다. 이는 '나에게'가 소유의 변화에 따라 필요한 필수 성분이 아님을 뜻한다. 따라서 '가다/오다' 동사류는 수여 동사와 성격이 다른 이동 동사로 보아야 한다.[49]

---

49 '도망을 오다'는 '도망가다'를 '도망을 가다'처럼 쓰는 일종의 화용적 초점화 현상으로 볼 수 있으나, 용례집에 제시되어 있으며 이 연구는 통사·의미적 입장에서 접근하므로 '오다'의 통사 구조로 인정하고 분석한다.

'말하다'류 동사가 이루는 문장 중 일부에서 'x가 y를 z에게 V' 구조가 발견된다.

(13) 가. 그는 감사위원에게 상사를 고발했다.
　　 나. 상사에게 변명을 늘어놓다.
　　 다. *감사위원이 상사를 갖게 되다.
　　 라. *상사가 변명을 갖게 되다.

예문 (13가)에서 대상인 '상사'가 '감사위원'에게, 예문 (13나)에서 '변명'이 '상사'에게 소유의 이동을 했다고 보기 어렵다. 대상인 '상사'가 '상사의 비리'를 의미한다고 해도, 감사위원이 '상사의 비리'를 소유하게 된 것은 아니다. 즉, 행위주에서 수혜주로 소유의 변화가 일어났다고 보기 어렵다. 역시 (13나) 예문의 '변명'도 행위주에서 수혜주인 상사에게로 소유의 변화가 일어났다고 보기 어렵다. '-에게' 명사구의 의미역은 수혜주가 아니라 목표이며, 따라서 '고발하다'나 '늘어놓다'는 수여 동사와 성격이 다른 발화 동사로 보아야 한다.

피동 구문에서도 'x가 y를 z에게 V' 구조가 발견된다.

(14) 가. 그는 상대편 선수에게 정강이를 차였다.
　　 나. 상대편 선수가 그의 정강이를 찼다.

예문 (14가)는 피동문으로 능동문인 예문 (14나)와 같은 의미를 갖는데, 이때 '-에게' 명사구는 정강이를 찬 행위주이지 수혜주가 아니다. 따라서 피동 구문에서 '-에게' 명사구는 수혜주가 아니라 행위주이므로 수여 동사 구문에서 제외한다.

‘가지다’류 동사는 소유의 의미를 가지고 있으며, 수여 동사와 동일한 통사 구조를 지니고 있다.

> (15) 가. 그는 나에게 호의를 가지고 있다.
> 　　나. *내가 호의를 갖게 되다.
> 　　다. 그는 나에 대한 호의를 가지고 있다.
> (16) 가. 그가 나에게 물건을 주었다.
> 　　나. 그가 나에 대한 물건을 주었다.

그러나 예문 (15)에서 행위주가 ‘-에게’ 명사구와 대상을 주고받는 상호적인 관점에 있기 보다는 ‘목표’로서의 의미가 더 강하다. 이는 ‘가지다’ 구문의 ‘나에게’는 ‘나에 대한’으로 바꿀 수 있는 데 반해, 수여 동사 구문에서 ‘-에게’를 ‘-에 대한’으로 바꾸면 수혜주로서의 의미는 사라지고 대상을 한정하는 의미를 갖게 된다는 점에서 확인할 수 있다.

이상과 같이 이 연구는 수여 동사의 의미적 특징을 ‘소유의 변화’로 보고, 수여 동사 구문의 논항 구조를 ‘x가 y를 z에게/에게서 V’로 설정하였다. 다음 절에서는 수여 동사 구문에 나타나는 소유의 변화 양상을 살피고자 한다.

4.2. 소유 변화의 정도성과 의미 구조

앞 절에서 소유의 변화를 수여 동사의 중요한 의미적 현상으로 보았다. 그런데 수여 동사 구문에 나타나는 소유의 변화 양상이 모두 동일한 것은 아니다. 수여 동사에 따라 행위주에서 수혜주로 소유가 이동한 뒤, 소유의 지속성이나 소유의 양상이 달리 나타남을 발견할 수 있다. 다시 말해,

소유의 변화에 일정한 정도성을 찾을 수 있다.

(17) 가. 아버지는 딸에게 집을 남겼다.

　　 나.

(18) 가. 형이 동생에게 돈을 맡겼다.

　　 나.

(19) 가. 선생님이 학생에게 기술을 가르쳤다.

　　 나.

　　예문 (17가)에서 '딸'은 '아버지'로부터 '집'을 받았는데, '집'은 '아버지'로
부터 '딸'에게로 소유가 완전히 이전된 것으로 볼 수 있다. 이에 반해, 예문
(18가)에서 '동생'은 '형'으로부터 '돈'을 받았으나, '돈'은 '형'으로부터 '동생'
에게로 소유가 완전히 이전된 것이 아니다. 일정 기간만 '동생'이 소유하고
있다가 언제든지 '형'이 원할 경우에 '돈'은 '동생'으로부터 '형'에게 다시 이
동할 수 있다. 또한, 은유적 이동인 예문 (19)는 소유가 완전히 이동한 것이

아니다. 수여 행위가 일어났으나, 여전히 행위주인 '선생님'에게 여전히 '기술'이 있기 때문이다. 이러한 현상은 다음 예문을 통해 확인할 수 있다.

(20) 가. 딸은 아버지의 집을 받았다.
　　 나. 동생이 형의 돈을 가졌다.
　　 다. 학생이 기술을 선생님에게서 배웠다.

　예문 (20가)는 예문 (17가)와 의미적으로 유사하지만, 예문 (20나)는 예문 (18가)와 의미적으로 유사하다고 볼 수 없다. (17가)는 소유가 완전히 이동된 것을 의미하기 때문에, 지속적인 소유를 의미하는 (20가)와 대응된다. 그러나 (18가)는 소유가 완전히 이동된 것이 아니기 때문에, 지속적인 소유를 의미하는 (20나)와 대응되지 않는다.
　이렇게 수여 동사 구문에 나타나는 소유의 변화에서 일정한 정도성을 찾을 수 있다. 이를 문장 간의 함의 관계로 확인할 수 있는데, 함의란 어떤 문장의 의미 속에 포함된 다른 의미를 말한다(윤평현, 2008).

(21) 문장 p가 참이면 반드시 문장 q가 참이고, 문장 q가 거짓이면 반드시 문장 p가 거짓일 때, 문장 p는 문장 q를 함의한다.

　예문 (17가)에서 아버지가 딸에게 집을 남겼다면 딸은 집을 받게 되고, 딸이 집을 받지 않았다면 여전히 집의 소유는 아버지에게 있는 것이므로 아버지는 딸에게 집을 남기지 않은 것이다. 따라서 예문 (17가)는 예문 (20가)를 함의한다. 다음으로 예문 (18)을 분석해 보자. 예문 (18가)에서 형이 동생에게 돈을 맡겼다고 동생이 돈을 갖는다고 볼 수 없으며, 동생이 돈을 갖지 않았다고 해도 형이 돈을 맡기지 않았다고 할 수 없다. 따라서 예문 (18가)는 예문 (20나)를 함의하지 않는다. 그리고 관계적 반의 관계인 '주다'와 '받다'가 서술어로 쓰인 예문 (19가)와 (19나)는 상호 함의 관계에 놓여 있다. 예문 (19가)에서 선생님이 학생에게 기술을 가르쳤으면 학생은 선생님에게 기술을 배운 것이고, 예문 (20다)에서 학생이 선생님에게서 기술을 배웠으면 선생님은 학생에게 기술을 가르친 것이다.

그런데 예문 (17가), (18나), (19다)의 논항 구조는 모두 'x가 y를 z에게 V' 구조로 동일하다. 그렇다면 소유의 변화 차이는 논항 구조보다는 동사의 의미에서 발생을 한다고 할 수 있다. 따라서 소유의 변화 차이는 의미 구조를 통해야만 분석할 수 있다.

> (22) 가. 아버지는 딸에게 집을 남겼다.
>
> 나. CS^+([아버지], [GO_{Poss}([집], [FROM [아버지] TO [딸]])]), AFF^+([아버지], [딸])
>
> (23) 가. 딸은 아버지의 집을 받았다.
>
> 나. [GO_{Poss} ([집], [TO ([딸])])], AFF^+([   ], [딸])

예문 (22)는 물체 '집'이 '딸'로 소유가 옮겨간 사건을 의미하는 구조이며, 예문 (22)는 '딸'이 '집'을 소유하고 있음을 의미하는 구조이다. 예문 (22나)처럼 소유의 변화는 공간 상의 물체 이동으로 즉, 물체가 수혜주에게로 이동을 한 것으로 분석할 수 있다. 예문 (23나)는 비공간적 영역인 소유를 공간화하여 소유주인 '딸'을 장소처럼 분석하여 '딸'이 '집'을 소유하고 있는 것으로 분석할 수 있다. 이 때, 작용 의미층은 딸이 이익을 받기는 하지만, (23가)에서 특별한 행위주가 나타나지 않으므로 어떤 특정 작용자를 표시하지는 않는다. 이와 같이, 이 연구는 소유가 행위주에서 수혜주로 완전히 이동된 현상을 '소유의 이전'으로 보고자 하며, '소유의 이전'을 의미하는 소유동사는 다음과 같다.

(24) 소유의 이전

가. 그는 아내에게 월급봉투를 건넸다.

나. 그는 딸에게 집을 남겼다.

다. 임금이 신하에게 상을 내렸다.

라. 배추를 중간 도매상에게 넘겼다.

마. 부모님께 선물을 드렸다.

바. 인사 담당자에게 뇌물을 바치다.

사. 그는 부모님께 돈을 보냈다.

아. 노약자에게 자리를 양보했다.

자. 음식점 주인은 나에게 무료로 밥을 제공했다.

차. 아이에게 용돈을 주었다.

카. 노동자들에게 수당을 지급했다.

타. 아이의 부모는 유괴범에게 거액의 몸값을 지불했다.

이에 비해, 예문 (18)의 의미 구조를 분석하면 다음과 같다.

(25) 가. 형이 동생에게 돈을 맡겼다.

　　나. CS^+([형], [GO_{Loc}([돈], [FROM [형] TO [동생]])]),

　　　　AFF^+([형], [동생])

(26) 가. 동생이 형의 돈을 맡았다.

　　나. [BE_{Loc} ([돈], [IN ([동생])])], AFF^+([동생])

예문 (25)는 물체 '돈'의 위치가 '동생'으로 이동했음을 의미하는 의미 구조이며, 예문 (26)은 '돈'이 '동생'에게 위치해 있음을 의미하는 구조이다. 의미 구조는 소유의 이동을 의미하는 'GO$_{POSS}$'가 아니라 위치의 변화를 의미하는 'GO$_{Loc}$'로 분석할 수 있다. 즉, '맡기다'라는 수여 행위는 대상에 대한 소유의 변화가 아닌 위치의 변화로 보아야 한다. (26가)에서도 동생이 작용자로서 행위를 하고 있는 있기 때문에, (26나)의 작용 의미층에서 동생만을 표시하는 것으로 분석할 수 있다. 이상과 같이, 이 연구에서는 행위주가 소유에 대한 권리를 갖고 있고 수혜주가 일시적으로 소유하는 현상을 '소유의 위탁'으로 보고자 한다.

(27) 소유의 위탁
   가. 동생에게 차를 맡겼다.
   나. 동생은 수학 문제를 나에게 늘 가져온다.

그런데, '소유의 위탁'의 의미 구조에서 소유의 변화를 의미하는 함수를 'GO$_{POSS}$'가 아닌 'GO$_{Loc}$'로 분석할 경우, 예문 (8)에서 제시한 수여 동사의 공통 의미 구조에 위배된다. 그렇지만, 이 연구는 '소유의 위탁'을 의미하는 동사들을 수여 동사에 포함하므로, 수여 동사의 공통 의미 구조를 다음과 같이 수정해야 한다.

(28) 수여 동사의 구조(수정)

통사 구조	x-가	y-를	z-에게/에게서
논 항	x	y	z
논항 구조	x가 y를 z에게/에게서 V		
공통 의미 구조	[GO$_{POSS/Loc}$([y], [FROM [x/z] TO [z/x]])], AFF^{+}([x], [(y)])		

마지막으로 예문 (19)의 의미 구조를 분석하면 다음과 같다.

(29) 가. 선생님이 학생에게 기술을 가르쳤다.

　　나. CS^u([선생님], [[GO_{Poss}([기술], [FROM [선생님] TO [학생]])]

　　　AND [BE_{Poss} ([기술], [IN ([선생님])])]]),

　　　AFF^+([선생님], [학생])

(30) 가. 학생이 선생님에게서 기술을 배웠다.

　　나. [BE_{Poss}([기술], [FROM [선생님] TO [학생]])],

　　　AFF^+([　　], [학생])

예문 (29)는 '기술'이 '선생님'에게서 '학생'으로 이동했음을 의미하는 구조이며, 예문 (30)은 '학생'이 '선생님'으로부터 이동한 '기술'을 소유한 상태를 의미하는 구조이다. 그런데 '남기다'와 '맡기다'와 달리 '가르치다'는 행위주로부터 수혜자에게 수여 행위가 있은 뒤에도 여전히 행위주에게 수혜주와 동일한 대상이 있는 것을 의미한다. 따라서 의미 구조인 (29나)는 '기술'의 이동이 있는 후에도 여전히 소유주에게도 '기술'이 있음을 의미한다. 이러한 점은 앞 장에서 언급한 바와 같이 구체적인 물체의 이동이 아닌 지식과 같은 추상적인 대상이 이동하기 때문이다. 다시 말해, 구체적인 물체는 소유주와 수혜주가 동시에 소유하고 있을 수는 없지만, 추상적인 지식은 소유주로부터 완전히 소거되는 것이 아니기 때문이다. 또한, 작용 의미층도 다른 소유 동사와 크게 차이가 없다. 이상과 같이, 이 연구에서는 행위주와 수혜주가 대상을 함께 소유하는 현상을 '소유의 공유'로 보고자 한다.

(31) 소유의 공유

가. 선생님께서 학생들에게 수학을 가르쳤다.

나. 나는 아이들에게 내가 알고 있는 것을 모두 일러 주었다.

그런데 소유의 공유를 의미하는 수여 동사 구문에서 수여 행위가 일어난 뒤에, 행위주와 수혜주가 소유하는 대상은 차이가 있다. 먼저, 소유의 이전이나 소유의 위탁 현상에서 대상은 이동만 할 뿐 그 성질은 변화가 없다.

(32) 가. 부모님께 선물$_i$을 드렸다.

　　나. 부모님이 선물$_j$을 받았다.

　　다. 선물$_i$ = 선물$_j$

(33) 가. 음식점 주인에게 자동차 열쇠$_i$를 맡겼다.

　　나. 음식점 주인이 자동차 열쇠$_j$를 맡았다.

　　다. 자동차 열쇠$_i$ = 자동차 열쇠$_j$

예문 (32)에서 선물$_i$는 수여 행위가 일어난 뒤에도 선물$_j$와 동일하며, 예문 (33)도 자동차 열쇠$_i$와 자동차 열쇠$_j$는 동일한 물체이다. 그러나 소유의 공유 현상에서 수여 행위가 있은 후 행위주가 소유한 대상의 성질은 변하지 않지만, 수혜주가 받은 대상은 행위주가 소유한 대상의 성질과 다를 수 있다.

(34) 가. 선생님께서 학생들에게 수학$_i$을 가르쳤다.

　　나. 학생들이 수학$_j$을 배웠다.

　　다. 수학$_i$ ⊇ 수학$_j$

이를 그림으로 표현하면 다음과 같다.

(35) 가. 수학$_i$ = 수학$_j$

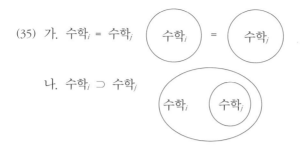

나. 수학$_i$ ⊃ 수학$_j$

　예문 (35가)와 같이, '수학$_i$ = 수학$_j$'인 경우는 선생님이 갖고 있는 수학에 대한 모든 지식을 학생에게 가르쳐서, 학생이 선생님과 동일한 지식을 갖고 있는 경우이다. 이에 비해 예문 (35나)와 같이, '수학$_i$ ⊃ 수학$_j$'인 경우는 선생님이 갖고 있는 수학에 대한 일부 지식을 학생에게 가르쳐서, 학생이 선생님보다 수학에 대한 지식을 덜 갖고 있는 경우이다. 이렇게 의미적 차이가 발생하는 이유는 이동을 하는 대상이 추상적인 성질을 갖는 지식이기 때문이다. 다시 말해, 구체적인 대상은 수여의 전후 변화가 없지만, 추상적인 대상은 수여의 전후 변화가 생길 수 있다.

　이상과 같이 수여 동사 구문에 나타나는 소유의 변화에서 정도성을 발견할 수 있다. 이 연구는 수여 동사에 해당하는 동사들을 소유의 정도성 차이에 따라 의미적으로 '소유의 이전', '소유의 위탁', '소유의 공유'로 분류했다.

(36) 소유의 변화
　가. 소유의 이전: 행위주(소유주)에게서 수혜주로 소유가 완전히 이동
　나. 소유의 위탁: 행위주(소유주)의 소유 권리와 수혜주의, 일시적 소유
　다. 소유의 공유: 행위주(소유주)와 수혜주의 소유 공유

이 장에서는 수여 동사의 통사 구조와 의미 구조 분석을 통해 수여 동사가 세 자리 서술어임을 밝히고, 수여 동사 구문에 나타나는 소유의 변화 양상을 살펴보았다. 수여 동사 구문을 분석하기 위해서 서술어가 요구하는 논항은 서술어의 어휘 의미 구조에 반영되어 있다는 점을 통해 논항의 필수성을 검토하고 그 특징을 찾을 수 있다.

수여 동사 구문에 나타나는 소유의 변화에서 일정한 정도성을 찾을 수 있다. 이 연구에서는 문장 간의 함의 관계로 이를 확인할 수 있으며, 의미 구조 분석을 통해 의미상의 차이를 찾을 수 있었다. 소유의 변화는 소유 변화의 정도성에 따라 행위주(소유주)에서 수혜주로 완전히 소유가 이동된 현상을 '소유의 이전'으로, 행위주(소유주)가 소유에 대한 권리를 갖고 있고 수혜주가 일시적으로 소유하는 현상을 '소유의 위탁'으로, 행위주(소유주)와 수혜주가 대상을 함께 소유하는 현상을 '소유의 공유'로 구분할 수 있다. 그리고 행위주가 수혜주에게 수여 행위를 한 뒤에, 소유의 이전과 소유의 위탁 현상에서는 대상의 성질이 변하지 않지만, 소유의 공유 현상에서는 대상의 성질이 변할 수 있다.

5. 발화 동사 구문[50]

발화는 일반적으로 구두 언어로 실현된 언어를 말하는데, 국어 문장에서 발화 상황을 표현하는 어휘는 발화 동사이다. 발화 동사는 다른 동사와 달리 통사적, 의미적으로 특수한 성격을 지닌다. 즉, 발화 동사는 대화 상황과 밀접한 관련을 맺고 있기 때문에, 발화 동사 구문은 대화 상황에 따라 구문

---

50 이 장은 조경순(2009)를 일부분 수정·보완하여 옮긴 것이다.

결합 양상이 다르다. 예를 들어, 발화 동사 구문을 대화 상황과 연관하여 화자 단독 장면과 비단독 장면으로 나눌 수 있다. 화자 단독 장면은 '중얼거리다' 구문과 같이 청자가 대화 상황에 나오지 않는 경우이고, 화자 비단독 장면은 '말하다' 구문과 같이 화자와 청자가 대화 상황에 나오는 경우이다. 이렇게 각 발화 동사 구문은 통사적, 의미적으로 다른 양상을 보인다.

　발화 동사에 관한 연구는 발화 동사 구문에 나타나는 '-고' 보문과 관련한 연구가 대부분이고, 발화 동사만을 다룬 연구는 많지 않다. 발화 동사를 다룬 최근 연구로, 권재일(2000)에서는 국어 동사의 어휘 정보를 기술해 가는 과정에서 발화 동사 구문 정보만을 별도로 제시하였다. 그는 발화 동사라는 범주가 엄격히 정의된 부류는 아니라고 하면서도, '말하다, 묻다, 명령하다, 제안하다' 등의 의미 특성을 가지는 동사들을 발화 동사로 묶고 있다. 방성원(2000)에서는 발화 동사를 보문의 특성으로 구분하였다. 발화 행위를 전달하는 동사들은 여격어인 '-에게' 논항과 발화 인용 보문인 '-고' 논항을 취하며 직접 인용절을 싱정할 수 있는데, 발화 동사를 보문의 서법 의미에 따라 서술 동사, 수행 동사, 의문 동사, 포괄 동사 등으로 나눌 수 있다고 하였다. 그러나 서술 동사, 수행 동사 등이 발화 동사의 하위 범주로 둘 수 있을지 의문스럽다.

　이상과 같이, 발화 동사에 관한 기존의 논의들은 대부분 발화 동사의 의미 속성과 범주를 명확히 하지 않고 발화 동사에 관한 논의들을 진행했다. 그러다보니 발화 동사의 속성에 대한 연구나, 발화 동사만이 갖는 통사적, 의미적 특징에 검토가 부족한 실정이다. 이 장에서는 발화 동사의 의미 속성과 심층 구조를 살피고, 발화 동사 구문이 잠재 논항을 포함한 세 자리 서술어 구문임과 발화 동사의 의미적 특성에 따른 발화 동사 구문의 구성 양상을 살피겠다. 특히, 대화 상황 즉 화자와 청자의 관계를 고려하여 발화 동사 구문의 통사적, 의미적 특징을 밝히고자 한다.

5.1. 발화 동사의 의미 속성과 구조

5.1.1. 발화 동사의 의미 속성

발화 동사는 대화 상황을 배경으로 발화 행위를 수행하기 때문에, 그 의미적 특성을 파악해야만 발화 동사를 정의하고 범주화할 수 있다. 발화 동사 구문의 대표적인 통사적 특성으로 '-에게' 명사구가 나타나는 것을 들 수 있다. 그렇지만, '-에게' 명사구가 발화 동사 구문에만 나타나는 것이 아니고, 발화 동사 구문 중 '-에게' 명사구가 없는 구문도 있다. 다시 말해, 통사적 특성은 발화 동사의 부차적인 특성이고, 의미적 특성이 발화 동사를 묶는 본질적인 특성이라 할 수 있다. 먼저, 전형적인 발화 동사를 통해 발화 동사의 의미적 특성을 찾아보도록 하자.

(1) 가. 아이들이 밖에서 떠들고 있다.
　　나. 환경 단체에서 자연보호를 부르짖었다.
　　다. 무당은 주문을 중얼거렸다.
　　라. 의원이 청중들에게 자신의 느낌을 말했다.
　　마. 철수가 선생님께 정답을 묻다.
　　바. 어머니는 아이에게 제때 밥을 먹으라고 매일 잔소리했다.

예문 (1)의 각 동사들의 통사적 구조는 다르지만, 우리는 이 예문들의 서술어를 모두 발화 동사로 묶을 수 있다.[51] 만일, 통사 구조만으로 발화

---

51 (나)은 단체, 기관으로 볼 수 있지만 '환경 단체'라는 기관명보다는 '환경 단체의 구성원'을 의미하는 것으로 볼 수 있다.

동사를 정의한다면, '-에게' 명사구와 목적어가 없는 예문인 (1가)와 '-에게' 명사구가 없는 예문인 (1나, 다)와 '-에게' 명사구가 있는 예문인 (1라, 마, 바)를 아우를 수 없다. 예문 (1가, 나, 다)에서 볼 수 있듯이, '에게' 명사구는 특정 청자를 설정하지 않고 발화하는 상황에서는 나타나지 않는다. 따라서 위 예문의 동사는 의미 범주로 묶어야 하는데, 그 의미는 주체가 발화 행위를 한다는 것으로 설정할 수 있다. 위 예문들을 보면, 통사 구조와 관계없이 모두 발화 상황을 나타내고 있고, 문장의 주어인 주체가 발화 행위를 하고 있다.

다음으로, 발화 동사 구문을 통해 발화 동사의 의미 속성을 살펴보자. 앞에서 우리는 발화란 구두 언어로 실현된 언어를 말한다고 했다. 그렇다면, 발화 행위는 다음 두 가지 요건을 충족해야 한다. 먼저 언어 표현이라는 점에서 주체가 의지를 가지고 발화해야 하고, 발화의 수단이 구두 언어여야 한다. 먼저, 주체가 의지를 갖기 위해서 필요한 조건은 주체가 유정성을 지니는 것이다. 그런데, 유정성 명사인 주어가 음성적으로 무언가를 표현하는 현상을 기술하는 구문을 모두 발화 동사 구문으로 볼 수 없다.

(2) 가. 새들이 아름답게 지저귄다.
    나. 개들이 시끄럽게 짖는다.

예문 (2가, 나)는 유정성 명사가 주어로 오고, 음성적으로 표현되는 현상을 기술하고 있어도 발화 동사로 보기 어렵다. 즉, 발화 동사 구문의 주어는 유정성 명사일 뿐만 아니라, [+인간] 자질을 지녀야 한다. 예문 (1가~바)의 주어는 모두 [+인간] 자질을 갖고 있다.

그런데, 주어가 [+인간] 자질을 지닌 명사이고, 음성적으로 표현하는 현상을 기술하는 구문이라도 발화 동사 구문으로 보기 어려운 경우가 있다.

(3) 가. 아이가 까르르 웃었다.

　　나. 영희가 엉엉 운다.

　예문 (3가, 나)의 주어는 [+인간] 자질을 지닌 명사이다. 또한, 의성 부
사가 결합할 수 있듯이 음성적으로 표현된 현상을 기술하고 있다. 그렇지
만, 음성적으로 표현은 되었지만, 발화 상황에서 화자가 일정 내용을 전
달하는 것이 아니기 때문에, 발화 동사로 보기 어렵다. 예문 (2가, 나)의
'지저귀다', '짖다'도 음성적으로 무엇인가가 표현되었지만 표현된 음성에
일정한 내용이 없으므로 발화 동사의 범주에 포함할 수 없다. 즉, 발화
동사는 [+언어 표현]과 [+내용]이라는 의미 속성을 지닌 것으로 보아야 한
다.[52] 예문 (1가~바) 모두 일정한 내용을 담은 언어 표현을 실현하고 있
음을 확인할 수 있다.

　발화 동사 구문은 일반적으로 대화 상황이 배경인데, 화자와 청자가
대화를 함께 구성해 나가므로, 발화 동사는 상호성을 지닐 수 있다. 그런
데 발화 동사 구문인 예문 (4가)에서 주어를 '-에게서' 명사구로 바꾸고,
'-에게' 명사구를 주어로 바꾼 다음, 발화 동사를 청취의 의미를 지닌 동
사로 바꾸면 의미적으로 동일하다.

(4) 가. 유괴범이 경찰에게 변명을 늘어놓았다.

　　나. 경찰이 유괴범에게서 변명을 들었다.

　예문 (4가)에서 주어를 예문 (4나)에서 '-에게서' 명사구로, 예문 (4나)에

52　[+언어 표현]은 [+내용]을 포함하고 있는 것으로 볼 수 있지만, 언어가 아닌 다른
의사소통 수단에서도 일정한 내용을 전달할 수 있으므로, 별도의 의미 속성으로 설정한다.

서 '-에게' 명사구를 예문 (4나)에서 주어로, 예문 (4가)에서 '늘어놓다'를 예문 (4나)에서 '듣다'로 바꾸어도 의미적으로 크게 차이가 나지 않는다. 이러한 변형이 가능한 이유는 대화 상황이 갖는 상호성에서 찾을 수 있다. 대화는 참여자가 두 사람 이상일 경우에 이루어지는데, 참여자는 화자와 청자의 역할을 수행한다. 정상적인 대화라면 한 참여자가 화자와 청자의 역할을 동시에 수행하며, 다른 참여자와 상호적인 관계를 유지한다. 이러한 대화가 갖는 상호성 때문에 다음과 같은 변형이 가능한 것이다.

(5) 가. 화자-가 청자-에게 소식을 말하다.
    나. 청자-가 화자-에게서 소식을 듣다.

따라서 상호성을 지닌 대화 상황을 기술하는 발화 동사 구문은 위의 변형이 가능하다. 그런데 모든 발화 동사 구문이 예문 (5)와 같은 변형이 가능한 것은 아니다.

(6) 가. 철수가 지나가는 친구를 큰 소리로 불렀다.
    나. *지나가는 친구가 철수에게서 큰 소리를 들었다.

예문 (6)과 같이, 상호성은 모든 발화 동사에서 공통적으로 나타나는 것이 아니므로, 발화 동사의 의미 속성으로 볼 수 없다. 다시 말해, [상호성]은 발화 동사가 선택적으로 포함하고 있다는 것을 알 수 있다.

이상에서, 우리는 발화 동사란 주체가 발화 행위를 한다는 것을 의미하며, 의미 속성으로 [+언어 표현], [+내용]을 포함하고 있고, 발화 동사 구문의 주어는 [+인간] 자질을 지녀야 하는 것으로 정리할 수 있다. 이러한 논의를 바탕으로 『주요 어휘 용례집』과 『표준 국어 대사전』에서 발화

동사로 간주할 수 있는 동사 목록은 다음과 같다.[53]

(7) 발화 동사 목록

간청하다, 강요하다, 강조하다, 거짓말하다, 건의하다, 경고하다, 고백하다, 권하다, 꾸중하다, 꾸짖다, 나무라다, 노래하다, 논하다, 놀리다, 늘어놓다, 단언하다, 답변하다, 당부하다, 대꾸하다, 대답하다, 대화하다, 되뇌다, 따지다, 떠들다, 말씀하다, 말하다, 명령하다, 명하다, 문의하다, 묻다, 발언하다, 발표하다, 변명하다, 보고하다, 부탁하다, 부르다, 부르짖다, 부탁하다, 붇다, 불평하다, 비난하다, 비판하다, 빈정거리다, 상의하다, 선언하다, 설득하다, 설명하다, 소리치다, 속삭이다, 시키다, 알리다, 야단하다, 약속하다, 언급하다, 여쭈다, 연설하다, 역설하다, 외우다, 외치다, 요구하다, 요청하다, 욕하다, 응답하다, 의논하다, 이르다, 이야기하다, 인사하다, 읽다, 자랑하다, 자백하다, 잔소리하다, 장담하다, 전하다, 전화하다, 제안하다, 조르다, 주문하다, 주장하다, 중얼거리다, 증언하다, 지껄이다, 지시하다, 질문하다, 질의하다, 청하다, 축하하다, 충고하다, 칭찬하다, 캐묻다, 털어놓다, 토론하다, 토의하다, 투덜거리다, 폭로하다, 합창하다, 항의하다, 해명하다, 호소하다, 혼잣말하다

5.1.2. 발화 동사의 의미 구조

발화 동사의 논항은 화자만 발화하는 상황과 화자가 청자에게 발화하는 상황에서 달리 나타난다.

---

53 동사 목록 중 '말하다'와 같은 동사는 전형적인 발화 동사로, '주문하다'와 같은 동사는 발화 동사의 속성을 지닌 발화 동사로 볼 수 있다. 그렇지만, 두 유형의 동사의 경계가 불분명하므로, 이에 대한 논의는 이 연구에서 다루지는 않는다.

(8) 가. 아이들이 밖에서 시끄럽게 떠들고 있다.

　　　나. 무당은 주문을 중얼거렸다.

　　　다. 철수가 선생님께 정답을 묻는다.

　화자만 발화하는 화자 단독 상황을 나타내는 구문인 예문 (8가, 나)에서 논항은 '아이들', '무당', '주문'이 해당된다. 화자가 청자에게 발화하는 화자 비단독 상황을 나타내는 구문인 예문 (8다)에서 논항은 '철수', '정답', '선생님'이 해당된다. 따라서 각 발화 동사 구문의 논항 구조는 다음과 같이 설정할 수 있다.

(9) 가. 떠들다: (x)

　　　나. 중얼거리다: (x (y))

　　　다. 묻다: (x (y (z)))

　　　라. 발화 동사 구문의 공통 논항 구조: (x ((y) ((z))))

　　　마. 발화 동사 구문의 통사 구조: 'N1이 (N2를) (N3에게) V'

　발화 동사의 특성에 따라 즉 어떤 발화 상황을 기술하고 있는가에 따라 논항 y와 논항 z는 나타나지 않을 수 있다. 따라서 발화 동사 구문의 공통 논항 구조는 '(x ((y) ((z))))'로 설정할 수 있으며,[54] 이를 기반으로 삼아 발화 동사 구문의 통사 구조는 'N1이 (N2를) (N3에게) V'이며, 발화 동사의 심층 구조를 다음과 같이 설정할 수 있다.

---

54 공통 논항 구조에서 논항 y와 z에 괄호 표시를 한 것은 대화 상황에 따라 생략될 수 있기 때문이다.

(10) 가. 발화 동사 구문 'N1이 (N2를) V'의 심층 구조

　　　　논항 구조: (x ((y)))

　　　　의미 구조: $CS^u([\ x\ ], [_{Event}\ GO([\ (y)\ ], [FROM\ [\ x\ ]])]), AFF^0([$
　　　　　　　　$x\ ], [\ (y)\ ])$

　　나. 발화 동사 구문 'N1이 N2를 N3에게 V'의 심층 구조

　　　　논항 구조: (x ((y) ((z))))

　　　　의미 구조: $CS^u([\ x\ ], [_{Event}\ GO([\ (y)\ ], [FROM\ [\ x\ ]\ TO\ [\ (z)$
　　　　　　　　$]])]), AFF^0([\ x\ ], [\ (z)\ ])$

　　예문 (10가)의 심층 구조는 'N1이 V'와 'N1이 N2를 V'를 통합한 것이고, (10나)는 'N1이 N2를 N3에게 V'의 심층 구조이다. 각 구조에서 화자 x와 청자 y 또는 z의 관계는 대화 상황에 따라 다양하지만, 기본적으로 비대립 관계를 유지하므로 작용 의미층은 허용의 관계로 구성할 수 있다. 대화는 결정되지 않는 힘의 적용이므로 CS 함수는 CS^u로 설정하며, 발화 동사 구문의 논항은 대화 상황에 따라 유동적이므로, 관계 의미층에서 논항 y와 z는 괄호 표시로 처리해야 한다.[55]

　　위의 의미 구조는 발화 동사 구문의 '-에게' 명사구의 필수성을 밝히는 데도 요긴하게 쓰일 수 있다. '-에게' 명사구는 화자가 특정 청자에게 발화하는 화자 비단독 장면을 기술하는 상황에 나타난다.

(11) 가. 학생들이 교실에서 시끄럽게 떠들었다.

　　나. *학생들이 선생님에게 시끄럽게 떠들었다.

---

55 이 연구에서는 이 심층 구조를 발화 동사 구문의 기본 구조로서, 이를 기반으로 발화 동사의 의미적 특성에 따라 심층 구조는 각기 바뀌는 것으로 본다.

다. 김 과장이 상사에게 사실을 털어놓았다.

예문 (11가)는 화자인 '학생들'이 발화하고 있는 상황이다. 예문 (11)과 같이 '떠들다'와 같은 동사는 특정 청자에게 발화하는 것을 의미하지 않기 때문에, 화자만 발화 상황에 등장하고, '-에게' 명사구 없이 주어만 나타난다.[56] 이에 비해, 예문 (11다)은 화자인 '김 과장'이 특정 청자인 '청자'에게 발화를 하고 있는 상황이다. 이때, 화자는 주어로, 청자는 '-에게' 명사구로 나타난다. 이렇게, 화자가 청자에게 발화하는 대화 상황을 기술하는 발화 동사 구문의 구조는 'N1이 N3에게 N2를 V'이다. 발화 동사 구문이 'N1이 N3에게 N2를 V' 형식일 경우, N3의 의미역은 목표역으로, 대화 상황에서 청자이다.[57] 이 중 '-에게' 명사구와 관련하여 중요한 통사적 검토 사항은 '-에게' 명사구가 필수 성분인지이다.

앞에서 우리는 발화 동사의 의미 구조를 설정하였다. 예문 (10)의 의미 구조 중 'N1이 N3에게 N2를 V' 구문의 의미 구조는 다음과 같다.

(12) 발화 동사 구문 'N1이 N3에게 N2를 V'의 의미 구조

가. 논항 구조: (x (y (z)))

나. 의미 구조: $CS^u([x], [_{Event} GO([y], [FROM [x] TO [z]])])$
$AFF^0([x], [z])$

발화 동사 구문 'N1이 N3에게 N2를 V'는 대화의 내용 대상인 N2가 N3

---

56 발화 상황과 관련하여 화자가 혼자 발화하는 화자 단독 장면과 화자가 특정 청자에게 발화하는 화자 비단독 장면으로 나눌 수 있다.

57 N3는 청자이기 때문에 [+인간 자질을 지닌 유정성 명사이다.

에게 전달되는 사건을 의미하는 것으로 볼 수 있다. 따라서 전달 주체인 N1과 전달 대상인 N2는 당연 논항으로서 필수 성분이다. 그리고 전달 받을 청자인 N3 역시 일종의 수혜주로서 발화 동사 구문의 의미 성립을 위해서는 필수 성분으로 처리되어야 한다. 이상과 같이, 'N1이 N3에게 N2를 V' 구문에서 '-에게' 명사구는 필수 성분으로 볼 수 있다.

지금까지 발화 동사의 논항 구조와 통사 구조, 의미 구조를 살펴보았다. 다음 장에서는 이러한 논의를 바탕으로 발화 동사의 의미에 따른 구성 성분과의 결합 양상을 기준으로 발화 동사를 분류하겠다.

5.2. 의미역 기준의 발화 동사 구문 유형

발화 동사 구문은 'N1이 (N2를) (N3에게) V' 형식을 지닌다. 주어인 N1의 의미역은 행위주역에, 목적어인 N2의 의미역은 대상역에, N3의 의미역은 목표역에 해당한다.

(13) 가. 철수가 지나가는 친구를 큰 소리로 불렀다.

나. 어머니는 아이들에게 저축의 필요성을 강조하셨다.

다. 철수가 지나가는 사람에게 길을 묻다.

라. 아내는 남편에게 잔소리를 늘어놓다.

예문 (13가)는 대상역이 청자를 직접 지시하고, 예문 (13나, 다)는 대상역이 대화의 내용을 지시하고, 예문 (13라)는 대상역이 수행 행위를 지시하는 발화 동사 구문이다. 본 절에서는 발화 동사 구문을 이끄는 발화 동사가 갖는 의미 속성에 따라 구문의 결합 양상이 바뀌며, 여기에는 발화 상황이 밀접한 관련을 맺고 있다고 본다. 이에 따라 본 절에서는 발화 동사 구문을 발화 상황을 기준으로 하여 분류하고 발화 동사의 의미에 따라 발화 동사 구문에 나타나는 구성 성분의 결합 특성을 살피겠다.

5.2.1. 청자-대상 발화 동사 구문

청자-대상 발화 동사 구문은 발화 동사의 대상역이 청자인 경우로, 발화 행위가 청자에게 직접적인 영향을 미친다. 이 구문에서는 대화 상황의 화자가 주어가 되고, 청자가 목적어가 된다.

   (14) 가. 그는 잘못을 저지른 아이를 호되게 꾸짖었다.
        나. 어머니는 동생과 싸운다고 나를 나무라신다.
        다. 지나가는 친구를 큰 소리로 불렀다.
        라. 철수는 키우는 개를 큰 소리로 불렀다.

목적어는 [+유정성] 자질을 지니며, 다른 대상역과 달리 대화 상황에 등장하는 청자를 지시한다. 먼저, 목적어가 갖는 유정성은 다른 발화 동사 구문의 목적어에서는 찾을 수 없는 특징으로, 청자 대상 발화 동사를 구별하는 중요한 요소이다. 왜냐하면, 일반적으로 발화 동사 구문에서 청자는 '-에게' 명사구로 나타나는데, 이 유형의 발화 동사 구문에서만 목적어로 나타나기 때문이다.

   (15) 가. 아버지는 나에게 해외 유학을 권했다.
        나. 오빠는 부모님께 어떤 선물이 좋은지를 물었다.

예문 (15)와 같이 발화 상황의 청자는 일반적으로 '-에게' 명사구로 나타난다. 이에 비해, 예문 (14가, 나, 다)에서 청자를 지시하는 대상에 '-에게'가 결합하면 비문이 된다.

(14) 가. *그는 잘못을 저지른 아이에게 호되게 꾸짖었다.
　　 나. *어머니는 동생과 싸운다고 나에게 나무라신다.
　　 다. *지나가는 친구에게 큰 소리로 불렀다.
　　 라. *철수는 키우는 개에게 큰 소리로 불렀다.

　예문 (14)에서 '아이, 나, 친구'가 청자임에도 불구하고 '-에게'가 결합할 수 없는 이유는 '아이, 나, 친구'의 의미역이 대상역이기 때문이다. 화자가 꾸짖거나 나무라거나 부르는 행위 즉 발화 행위의 직접적 상대가 청자일 경우는 청자가 목적어로 나타나야 한다. 예문 (14)의 청자들은 모두 화자의 발화 행위에 의해 일정한 변화를 겪고 있음에 반해, 예문 (15)의 청자들은 화자의 발화 행위가 지향점으로서 역할을 하고 있다.

(14) 가'. 그는 잘못을 저지른 아이를 호되게 꾸짖었다.
　　　 그래서 반성을 했다. / 그러나 전혀 뉘우치지 않았다.

　다시 말해, 발화 동사 구문에서 청자의 의미역이 목표역일 경우는 '-에게'가 결합하고, 청자의 의미역이 대상역일 경우는 '-을'이 결합한다.
　이상의 논의를 바탕으로 청자-대상 발화 동사 구문의 논항 구조와 의미 구조는 다음과 같이 분석할 수 있다.

(16) 청자-대상 발화 동사 구문 'N1이 N2를 V'의 심층 구조
　가. 논항 구조: (x (y))

나. 의미 구조: $CS^u([\ x\ ],\ [_{Event}\ GO([\ \ ])]),\ AFF^0([\ x\ ],\ [\ y\ ])$

5.2.2. 내용-대상 발화 동사 구문

내용-대상 발화 동사 구문은 발화 동사의 대상역이 발화 내용을 지시하는 경우이다.

(17) 가. 만세를 외치다.

나. 남편은 아내에게 그동안 쌓인 불만을 말했다.

예문 (17가)에서 목적어인 '만세'는 외치는 내용이고, 예문 (17나)에서 목적어인 '불만'은 남편이 아내에게 말하는 내용이다. 그런데, 내용-대상 발화구문은 발화 내용을 화자와 청자의 공유 상태에 따라, 화자가 청자에게 발화 내용을 일방적으로 전달하는 경우와 화자와 청자가 발화 내용을 공유하는 경우로 나뉜다.

먼저, 발화 내용이 일방적으로 전달되는 경우는 다음과 같다.

(18) 가. 그녀는 비명을 지르면서 달아났다.

나. 교포들은 모임에서 아리랑을 합창했다.

예문 (18가)에서 목적어인 '비명'은 소리를 지르는 내용이고, 예문 (18나)에서 목적어인 '아리랑'은 합창하는 내용이다. 목적어가 발화 내용을 나타내는 발화 동사 구문인데, 위 구문에서 '비명'과 '아리랑'은 화자가 청자에게 일방적으로 발화 행위를 통해 전달하고 있다. 이에 비해, 그런데 아래 (19)의 내용-대상 발화 동사 구문은 예문 (18)의 내용-대상 발화 동사 구문과 구별되는 특성을 보인다.

(19) 가. 남편은 아내에게 그동안 쌓인 불만을 말했다.

나. 학생들은 학습 운영 방안을 상의했다.

다. 피의자는 자신의 결백을 강력하게 주장했다.

라. 장관은 국민에게 환경의 중요성을 연설했다.

위 구문에서 발화 내용은 청자에게 단순하게 전달하고만 그치는 것이 아닌, 발화 내용을 화자와 청자가 같이 공유하는 장면을 기술하고 있다.

(20) 가. 남편은 아내에게 그동안 쌓인 불만을 말했고, 아내를 이를 이해했다/이해하지 못했다.

나. *그녀는 비명을 지르면서 달아났고, 청중은 이를 이해했다/이해하지 못 했다.

예문 (20가)에서 화자인 남편은 아내에게 불만을 말하며, 갖고 있던 불만을 아내와 공유한다. 그렇지만 예문 (20나)에서 화자인 그녀는 비명을 청자와 공유하는 것으로 보기 어렵다. 즉, 내용-대상 발화 동사는 발화 내용을 화자와 청자가 공유하느냐, 공유하지 않느냐에 따라 나눌 수 있다. 이러한 차이는 내용-대상에 해당하는 목적어의 조사를 '-에 관해', '-에 대해'가 바뀌봄으로써 확인할 수 있다.[58]

---

58 표준국어대사전에 따르면, '에 대해'는 '대상이나 상대로 삼다'는 뜻이고, '-에 관해'는 '말하거나 생각하는 대상으로 하다'는 뜻이다.

(21) 가. *만세에 관해/대해 외치다.

　　　나. *그녀는 비명에 관해/대해 지르면서 달아났다.

　　　다. *교포들은 모임에서 아리랑에 관해/대해 합창했다.

(22) 가. 남편은 아내에게 그동안 쌓인 불만에 관해/대해 말했다.

　　　나. 학생들은 학습 운영 방안에 관해/대해 상의했다.

　　　다. 피의자는 자신의 결백에 관해/대해 강력하게 주장했다.

　　　라. 장관은 국민에게 환경의 중요성에 관해/대해 연설했다.

위에 보듯이, 모든 내용-대상 발화 동사 구문의 목적어를 말하는 대상
이나 상대로 삼다는 뜻을 지닌 '-에 관해'와 '-에 대해' 명사구로 교체할 수
있는 것은 아니다. 예문 (21)과 같이, 발화 동사가 발화 내용을 전달하는
경우는 목적격 조사를 '-에 관해', '-에 대해'로 바꾸면 비문이 되거나 처음
뜻에서 멀어진다. 이에 비해, 예문 (22)와 같이, 발화 동사가 발화 내용을
공유하는 경우는 목적격 조사를 '-에 관해', '-에 대해'로 교체할 수 있다.
이러한 이유는 '불만, 방안, 결백, 중요성'과 같은 목적어가 일정한 내용을
포함하고 있는 반면에, '만세, 비명, 아리랑'은 비내용적이기 때문인 것으
로 보인다.[59]

그런데 발화 내용의 공유 현상에서 청자가 전달받은 발화 내용은 화자
가 전달하고자 한 발화 내용과 내용 범위가 다를 수 있다.

(23) 가. 남편은 아내에게 그동안 쌓인 불만을 말했다.

　　　나. 아내는 남편에게서 그동안 쌓인 불만을 들었다.

---

[59] '불만'과 '비명'의 내용성 차이는 다음과 같은 부사어를 넣음으로써 확인할 수 있다.
　　가. 남편은 아내에게 불만을 자세히/상세히/간단히 말했다.
　　나. *그녀는 비명을 자세히/상세히/간단히 질렀다.

다. 불만$_i$ ≥ 불만$_j$

이를 그림으로 표현하면 다음과 같다.

(24) 가. 불만$_i$ = 불만$_j$

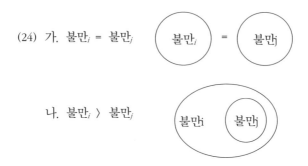

나. 불만$_i$ 〉 불만$_j$

'불만 = 불만'인 경우는 남편이 갖고 있는 모든 불만을 아내에게 말해서, 아내가 남편과 동일한 발화 내용을 갖고 있는 경우이다. '불만 〉 불만'인 경우는 남편이 갖고 있는 불만 중 일부만을 아내에게 말해서, 아내가 남편보다 대화 내용을 덜 갖고 있는 경우이다.

이상의 논의를 바탕으로, 내용-대상 발화 동사 구문의 논항 구조와 의미 구조는 다음과 같이 분석할 수 있다.

(25) 가. 내용-대상 발화 동사 구문 'N1이 N2를 V'의 심층 구조
    a. 논항 구조: (x (y))
    b. 의미 구조: CS^u([   ], [$_{Event}$ GO([y])]), AFF^0([x], [   ])
나. 내용-대상 발화 동사 구문 'N1이 N2를 N3에게 V'의 심층 구조
    a. 논항 구조: (x (y (z)))
    b. 의미 구조
    CS^u([x], [[GO$_{Poss}$([y], [FROM [x] TO [z]])] AND
    [BE$_{Poss}$ ([y], [IN ([z])])]]), AFF$^+$([x], [z])

5.2.3. 대상-수행 발화 동사 구문

발화 동사는 수행 동사의 범주에 포함될 수 있는데[60], 대상-수행 발화 동사 구문은 실질적 발화 행위를 대상역이 나타내는 경우이다. 다시 말해, 주체의 발화 행위 유형을 목적어가 나타내는 경우이다.

    (26) 가. 유괴범이 경찰에게 변명을 늘어놓았다.

        가′. 유괴범이 경찰에게 변명했다.

        나. 사내가 예쁜 처녀에게 수작을 건네다.

        나′. 사내가 예쁜 처녀에게 수작하다.

발화 동사는 접사 '하다'와 같은 기능을 수행하며, 예문 (26가′, 나)처럼 발화 동사를 삭제하고 '하다'를 결합시킬 수 있다.[61] 이에 비해, 다른 유형의 발화 동사 구문은 '하다'를 결합하는 변형이 불가능하다.

    (27) 가. 그는 잘못을 저지른 아이를 호되게 꾸짖었다.

        가′. *그는 잘못을 저지른 아이하다.

        나. 그 집 아이가 아버지를 놀렸다.

---

60 김세중(1987)에서는 국어에 존재하는 명시적 수행문을 기술하였다. 명제가 아닌 문장이라면 곧 발화이며, 따라서 모든 문장은 곧 화자의 행위임을 밝혔다. 국어에서 격식적이지 않은 일상적인 상황에서는 의향법의 장치가 있기 때문에 명시적 수행문이 거의 쓰이지 않으며, 반대로 격식적인 상황, 특히 글에 의한 전달 행위에서 명시적 수행문이 흔히 쓰인다는 사실을 밝혔다. 또한, 명시적 수행문의 구성 방식을 수행동사가 문의 가장 상위의 동사인 것과 수행절이 의존동사나 의존명사에 내포된 것, 접속문 구성의 선행절로서의 명시적 수행문, 담화에서의 명시적 수행문으로 제시하였다.

61 발화 동사는 '하다'에 비해 세세한 의미적 차이를 전달하는 기능을 수행한다.

나. *그 집 아이가 아버지하다.

다. 지나가는 사람에게 길을 물었다.

다'. *지나가는 사람에게 길하다.

라. 학생들은 학습 운영 방안을 상의했다.

라'. *학생들은 학습 운영 방안하다.

먼저, 예문 (26)은 발화 동사를 제거하고 목적어에 '하다'를 결합할 수 있음에 반해, 예문 (27)은 '하다'가 결합할 수 없다. 접사적 성격을 지닌 '하다'는[62] 동작성 명사와 결합하는데, 예문 (26)의 목적어인 '변명', '수작'은 동작성 명사이기 때문에 '하다'가 결합할 수 있음에 비해, 예문 (27)의 목적어들은 모두 동작성 명사가 아니기 때문에 '하다'가 결합할 수 없다. 따라서 예문 (26)의 목적어는 동작성 명사로서 발화 행위를 지시하는 것으로 간주할 수 있다.

여기에서 앞의 두 유형인 '청자-대상'과 '내용-대상' 발화 동사 구문과 '대상-수행' 발화 동사 구문과의 차이점을 발견할 수 있다. '청자-대상'과 '내용-대상' 발화 동사 구문에서 발화 행위는 발화 동사가 수행하고 있음에 반해, '대상-수행' 발화 동사 구문에서는 목적어가 실질적인 발화 행위를 수행하고 있다. 이러한 점은 예문 (26가, 나)와 같이, 동사를 삭제하고 '하다'를 목적어에 바로 결합시킬 수 있는 점에서 확인할 수 있다. 따라서 '대상-수행' 발화 동사 구문에서는 목적어가 발화성을 드러내고 있다는 점을 발견할 수 있다.

이상의 논의를 바탕으로 대상-수행 발화 동사 구문의 논항 구조와 의미 구조는 다음과 같이 분석할 수 있다.

---

62 한글맞춤법에서는 '하다'를 접미사적 성격을 지닌 것으로 보고 있다.

(28) 대상-수행 발화 동사 구문 'N1이 N2를 N3에게 V'의 심층 구조

가. 논항 구조: (x (y (z)))

나. 의미 구조:

$CS^u([\ x\ ],\ [_{Event}\ GO([\ y\ ],\ [FROM\ [\ x\ ]\ TO\ [\ z\ ]])])$,

$AFF^0([\ x\ ],\ [\ z\ ])$

이 장에서는 대화 상황 즉 화자와 청자의 관계를 고려하여 발화 동사 구문의 통사적, 의미적 특징을 밝혀 보았다. 특히, 발화 동사 구문의 목적 어가 보이는 통사적, 의미적 특징을 살피고, 의미 구조 분석을 통해 발화 동사 구문을 살폈다.

발화 동사는 대화 상황을 배경으로 발화 행위를 수행하기 때문에, 그 의미적 특성을 파악해야만 발화 동사를 정의하고 범주화할 수 있다. 발화 동사 구문의 통사적 특성은 발화 동사의 부차적인 특성이고, 의미적 특성 이 발화 동사를 묶는 본질적인 특성이라 할 수 있다. 발화 동사란 주체가 발화 행위를 한다는 것을 의미하며, 의미 속성으로 [+언어 표현], [+내용] 을 포함하고 있고, 발화 동사 구문의 주어는 [+인간] 자질을 지녀야 한다.

발화 동사 구문을 이끄는 발화 동사가 갖는 의미 속성에 따라 구문의 결합 양상이 바뀌며, 여기에는 발화 상황이 밀접한 관련을 맺고 있다. 이 에 따라 발화 동사 구문을 발화 상황을 기준으로 하여 분류하고 청자-대 상 발화 동사 구문, 내용-대상 발화 동사 구문, 수행-대상 발화 동사 구문 으로 나누었다.

청자-대상 발화 동사 구문은 발화 동사의 대상 역이 청자인 경우로, 발 화 행위가 청자에게 직접적인 영향을 미친다. 이 구문에서는 대화 상황의 화자가 주어가 되고, 청자가 목적어가 되며, 청자를 지시하는 목적어는 [+유정성] 자질을 지닌다. 목적어가 갖는 유정성은 다른 발화 동사 구문

의 목적어에서는 찾을 수 없는 특징으로, 청자-대상 발화 동사를 구별하는 중요한 요소이다.

내용-대상 발화 동사 구문은 발화 동사의 대상 역이 발화 내용을 지시하는 경우이다. 즉, 목적어가 발화 내용을 나타내는 발화 동사 구문이다. 이 유형의 발화 동사 구문 중 발화 내용을 청자에게 단순하게 전달하고만 그치는 것이 아닌, 발화 내용을 화자와 청자가 같이 공유하는 장면을 기술할 때는 목적격 조사가 '-에 관해', '-에 대해'로 교체할 수 있다.

대상-수행 발화 동사 구문은 실질적 발화 행위를 대상 역이 나타내는 경우이다. 다시 말해, 주체의 발화 행위 유형을 목적어가 나타내는 경우이다. 이 때 발화 동사는 접사 '하다'와 같은 기능을 수행하며, 발화 동사를 삭제하고 '하다'를 결합시킬 수 있다.

5장 결론

이 연구는 세 자리 서술어에 대한 연구를 통해 국어 서술어의 특징을 체계적으로 밝힐 수 있다고 보고, 세 자리 서술어에 대한 통합적이고 체계적인 접근을 통하여 국어 서술어의 구조와 의미를 밝히고, 이를 통해 국어 문장 형성의 원리를 찾고자 하였다.

이 연구는 의미 구조와 통사 구조의 대응 관계를 통해 세 자리 서술어 구문의 통사·의미적 특징을 살펴보았다. 특히, 세 자리 서술어를 규정하는 가장 중요한 요소라 할 수 있는 세 자리 논항이 서술어의 의미 구조로부터 기인한다는 점을 살피고 이를 보충어 확인법을 통해 검증하였다. 이 연구의 내용을 요약하면 다음과 같다.

제2장에서는 세 자리 서술어의 개념과 보충어에 대해 살펴보았다. 세 자리 서술어에서 가장 중요한 것은 어떠한 문장 성분이 필수적이냐 하는 것인데, 기존의 세 자리 서술어 개념으로는 세 자리 서술어를 명확히 보여줄 수 없다고 보았다. 보충어는 서술어가 필수적으로 요구하는 성분으로, 통사 구조에서는 반드시 나타나야 하는 성분이다. 보충어는 동사의 의미 구조에서 논항을 부여받는 성분으로 동사와 밀접한 관련을 맺고 있으며 동사의 의미를 보충하여 문장의 통사적·의미적 완결성을 보완하는 기능을 한다. 이에 반해 부가어는 동사가 요구하는 성분이 아니며, 동사의 의미를 보충하기보다는 문장의 의미를 한정하기 위해 쓰이는 문장 성

분이다. 따라서 세 자리 서술어의 개념을 다음과 같이 설정하였다.

　(1) 세 자리 서술어: 세 개의 보충어를 요구하는 서술어

　위의 개념은 필수적으로 세 개의 문장 성분을 요구하는 서술어라는 기존의 세 자리 서술어 개념을 보다 간결하게 하고 불분명한 '필수적인 문장 성분'을 '보충어'로 바꿈으로써 그 대상을 정확히 한정지었다고 본다.
　그런데 세 자리 서술어의 목록을 정립하기 위해서는 보충어와 부가어의 구별이 무엇보다 중요하다. 직관에 의존하여 보충어와 부가어를 구별하는 것은 객관성을 보장받기 어렵기 때문에, 표층 구조 상에서 객관성을 확보할 수 있는 방법을 찾아야 한다. 기존 연구들에서 제시한 단일한 검사 방법으로는 다양한 현상들을 포착할 수 없으며, 객관성을 확보할 수 없다. 이에 이 연구에서는 국어 세 자리 서술어의 특징을 살피는 데 전제가 되는 보충어 확인법에 의미역과 의미 구조를 통한 검사를 추가하였으며, 복합적인 보충어 검사를 실시하였다.

　(2) 보충어 확인법
　　가. 삭제 검사: 명사구 A를 삭제하여 비문법적이면, 명사구 A는 보충어
　　나. '그리하다' 검사: 명사구 A를 그대로 둔 상태에서 서술부를 '그리하다'로 교체하여 비문법적이면 명사구 A는 보충어
　　다. 관계화 검사: 명사구 A가 관계화가 가능하면, 명사구 A는 보충어
　　라. 반문 검사: 명사구 A를 삭제한 문장에 대해, 명사구 A에 관한 반문이 불가능하면, 명사구 A는 보충어
　　마. 의미역 검사: 명사구 A가 의미역을 부여받으면 보충어
　　바. 의미 구조 검사: 명사구 A가 의미 구조에 논항으로 반영되면 보충어

위와 같은 복합적이면서 병렬적인 보충어 검사는 연구자 주관의 개입을 막아 최대한의 객관성을 확보해 줄 것이며, 보충어와 부가어 사이의 정도성을 반영해 줄 것으로 보았다.

제3장에서는 국어 세 자리 서술어 구문의 구조를 분석하였다. 세 자리 서술어의 통사 구조와 의미 구조를 분석하고 이를 통해 세 자리 서술어 구문의 특징을 살폈다. 특히 서술어의 의미 구조 속에 포함된 논항들이 문장에서는 어떠한 성분으로 나타나는지를 살폈다. 이 연구에서는 통사적 성분과 의미 구조 성분이 체계적으로 대응된다는 Jackendoff(1990)의 개념 의미론으로 서술어의 의미 구조를 분석하였다. 또한, 서술어의 의미 구조에 나타난 논항과 통사 구조의 문장 성분과의 대응 관계를 통해 세 자리 서술어가 요구하는 각 문장 성분의 의미역을 밝히고 세 자리 서술어 구문의 통사·의미적 특징을 살펴보았다. 첫째, 세 자리 서술어는 세 개의 보충어를 요구하며 세 명사구는 모두 관계화가 가능했다. 둘째, 세 자리 서술어의 논항은 서술어의 의미 구조에 반영되어 서술어와 의미적으로 강하게 결속되어 있다. 셋째, 세 자리 서술어의 세 보충어는 필수성의 정도성을 갖고 있으며, 필수성의 정도가 낮은 성분은 화용적으로 생략이 가능했다.

특히, 이 연구에서는 논항, 의미역, 의미 구조와의 상관관계 속에서 통사 구조를 살피고자 하여 아래와 같은 구조를 제시하였다.

(3) 철수가 학교에서 집으로 갔다.

술 어	가다		
논 항	x	y	z
의미역	행위주	근원	목표
의미 구조	[[AFF(x,)], [GO(x, [[FROM(y)], [TO(z)]])]]		

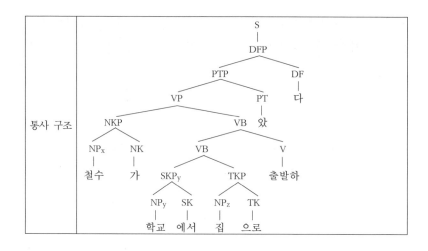

이러한 구조 분석 틀 아래 세 자리 서술어를 의미역과, 격조사에 따른 통사 구조별로 분류하고 각 구문별 의미 구조와 통사 구조를 살폈다.

   (4) 가. [행위주-피험체-장소] 유형 서술어

        ① [-이 -을 -에] 유형 서술어

        ② [-이 -을 -에서] 유형 서술어

        ③ [-이 -을 -로] 유형 서술어

    나. [행위주-피험체-목표] 유형 서술어

        ① [-이 -을 -로] 유형 서술어

        ② [-이 -을 -에게] 유형 서술어

        ③ [-이 -을 -에] 유형 서술어

    다. [행위주-피험체-도구] 유형 서술어

    라. [행위주-피험체-근원] 유형 서술어

        ① [-이 -을 -에서] 유형 서술어

        ② [-이 -을 -에게/에] 유형 서술어

마. [행위주-피험체-수혜자] 유형 서술어

바. [행위주-피험체-행위주] 유형 서술어

사. [행위주-피험체-피험체] 유형 서술어

아. [피험체-피험체-행위주] 유형 서술어

자. [피험체-피험체-근원] 유형 서술어

제4장에서는 세 자리 서술어 구문을 분석하는 과정으로 이동 동사 구문, 처소 교차 동사 구문, 상호 구문을 살피고, 수여 동사와 발화 동사로 논의를 확장하였다.

먼저 이동 동사는 기본적으로 출발지인 근원역과 도착지인 목표역을 필요로 하며, 개별 동사의 특징에 따라 출발지나 도착지만을 요구하거나 출발지와 도착지를 모두 요구하기도 한다. 이 연구에서는 이러한 명사구들을 보충어로 처리해야 하며, 의미역, 의미 구조, 통사 구조의 비교를 통해 그 타당성을 제시하였다. 이동 동사란 처소 변화를 가리키는 동사로 처소 변화는 행위주 또는 피험체에게 일어나며, 따라서 이동 동사 구문의 기본 구조는 크게 행위주가 이동하는 경우와 피험체가 이동하는 경우로 나눌 수 있었다. 다음으로, 이동 동사의 의미 구조에 나타난 논항과 통사 구조의 문장 성분과의 대응 관계를 통해 각 문장 성분의 의미역을 밝히고, 세 자리 이동 동사 구문은 한·두 자리 이동 동사 구문과 달리 피험체의 이동과 그 이동의 근원이나 목표가 실현되는 특징을 갖는다는 점을 밝혔다.

(5) 이동 동사 구문: 행위주나 피험체의 처소 변화를 나타내는 구문

(6) 이동 동사 구문 기본 구조

가. 이동 동사 자동사 구문: 행위주가 (NP(근원))에서 (NP(목표))로 V-

나. 이동 동사 타동사 구문: 행위주-가 피험체-을 NP에서/로 V-

　　다음으로 처소 교차 동사 특히 세 자리 서술어인 처소 교차 타동사의
특징을 살폈다. 처소 교차 동사 구문이란 처소 명사구가 둘 이상의 다른
문장 성분으로 실현되는 구문을 말하며, 대응되는 두 교차 구문 사이의
관계를 통해 의미적 동의성과 보충어를 살펴 볼 수 있었다. 다음으로 처
소 교차 동사 구문의 기본 구조는 1차 기준으로 행위주 역이 주어인 구문
이라 설정하였고, 의미역 계층에 따라 처소역이 목적어로 실현된 구문을
2차 기준으로 설정하였다. 다음으로 세 자리 처소 교차 타동사의 처소 논
항이 피작용자 역할을 함께 수행하며, 다른 논항 역시 관계 의미층에서
대상으로서 역할을 하고 있기 때문에 처소 교차가 가능한 것으로 분석하
였다.

(7) 처소 교차 구문: 처소 명사구가 다른 문장 성분으로 교차되어 실현
　　되는 구문
(8) 처소 교차 동사 구문의 기본 구조
　가. 기본 구조 기준
　　　1차 기준: 행위주 역이 주어로 실현
　　　2차 기준: 처소 역이 목적어로 실현
　나. 기본 구조
　　　처소 교차 자동사 구문: 행위자-가　NP(처소)-에
　　　처소 교차 타동사 구문: 행위자-가　NP(처소)-을　NP-로

　　다음으로 상호 동사 구문을 살폈다. 상호 동사는 상호 동사 자체보다
'-와' 명사구와의 관계에서 다루어져 왔다. 그렇지만 이 연구에서는 '와'

명사구를 요구하는 상호 동사를 중심으로 분석하고, 격조사의 기능을 갖는 '와' 명사구들은 보충어로 처리해야 하며, 의미역, 의미 구조, 통사 구조의 비교를 통해 그 타당성을 제시하였다. 상호 동사 구문이란 두 논항의 상호 행위를 나타내는 구문으로, 자동사 구문과 타동사 구문으로 나눌 수 있으며, 자동사 구문에서는 '-와' 명사구가 행위주로, 타동사 구문에서는 '와' 명사구가 행위주나 피험체로 쓰임을 살펴보았다. 상호 동사 구문은 두 논항의 상호 행위를 나타내므로 두 자리 상호 동사 구문은 두 논항이 모두 행위주역이며, 세 자리 상호 동사 구문은 주어인 행위주역과 목적어인 피험체역이 있고 별도로 행위주역이나 피험체역이 나타난다. 즉 두 자리 구문에서는 행위주역만, 세 자리 구문에서는 '와' 명사구가 행위주역이나 피험체역으로 통사 구조에서 실현된다. 이러한 논의를 바탕으로 상호 동사 구문의 기본 구조를 다음과 같이 설정하였다.

(9) 상호 동사 구문: 동일한 의미역을 갖는 두 논항의 상호 행위를 나타내는 구문

(10) 상호 동사 구문 기본 구조
  가. 상호 동사 자동사 구문: 행위주1-가 행위주2-와 V-
  나. 상호 동사 타동사 구문: 행위주1-가 피험체1-을 NP(행위주2 또는 피험체2)-와 V-

상호 동사 구문에서 중요한 논점 중의 하나로 '-와' 명사구가 상호 동사가 요구하는 논항인지 아니면 부가어인지를 밝히는 것인데, 상호 동사는 자동사 구문에서 주어 이외의 한 공동격 성분을, 타동사 구문에서는 주어와 목적어 이외의 한 공동격 성분을 요구함을 살펴보았다. 이러한 성분들을 모두 보충어라 할 수 있으며, 특히 세 자리 상호 동사 구문에서 작용

성을 많이 갖는 성분이 주어로, 피영향성을 많이 입는 성분이 목적어로 나타남을 밝혔다.

다음으로, 수여 동사의 통사 구조와 의미 구조 분석을 통해 수여 동사가 세 자리 서술어임을 밝히고, 수여 동사 구문에 나타나는 소유의 변화 양상을 살펴보았다. 수여 동사 구문을 분석하기 위해서 서술어가 요구하는 논항은 서술어의 어휘 의미 구조에 반영되어 있다는 점을 통해 논항의 필수성을 검토하고 그 특징을 찾을 수 있다.

기존의 연구에서는 수여 동사가 세 자리 서술어임을 전제하거나 '-가 -를 - 에게' 통사 구조를 갖고 행위주에서 수혜주로의 대상 이동이 있는 동사를 수여 동사에 모두 포함하여, 수여 동사의 외연이 지나치게 확대되었었다. 그러므로 수여 동사를 범주화하기 위해서는 수여 동사 구문의 구조적 특징 뿐만 아니라 구문에 나타나는 의미적 현상을 함께 고려해야 한다.

수여 동사 구문의 논항 구조는 'x가 y를 z에게 V'이다. 각 논항의 의미역을 분석하면, 주어인 x는 물체를 이동시키는 주체로 행위주이고, 목적어인 y는 행위주가 이동시키는 물체로 대상이고, z는 행위주가 이동시키는 물체를 받는 수혜주이다. 그런데 수여 행위에는 어떤 대상이 행위주의 소유에서 수혜주의 소유로 바뀌는 소유의 변화가 발생한다. 즉, 수여 동사 구문에서 일어나는 주요한 의미적 현상은 소유의 이동으로, 소유동사에 나타나는 공통된 의미 구조는 '[GO$_{Poss/Loc}$([ ], [FROM [ ] TO [ ]])]'으로 볼 수 있다. 이 의미 구조는 행위주로부터 수혜주로 대상에 대한 소유의 변화가 일어난 것을 의미한다. 이와 더불어 소유의 변화가 일어나기 위해 꼭 필요한 수혜주는 동사의 논항이며 필수 성분이다.

수여 동사 구문에 나타나는 소유의 변화에서 일정한 정도성을 찾을 수 있다. 이 연구에서는 문장 간의 함의 관계로 이를 확인할 수 있으며, 의미 구조 분석을 통해 의미상의 차이를 찾을 수 있었다. 소유의 변화는 소유 변화의 정도성에 따라 행위주(소유주)에서 수혜주로 완전히 소유가 이동된 현상을 '소유의 이전'으로, 행위주(소유주)가 소유에 대한 권리를 갖고 있고 수혜주가 일시적으로 소유하는 현상을 '소유의 위탁'으로, 행위주(소유주)와 수혜주가 대상을 함께 소유하는 현상을 '소유의 공유'로 구분할 수 있다. 그리고 행위주가 수혜주에게 수여 행위를 한 뒤에, 소유의 이전과 소유의 위탁 현상에서는 대상의 성질이 변하지 않지만, 소유의 공유 현상에서는 대상의 성질이 변할 수 있다.

논의의 마지막으로, 대화 상황 즉 화자와 청자의 관계를 고려하여 발화 동사 구문의 통사적, 의미적 특징을 밝혀 보았다. 특히, 발화 동사 구문의 목적어가 보이는 통사적, 의미적 특징을 살피고, 의미 구조 분석을 통해 발화 동사 구문을 살폈다.

발화 동사는 대화 상황을 배경으로 발화 행위를 수행하기 때문에, 그 의미적 특성을 파악해야만 발화 동사를 정의하고 범주화할 수 있다. 발화 동사 구문의 통사적 특성은 발화 동사의 부차적인 특성이고, 의미적 특성이 발화 동사를 묶는 본질적인 특성이라 할 수 있다. 발화 동사란 주체가 발화 행위를 한다는 것을 의미하며, 의미 속성으로 [+언어 표현], [+내용]을 포함하고 있고, 발화 동사 구문의 주어는 [+인간] 자질을 지녀야 한다.

발화 동사의 논항은 화자만 발화하는 상황과 화자가 청자에게 발화하는 상황에서 달리 나타난다. 따라서 발화 동사 구문의 공통 논항 구조는 '(x ((y) ((z))))'로 설정할 수 있으며, 이를 기반으로 한 발화 동사 구문의 통사 구조는 'N1이 (N2를) (N3에게) V'이다. 그리고 발화 동사 중 발화 동사 구문 'N1이 (N2를) V'의 의미 구조는 'CS^u([x], [$_{Event}$ GO([(y)], [FROM [x]])]), AFF^0([x], [(y)])'으로 발화 동사 구문 'N1이 N2를 N3에게 V'의 의미 구조는 'CS^u([x], [$_{Event}$ GO([(y)], [FROM [x] TO [(z)]])]), AFF^0([x], [(z)])'으로 설정할 수 있다.

이 연구에서는 발화 동사 구문을 이끄는 발화 동사가 갖는 의미 속성에 따라 구문의 결합 양상이 바뀌며, 여기에는 발화 상황이 밀접한 관련을 맺고 있다고 보았다. 이에 따라 발화 동사 구문을 발화 상황을 기준으로 하여 분류하고 청자-대상 발화 동사 구문, 내용-대상 발화 동사 구문, 수행-대상 발화 동사 구문으로 나누었다.

청자-대상 발화 동사 구문은 발화 동사의 대상 역이 청자인 경우로, 발화 행위가 청자에게 직접적인 영향을 미친다. 이 구문에서는 대화 상황의 화자가 주어가 되고, 청자가 목적어가 되며, 청자를 지시하는 목적어는 [+유정성] 자질을 지닌다. 목적어가 갖는 유정성은 다른 발화 동사 구문의 목적어에서는 찾을 수 없는 특징으로, 청자-대상 발화 동사를 구별하는 중요한 요소이다.

내용-대상 발화 동사 구문은 발화 동사의 대상 역이 발화 내용을 지시하는 경우이다. 즉, 목적어가 발화 내용을 나타내는 발화 동사 구문이다. 이 유형의 발화 동사 구문 중 발화 내용을 청자에게 단순하게 전달하고만 그치는 것이 아닌, 발화 내용을 화자와 청자가 같이 공유하는 장면을 기술할 때는 목적격 조사가 '-에 관해', '-에 대해'로 교체할 수 있다.

대상-수행 발화 동사 구문은 실질적 발화 행위를 대상 역이 나타내는 경우이다. 다시 말해, 주체의 발화 행위 유형을 목적어가 나타내는 경우이다. 이 때 발화 동사는 접사 '하다'와 같은 기능을 수행하며, 발화 동사를 삭제하고 '하다'를 결합시킬 수 있다.

참고문헌

강범모(1991), 접속과 논항구조, 언어학 13, 한국언어학회.

강범모(1999), 어휘 의미 정보의 구조와 표상 - 한국어 명사 의미를 중심으로 - , 한국어 의미학 5, 한국어 의미학회.

강범모(2000), 한국어 피동 동사의 의미구조와 논항 실현, 인지과학 11-1, 한국 인지과학회.

강은국(1993), 조선어 문형 연구, 서광학술자료사.

강신재·박정혜(2003), 한국어 의미 분석을 위한 구문 관계에서 의미 관계로의 규칙 기반 사상 기법, 정보통신연구 1-2, 대구대학교 정보통신연구소.

고광주 외(2000), 논항구조란 무엇인가, 월인.

고광주(1994ㄱ), 국어의 논항구조와 국어사적 의미, 한국어문교육 7, 고려대 국 어교육학회.

고광주(1994ㄴ), 국어의 논항구조와 그 유형, 한국어문교육 7, 고려대 국어교육 학회.

고광주(1995), 국어의 비대격 구문 연구 - 비대격 술어의 논항구조와 통사적 양 상 - , 고려대 대 석사학위논문.

고경태(1999), 국어 조사 '에'와 '로'의 의미 연구: 의미 기술을 위한 인지의미론 적 접근, 고려대 석사학위논문.

고동혁(1994), 조선어 문형 개론, 사회과학출판사 / 한국문화사.

고석주(2007), 이동 동사 "가다"와 "오다"의 의미 : 기준점 해석을 중심으로, 한국어학 36, 한국어학회.

고영근·남기심(1993), 표준국어문법론, 탑출판사.

고창수(1998a), 기계 번역을 위한 한국어 논항 체계 연구, 한국어 의미학 3, 한 국어 의미학회.

고창운(1998b), 사람 얼굴 그림씨의 의미구조와 어휘체계, 한말연구 4, 한말연구학회.

구현정(2003), 한국어 '주다'류 동사의 문법화 양상, 언어학 37, 한국언어학회4.

권재일(2000), 한국어 발화 동사 구문 기술, 한말연구 7, 한말연구학회.

김경욱(1986), 독일어 Valenz 문법, 청록출판사.

김경학(1999), 사역이동 구문의 분석과 의미해석에 대해, 언어학 24, 한국언어학회.

김경학(2001), 처소동사의 논항교체 현상과 온라인 유형구성, 어학연구 37-1, 서울대어학연구소.

김광웅(1995), 어휘부의 조직과 기능에 관한 연구, 논문집 20, 한국방송통신대.

김광희(1995), 어휘부의 보완과 범주의 통합 서술, 광양전문대 논문집 2, 광양전문대.

김광희(1997), 동사의 핵자질과 논항 구조에 기초한 문맥조응 대명사류의 결속이론, 『국어학 연구의 새 지평』, 태학사.

김광희(1998ㄱ), 다시 논항과 논항구조에 대하여, 『남경 박준규 박사 정년 기념 논총, 전남대학교 출판부.

김광희(1998ㄴ), 동사의 범주위계와 자질제약을 통한 국어 논항구조 문법의 수립에 관한 연구, 국어학 31, 국어학회.

김광희(1998ㄷ), 동사의 범주위계와 자질제약을 통한 국어 논항구조문법의 수립에 관한 연구(2), 한국언어문학 41, 한국언어문학회.

김광희(2000), 비실체성 명사의 술어화와 논항구조, 언어학 8-3, 대한언어학회.

김동식(1984), 동사 '되다'의 연구, 국어국문학 92, 국어국문학회.

김동식(1993), 현대국어 동사의 통사적 특성에 관한 연구, 서울대 박사학위논문.

김동환(1999), 틀의미론과 의미구조, 언어과학연구 16, 언어과학회.

김미영(1992), 어휘부의 구성에 대하여, 언어와 언어 교육 7, 동아대 어학연구소.

김미령(2006), 국어의 격표지 교체와 의미역 연구, 고려대 박사학위논문.

김민수(1960), 국어문법론 연구, 통문관.

김상대(1992), 문장 성분론과 관련한 몇 문제에 대하여, 태릉어문연구 5·6, 서울여대.

김세중(1987), 국어의 명시적 수행문에 대하여, 한글, 한글학회.

김세중(1994), 국어 심리술어의 어휘의미구조, 서울대 박사학위논문.

김신회(2007), 우리말 문장의 의미부-통사부 대응에 관한 연구, 연세대 석사학위논문.

김영자(1994), 한국어의 의미구조 연구, 숙명여대 박사학위논문.

김영태(1996), 용언의 논항과 자리값 - 동일 형태의 본용언과 보조용언의 대비를 통하여 - , 대구 어문논총 14, 대구어문학회.

김영희(1974ㄱ), 대칭 관계와 접속 조사 '와', 한글 154, 한글학회.

김영희(1974ㄴ), '와'의 양상, 국어국문학 65·66, 국어국문학회.

김영희(1974ㄷ), 처소격 조사 '에서'의 생성적 분석, 연세 어문학 5, 연세대 국어국문학과.

김완진(1970), 사이부동 단상, 국어국문학 49·50, 국어국문학회.

김용석(1979), 목적어 조사 '을/를'에 관하여, 말 4-1, 연세대학교 한국어학당.

김용하(1996), 한국어 심리 동사의 논항 구조와 겹주어, 어문학 57, 한국어문학회.

김윤신(2000ㄱ), 한국어 피동동사의 의미구조와 논항실현, 인지과학 11-1, 한국인지과학회.

김윤신(2000ㄴ), 한국어 피동동사의 의미구조와 논항실현, 인지과학 11-1, 한국인지과학회.

김윤신(2001ㄱ), 파생동사의 어휘의미구조, 서울대 박사학위논문.

김윤신(2001ㄴ), 한국어 동사의 어휘의미구조와 피동화의 제약, 언어학 30, 한국언어학회.

김은영(1997), 국어 어휘의 계층적 의미 관계에 대한 연구, 전남대 석사학위논문.

김은주(2008), 세 자리 서술어 구문 구조의 통시적 변화, 한남대 교육대학원 석사학위논문

김응모(1989), 국어 평행 이동자동사 낱말밭, 한신문화사.

김의수(2003), 국어의 격과 의미역 연구, 고려대 박사학위논문.

김일웅(1984), 풀이말의 결합가와 격, 한글 186, 한글학회.

김정남(2001), 국어 형용사의 의미 구조, 한국어 의미학 8, 한국어 의미학회, 한국문화사.

김재영(1995), 언어 행위의 화용론적 해석과 문장 서법 - 서술문과 명시적인 수

행문을 중심으로, 우리어문연구 9, 우리어문학회.

김제열(1998), '하다'의 의미와 논항 구조, 慶熙語文學 19, 경희대학교 문리과대학 국어국문학과.

김지은(1998), 조사 '-로'의 의미와 용법에 대한 연구, 국어학 31, 국어학회.

김지홍(1993), 국어 부사형어미 구문과 논항구조에 대한 연구, 서강대 박사학위논문.

김홍수(2002), 소설의 대화 인용에서 인용 동사 표현의 양상-발화 동사 '말하다'의 쓰임을 중심으로-, 어문학논총 21, 국민대학교 어문학연구소.

김혜진(2011), 국어 필수 부사어의 논항성에 대한 연구, 충남대 석사학위논문.

남경완(2005), 국어 용언의 의미 분석 연구, 고려대 박사학위논문.

남기심(1990), 토씨 '와/과'의 쓰임에 대하여, 동방학지 66, 연세대학교 국학연구원.

남기심(1995), 어휘 의미와 문법, 동방학지 88, 연세대 국학연구원.

남기심 외(1992), 국어 어휘 단위의 사전적 제시를 위한 편찬학적 방법 연구, 인문과학 68, 연세대학교 인문과학연구소.

남기심(2001), 현대국어 통사론, 태학사.

남기심·고영근 (2014), 표준국어문법론 제4판, 박이정.

남기심·김지은(1992ㄱ), 조사 '-로'의 용법에 관한 연어론적 연구(Ⅰ), 동양학 22, 단국대학교 동양학연구소.

남기심·김지은(1992ㄴ), 조사 '-로'의 용법에 관한 연어론적 연구(Ⅱ), 동방학지 76, 연세대학교 국학연구원.

남승호(1997), 한국어 피동동사의 의미구조와 논항실현, 인지과학 11-1, 한국인지과학회.

남승호(1999), 한국어 피동동사의 의미구조와 논항실현, 인지과학 11-1, 한국인지과학회.

남승호 외(2000), 의미구조의 표상과 실현, 소화출판사.

남승호(2002), 한국어 이동 동사의 의미구조와 논항교체, 어학연구 39, 서울대학교 어학연구소.

노황진(1990), 국어의 ㅣ-와ㅓ에 대한 연구, 동악어문논집 25, 동악어문학회.

민현식(1993), 성분론의 문제점에 대하여, 선청어문 21, 서울대 국어교육과.

박만규(1992), 지칭구문과 발화행위동사 및 인식동사 구문의 재구조화에 대하여 - 보문자 -고를 가지는 동사에 대한 하나의 분석, 관동대논문집 20, 관동대학교.

박만규(1994), 조사 -에게/-를 변이에 대한 통사적 분석 -명령발화행위동사 구문의 경우, 관동대논문집 22, 관동대학교.

박만수(1989), 우리말의 기본월 연구, 언어와 언어교육 4, 동아대학교 어학연구소.

박성민(2009), 국어 필수 부사어의 통사·의미론적 특성에 관한 연구 : '-에'형, '-로'형, '-와/과'형을 중심으로, 경희대 석사학위논문.

박영순(1988), 국어 동의문 연구, 선청어문 16, 서울대학교 국어교육과.

박영순(2001), 한국어 문장의미론, 박이정.

박승윤(1984), '시작하다' 동사의 타동성 예외, 언어 9-2, 한국언어학회.

박승윤(2003), 국어 수혜격 구문의 문법화, 담화와 인지 10-1, 담화와 인지학회.

박정임(1998), 한국어 연쇄동사의 논항구조 분석, 숙명여대 석사학위논문.

박진호(1994), 통사적 결합 관계와 논항구조, 서울대 석사학위논문.

박철우(2002), 국어의 보충어와 부가어 판별 기준, 언어학 34, 한국언어학회.

박효명(1998), 핵어문법론, 한국문화사.

박형익(1989), 동사 '주다'의 3가지 용법, 한글 203, 한글학회.

박형익(1991), 여격동사, 국어의 이해와 인식, 한국문화사.

방성원(2000), 국어 발화 동사 구문에 대한 연구, 고황논집 27, 경희대학교.

백용학(1988), 언표내적 화행에 관한 연구, 동아영어영문학, 동아대학교 영어영문학과, pp. 141-171.

백용학(1995), 수행문에 관한 연구, 언어와 언어교육 10, 동아대학교 어학연구소, pp. 21-52.

서정수(1968), 변형생성문법의 이론과 국어 - V류어의 하위 분류, 아한1, 아한학회.

서정수(1996), 국어문법, 한양대학교 출판원.

선지성(2005), 한국어 필수 부사어 연구, 서울대 석사학위논문.

성광수(1977), 의미보존과 어휘분해의 문제점, 관대논문집 5, 관동대학교.

성광수(1979), 국어 조사의 연구, 형설출판사.

성광수(1981), 타동성 목적어와 중목적어, 어문논집 22, 안암어문학회.

성광수(1999), 격론: 격기능과 격표지, 국어의 격과 조사, 월인.

성창섭(1997), 영어 이동동사 연구, 동아논총 34, 동아대학교.

성태섭(2001), '오다/가다'와 'COME/GO', The Journal of Namseoul Univ 7.

성태수(2000), 〈주다〉 동사에 관하여, 인문사회연구 2, 남서울대학교.

성숙자(1992), 어휘소〈좋다〉의 의미구조, 어문교육논집 12, 부산대 국어교육과.

손지은(2012), 국어 보어의 범주 및 유형 : 기능문법을 중심으로, 단국대 석사
　　학위논문.

송복승(1994), 국어의 '-에게' 구성에 대하여, 서강어문 10, 서강어문학회

송복승(1995ㄱ), 국어 사동문과 피동문의 논항 구조 연구, 서강대 박사학위논문.

송복승1995ㄴ), 국어의 논항구조 연구, 보고사.

송복승(1996), 복합동사 형성과 논항구조의 재구조화 양상에 대하여, 서강어문
　　12, 서강대 서강어문학회.

송복승(2000), '이다' 구문의 통사구조에 대하여, 한국언어문학 44, 한국언어문
　　학회.

송석중(1974), 동의성, 국어학 2, 국어학회.

송석중(1993), 한국어 문법의 새 조명, 지식산업사.

송향근(1998), 기계번역을 위한 한국어 논항 체계 연구, 한국어의미학 3, 한국
　　어의미학회.

송향근·황화상(1999), '명사구(NP)+와' 논항의 의미역, 어문논집 39, 민족어문
　　학회.

시정곤(1992), 국어 논항 구조의 성격에 대하여, 한국어문교육 6, 고려대 국어
　　교육학회.

시정곤 외(2000), 논항구조란 무엇인가, 월인.

신현숙(1982), 목적격 표지 /-를/의 의미 연구, 언어 7, 한국언어학회.

양정석(1991ㄱ), 동사의 두 가지 어휘 구조, 『국어의 이해와 인식, 한국문화사.

양정석(1991ㄴ), 동사의 두가지 어휘구조 - 처소 교차 동사의 경우 - , 『갈음 김
　　석득교수 회갑기념논총, 한국문화사.

양정석(1992), 한국어 동사의 어휘 구조 연구, 연세대 박사학위논문.

양정석(1995), 어휘의미구조 기술의 방법, 송암정교환박사화갑기념논총, 논총
　　간행위원회.

양정석(1997ㄱ), 이심적 의미구조 - 동사의 논항 연결과 관련하여 - , 배달말 22,
　　배달말학회.

양정석(1997ㄴ), 개정판 국어동사의 의미 분석과 연결이론, 박이정

양정석(1999), 움직임 동사와 논항 연결, 재어나누기, 언어와 정보 3-1, 한국언
　　어정보학회.

양정석(2002), 시상성과 논항연결, 태학사.

양정석(2013), 개념의미론과 합성성, 한국어의미학 40, 한국어의미학회.

연재훈(1989), 국어 중립동사 구문에 대한 연구, 한글 203, 한글학회.

연재훈(1996), 국어 여격주어 구문에 대한 범언어적 관점의 연구, 국어학 28,
　　국어학회.

연재훈(1998), 장소보처 교체구문의 자동사문과 타동사문, 언어 23, 한국언어학회.

오충연(2000), 국어의 서술체계와 논항구조 우리말글연구 1, 숭실어문 16, 숭실
　　어문학회.

오충연(2003), 보충어의 격과 상, 한국어학 20, 한국어학회.

우형식(1993), 서술구조와 문장의 구조 기술 외대 논총 11,부산외대.

우형식(1994ㄱ), 서술동사의 의미와 서술구조 - 이동동사 '나가/오다'를 중심으
　　로 - , 언어과학 1, 한국언어학회 동남지회.

우형식(1994ㄴ), "'내리다' 동사 구문의 분석", 우리말 연구 1, 우리말 학회.

우형식(1996), 국어에서의 보충어 범위, 배달말 21, 배달말학회.

우형식(1996), 국어 타동구문 연구, 박이정.

우형식(1997), 북한문법에서의 문장성분 설정, 동방학지 98, 연세대 국학연구원.

우형식(1998), 국어 동사 구문의 분석, 태학사.

유동석(1998), 국어의 격 중출 구성에 대하여, 국어학 31, 국어학회.

원진숙(1993), 서술어의 결합가를 중심으로 한 한국어 문형 분류, 어문논집 제
　　32호, 국학자료원.

원진숙(1988), 국어 동의문 연구, 고려대 석사학위논문.

유현경(1994ㄱ), 논항과 부가어, 우리말학회.

유현경(1994ㄴ), 형용사의 격틀과 논항의 문제, 사전 편찬학 연구 8,한국문화사.

유현경(1998), 국어 형용사 연구, 한국문화사.

유현경(2003), '주다' 구문에 나타나는 조사 '에게'와 '에', 한국어학 20, 한국어학회.

유형선(1998), 이중주격 구문의 논항구조에 대한 연구, 국어의 격과 조사, 한국어학회.

윤평현(1995), 국어의 보어에 대하여, 김희수교수 정년퇴임기념논총.

윤평현(2008), 국어의미론, 역락.

윤항진(1996), 주격과 서술, 생성문법연구 6-2, 한국생성문법학회.

이관규(1992), 서술어와 서술 관계 주시경학보 10, 周時經研究所, 탑출판사.

이관규(1996), 보조동사의 생성과 논항구조, 한국어학 3, 한국어학회.

이관규(1998), 보조 동사의 논항 구조, 국어교육 96, 한국국어교육연구회.

이관규(1999), 학교문법론, 월인.

이광정(2001), 국어 어휘의 품사별 의미 구조 - 品詞 分類史에 나타난 의미 문제를 중심으로 - , 한국어 의미학 8, 한국어 의미학회.

이근용(2006), 조사 '에게, 한테, 더러, 보고'의 통사적 특성, 어문학논총 25, 국민대학교 어문학연구소.

이기동(1979), 〈주다〉의 문법, 한글 166, 한글학회.

이기용(1979), 두가지 부정문의 동의성 여부에 대하여, 국어학 8, 국어학회.

이남순(1998), 격과 격조사, 월인.

이동혁(2004), 국어 연어 관계 연구, 고려대 박사학위논문.

이병규(1992), 국어 문법소 {-와}의 처리, 초등국어교육 2, 서울교육대학 국어교육과.

이병규(1994), 한국어 동사 구문의 잠재 논항 실현에 대하여, 연세대 석사학위논문.

이병규(1996), 문장 구성 성분의 항가 의존성 검토, 국어 문법의 탐구 3, 태학사.

이병규(1998), 잠재 논항의 개념 정립, 국어 문법의 탐구 4, 태학사.

이영헌(1996), 형용사의 논항구조에 관한 연구, 언어학 4, 대한 언어학회.

이영헌(1997), 동사의 내부논항과 외부논항에 따른 의미적 중의성에 관한 연구, 언어학 6-1, 대한 언어학회.

이영헌(1998), 서술어의 논항구조와 의미적 특성에 관한 연구, 언어와 정보 2-2, 한국 언어 정보 학회.

이익섭·임홍빈(1981), 국어문법론, 학연사.

이익섭·채완(1999), 국어문법론 강의, 학연사.

이재성(1999), 논항과 필수 논항에 대하여, 연세어문학 30·31, 연세대 국어국문학과.

이점출(1984), 독일어 동사의 Valenz 기술과 Valenzlexika, 독일문학 34, 한국독어독문학회.

이점출(2002), 보충어와 첨가어, 독일문학 84, 한국독어독문학회.

이점출(2003), 보충어와 첨가어의 구분문제, 외국학연구 7, 중앙대학교 외국어문학연구소.

이정민(1999), '-에'와 '-에서'의 (통사)의미구조 - 생성어휘부이론적 접근 - , 오늘의 문법-이홍배교수회갑기념논문집, 한신문화사.

이정민(2000ㄱ), 태 변화 및 창조 동사의 의미 구조(논항 및 상), 의미구조의 표상과 실현, 한림과학원.

이정민(2000ㄴ), 한국어 피동동사의 의미구조와 논항실현, 인지과학 11, 한국인지과학회.

이정민·남승호·강범모(1998), 한국어 술어의 어휘의미에 대한 생성적 연구방법, 한국 인지과학회 논문지 9-3.

이정택(2004), 현대 국어 피동 연구, 박이정.

이찬규(1992), 타동사 서술어 구문의 의미론적 연구 어문논집 22, 중앙대학교 국어국문학회.

이찬규(1993), 국어 동사문의 의미구조 연구 - 무의도성 동사문을 중심으로, 중앙대 박사학위논문.

이창덕(1994), 국어 발화의 담화상 기능과 간접인용문, 텍스트언어학 1, 한국텍스트언어학회.

이통진(1999), 기능구조와 논항구조의 상호작용, 언어연구 15-1, 한국현대언어학회.

이필영(1989), '와'의 접속기능과 격표시기능에 관하여, 수련어문논집 16, 수련
　어문학회.

이필영(1993), 국어의 인용구문 연구, 태학사.

이혜경(1998), 중주어 구문의 논항 구조에 관한 연구, 언어과학 5-2, 동남언어
　학회.

이호승(2001), 복합서술어의 개념과 몇 가지 특성에 대하여, 성심어문논집 23,
　성심어문학회 가톨릭출판사.

이홍식(1998), 문장성분, 문법 연구와 자료(이익섭 선생 회갑 기념 논총), 태학사.

이홍식(2000), 국어 문장의 주성분 연구, 월인.

이환묵(1999), 영어전통문법론, 아르케.

이희승(1949), 초급 국어 문법, 박문출판사(역대문법대계 85 재록).

임지룡(2000), 한국어 이동 사건의 어휘화 양상, 현대문법연구 20, 현
　대문법학회.

임홍빈(1972), 국어의 주제화 연구, 국어연구 28, 서울대 국어국문학과.

임홍빈(1979), '을/를' 조사의 통사와 의미, 한국학논총 2, 국민대학교 한국학연
　구소.

임홍빈·이홍식 외(2002), 한국어 구문분석 방법론, 한국문화사.

임홍빈·장소원(1995), 국어문법론 Ⅰ, 한국방송대학교 출판부

장경기(1993), 격이론과 논항이동에 관하여, 인문논총 4, 울산대학교 인문과학
　연구소.

장미라(1998), 국어 소유 구문 연구, 경희대 석사학위논문.

장석진(1987), 한국어 화행동사의 분석과 분류, 어학연구 23-3, 서울대학교 어
　학연구소.

전수태(1987), 국어이동동사의미연구, 한신문화사.

전수태(2009), 국어 이동동사 의미 연구, 박이정

전은진(2013), 이동 동사의 사용 양상에 대한 연구, 우리말글 59, 우리말글학회.

정렬모(1946), 신편고등국어문법, 고려서적주식회사(역대문법대계 61 재록).

정연희(2000), 보충어에 따른 문형 분석 제고, 언어과학연구 17, 언어과학연구.

정유진(1995), 국어 보어의 연구, 고려대 석사학위논문.

정인수(1995), 국어 수행동사의 의미 기능, 한민족어문학 28, 한민족어문학회0.

정주리(2006), '-주다' 형식의 구문과 의미, 한국어 의미학 19, 한국어 의미학회.

정주리(2008), 언어 습득 과정에 나타난 범주화와 구문, 한국어 의미학회 제23
차 전국학술발표대회 발표논문집.

정천영(2000), 의미자질과 논항 구조에 기반한 한-영 기계 번역, 충북대 박사학
위논문.

정춘호(1998), 이른바 국어 부사격조사의 기능 연구 - 보어논항 구성과 부사어
구성을 중심으로 - , 연세대 교육대학원 석사학위논문.

정태구(2001), 논항구조와 영어통사론, 한국문화사.

조경순(2001), 국어 보어에 대한 의미구조론적 연구, 한국언어문학 47, 한국언
어문학회.

조경순(2003), 국어 세 자리 서술어의 의미구조 고찰, 한국어 의미학 13, 한국
어의미학회.

조경순(2004), 국어 처소교차 구문 연구, 한국어학 25, 한국어학회.

조경순(2006), 현대 국어 상호동사 구문 연구, 한국언어문학 57, 한국언어문학회.

조경순(2008), 국어 수여 동사 연구 - 소유의 변화를 중심으로, 한국어 의미학
27, 한국어 의미학회.

조경순(2009), 국어 발화동사 구문 연구, 한국어 의미학 30, 한국어 의미학회.

조지은(1999), 한국어 상호 표현의 통사와 의미, 언어연구 20, 서울대학교 언어
연구회.

채영희(1991), 간접 인용에 의한 수행문 분석, 국어국문학 28, 문창어문학회.

채희락(1999), 이동동사의 정의와 분류, 현대문법연구 15.

천기석(1984), 국어 동작 동사와 상태 동사의 체계 연구, 형설출판사.

천기석(1993), 운동동사와 상태동사의 비교, 한국언어문학 31, 한국언어문학회.

최경봉(1999), 단어 의미의 구성과 의미 확장 원리, 한국어학 9, 한국어학회.

최규수(1991), '시점'으로 본 {와}의 기능, 국어국문학 28, 부산대학교 문창어문
학회.

최규수(1993), 시점과 문형의 관계, 우리말 연구 3, 우리말 학회.

최규수(1998), 겹임자말과 주제어, 우리말 연구 8, 우리말 학회.

최규수(2000), 자리토씨의 형태론과 통어론에 대하여, 우리말 연구 10, 우리말 학회.

최용기(2000), 문장 성분 간의 호응과 연결, 새국어소식 21, 국립국어연구원.

최웅환(1996), 서술어의 분할과 되풀이현상에 대해서, 국어교육연구 28, 국어교육연구회.

최웅환(1998), 서술어의 확장적 배합, 어문학 62, 한국어문학회.

최재희(1985), 국어 명사구 접속의 연구, 한글 188, 한글학회.

최재희(1991), 국어의 접속문 구성 연구, 탑출판사.

최현배(1937/1961/1971), 우리말본, 정음사.

최호철(1993), 현대국어 서술어의 의미 연구 - 義素 설정을 중심으로 - , 고려대 박사학위논문.

최호철(1995), 국어의 보어에 대하여, 한국어학 2, 한국어학회.

최호철(1996), 어휘 의미론과 서술소의 의미 분석, 한국어학 4, 한국어학회.

최호철(1998), 구조 의미론의 수용 양상과 국어 어휘 의미론의 관제, 한국어의미학 2, 한국어의미학회.

하귀녀(1994), 중세국어 세자리 서술어 구문 연구, 서울대 석사학위논문.

하길종(2001), 발화에 대한 청자의 수행과 언어외적 요인 -고등학교 학생을 중심으로, 한국어학 13, 한국어학회.

하치근(1991), 남북한의 품사와 문장 성분 설정 비교 연구, 석당논총 16, 동아대 석당전통문화연구소.

한송화(1996), 발화보문동사에 대한 연구, 국어문법의 탐구 Ⅲ, 탑출판사.

한정한(2001), 의미역 계층이론과 국어의 주격, 대격, 한국어학 13, 한국어학회.

한정한(2002), '가', '를'의 연결이론, 어학연구 38-3.

한정한(2004), 연결 이론과 연결 규칙, 한국어학 23, 한국어학회.

허 웅(1970), 표준문법, 신구문화사.

허 웅(1983), 국어학, 샘문화사.

허 웅(1999), 20세기 우리말의 통어론, 샘문화사.

허철구(2000), 문장 성분 구조의 이해와 글쓰기, 새국어소식 25, 국립국어연구원.

호광수(1995), 보조용언 구성의 논항구조 연구, 인문과학연구 17, 조선대 인문
　　과학연구소.

홍기선(1994), 한국어 대격의 의미, 언어 19-1, 한국언어학회.

홍윤표(1978), 방향성 표시의 격, 국어학 6, 국어학회.

홍재성(1986), 현대 한국어 동사구문의 연구, 탑출판사.

홍재성(1987), 한국어 사전에서의 동사 항목의 기술과 통사 정보, 인문과학 57,
　　연세대 인문과학 연구소.

홍재성(1990), 한국어 자동사/타동사 구문의 구별과 사전, 사전편찬학연구 2,
　　연세대 한국어사전편찬회.

홍재성(1991), 돌다 용법의 통사적 기술과 사전, 국어의 이해와 인식, 한국문화사.

홍재성(1992), 동사 먹다의 사전적 처리를 위한 몇 가지 논의, 새국어생활 2-4,
　　국립국어연구원.

홍재성 외(1996), 현대 한국어 동사 구문 사전, 두산동사.

홍종선·고광주(1999), '-을' 논항의 의미역 체계 연구, 한글 243, 한글학회.

황국정(2005), 국어 이동동사의 통시적 연구, 한국어학회.

황봉희(2003), 국어 수여 동사 구문 연구, 경희대 석사학위논문.

황영순(1999), 이동동사의 어휘와 모형 분석, 평택대 논문집.

황화상(1996), 국어 체언서술어의 연구, 고려대 석사학위논문.

황화상(1999), '명사구(NP)'와 논항의 의미역, 어문논집 39, 안암어문학회.

Anderson, H.(1973), Ein methodischer Vorschlag zur Unterscheidungen von
　　Ergänzungen und Angaben I,nRahmen der Valenztheorie, *Deutsche
　　Sprache* 1.

Anderson, H.(1977), *On Case grammar*, Croom Helm.

Chomsky, N.(1981), *Lectures on Goverment and Binding*, Foris publiction.

Chomsky, N.(1986), *Barriers*, MIT Press.

Chomsky, N.(1986), *Knowledge of Language*, Praeger.

Conrad, R.(1978), *Studien zu Syntax und Semantik von Frage und Antwort*,
　　Berlin.

Cruse, D. A.(1986), *Lexical Semantics*, Cambridge University Press.

Dowty(2000), The Dual Analysis of Adjuncts/Complements in Categorial Grammar, *ZAS Papers in Linguistics* 17.

Ehrich, V.(1997), Wertsteigerung und Wertlust - Die Veräanderung der Valenz, *Spaache om Fokus. Festschrift für Heinz Vater zum 65. Geburtstag.* Tübingen.

Fillmore, C.(1968), *The Case for Case, Universals in Lingustics Theory*, By Bach and Harms, Rine and WInston.

Fillmore, C.(1971), Types of lexical information, *Semantics*, Cambridge University Press.

Frawley, W.(1992), *Linguistic Semantics*, Hillsdale, NJ.: Lawrence Earlbaum Associates.

Grimshaw, J.(1990), *Argument Structure*, MIT Press.

Gruber, J. S.(1965), *Studies in Lexical Relations, Doctoral dissertation*, MIT, Cambridge, MA.

Helbig, G. & Schenkel, W.(1973), *Wörterbuch zur Valenz und Distribution deutscher Verben*, VEB Verlag Enzyklopädie.

Heringer, H. J.(1985), The Verb and its Semantic Power, *Journal of Semantics* 4.

Jackendoff, R.(1972), *Semantic Interpretation in Generative Grammar*, MIT Press.

Jackendoff, R.(1983), *Semantics and Cognition*, MIT Press.

Jackendoff, R.(1990), *Semantic Structures*, MIT Press.

Jackendoff, R.(1992), *Languages of the Mind*, MIT Press.

Jackendoff, R.(1996), Conceptual semantics and cognitive linguistics, A.

Korhohnen, J.(1977), *Studien zu Dependenz Valenz und Satzmodell*, Peter Lang.

Lakoff, G. & Peters, S.(1969), Phrasal conjunction and symmetric predicates, In Reibal and Schane. Verhagen.(ed) Cognitive Linguistics 7-1. Mouton de Gruyter, pp. 93-129.

Lakoff, G. & Ross, J.R.(1976), Why you can't do so into the sink, *Syntax and Semantics* 7, Academic Press.

Lyons(1968), *Introduction to Theoretical Linguistics*, Cambridge University Press.

Lyons(1977), *Semantics*, Cambridge University Press.

Marantz, A.(1984), *On the Nature of Grammatical Relations*, MIT Press.

Mary Dalrymple et al(1998), Reciprocal Expressions and the context of reciprocity. *L&P* 21, 159-210.

Panevová, J.(1974), On Verbal Frames in Functional Generative Description, *Prague Bulletin of Mathematical Linguistics* 4.

Pollard, C. & Sag, I. A.(1994), *Head-Driven Phrase Structure Grammar*, The University of Chicago Press.

Pustejovsky, J.(1998), *The Generative Lexcion*, MIT Press.

Radford, A.(1998), *Transformational grammar: a first course*, Cambridge University Press.(서정목 외(1990), 개정신판-변형문법 그 만남의 첫 강좌, 을유문화사.)

Rosengren, I.(1970) Zur Valenz des deutschen Verbs, *Moderna Språk* 64.

Saeed, J. I.(2003), *Semantics*, Oxford: The Blackwell Publishing Led.(이상철 역(2004), 최신의미론, 한국문화사)

Somers, H.(1987), *Valency and Case in Computational Linguistics*, Edinburgh University Press.

Talmy, L.(1976), Semantic causative types, *Syntax and Semantics* 6, Academic Press.

Talmy, L.(1985), Lexicalzation patterns, *Language Typology and Syntactic Description* 3, Cambridge University Press.

0Tenière, L.(1959), *Element de Syntaxe Structure*, C. Klinksiek.

Tenny, C(1994), *Aspectual Roles and the Syntax-Semantics Interface*, Kluwer Academic.

Tenny, C.(1987), Grammat icalizing Aspect and Affectedness, *Doctoral dissertation*, MIT Press.

Vater, H.(1978), On the Possibility of Distinguisching between Complements and Adjuncts, *Valence, Semantic Case and Grammatical Relations*.

Wierzbicka, A.(1996), *Semantics - Primes and Universals*, Oxford University Press.

찾아보기